隣国の肖像

日朝相互認識の歴史

杉並歴史を語り合う会・歴史科学協議会……◉編

大月書店

序

二〇一五年は、「日本国と大韓民国との間の基本関係に関する条約」（日韓基本条約）および諸協定の締結による、いわゆる日韓国交正常化から五〇周年であった。さらにさかのぼれば、日本がポツダム宣言を受諾して敗戦してから七〇周年でもある。戦後日本は、平和とアジア諸国との友好の道を選んだはずだった。しかしながら、近年、日本と朝鮮半島との諸関係は、内外ともにさまざまな問題を抱えている。

流行語大賞のトップテンに「ヘイトスピーチ」が選ばれたのは、二〇一三年年末のことである。ヘイトスピーチ（憎悪表現）とは、「特定の人種や民族、国籍、宗教などに属する集団を公然と侮辱したり、そうした人びとに対する差別や暴力をあおり立てたりする言動」（イミダス２０１５）である。性的指向、性別、障害などに基づいて個人を攻撃、脅迫、侮辱する場合ももちろん含まれる。

ヘイトスピーチをまき散らす中心は、「在特会（在日特権を許さない市民の会）」だった。二〇〇六年一二月に設立されたとされる在特会は、二〇一二年秋から、東京の新大久保や大阪の鶴橋など在日韓国・朝鮮人が多く居住する地域で街宣活動やデモをおこない、「朝鮮人を殺せ」「韓国人は死ね」「日本から出て行け」「チョンコ！　ゴキブリ！」などの耳を覆いたくなるような差別的罵声を連呼し続けている。二〇一三年には、女子中学生が「朝鮮人はキライ。日本から出て行け。出て行かないと、南京大虐殺ではなく

『鶴橋大虐殺』を実行しますよ」と叫び、メディアに喧伝された。一〇代前半の青少年にまで浸透しつつあることに、多くの人びとが驚きの声をあげたのも記憶に新しい。

二〇〇九年一二月、京都朝鮮第一初級学校が近隣の公園を体育の授業などで使用していることを不法占拠だとして、同校校門前で街宣活動や襲撃・威嚇をした際のヘイトスピーチも聞くに堪えないものだった。結局、在特会メンバー四人が威力業務妨害で逮捕され、全員が有罪判決を受けた。さらに、学校側提訴の民事訴訟では、二〇一四年一二月、最高裁は被告側の上告を棄却し、一二〇〇万円余の賠償と学校周辺の街宣禁止が確定した。しかし、ヘイトスピーチをまともに浴びせかけられた生徒たちの恐怖心は察するにあまりある。

このような憎悪犯罪の被害者は、韓国・朝鮮人、中国人ら外国人だけではない。水平社博物館差別街宣事件やアイヌ民族や沖縄における差別等々、多くの人たちが被害に遭っていることが報告されている。人種差別の煽動を法律で処罰するよう求めた、一九六九年発効の国連人種差別撤廃条約に、日本がやっと加入したのは一九九五年だが、人種差別やヘイトスピーチに対する法規制はなされていない。「表現の自由」を理由に処罰法制定に反対する向きがあるが、民主主義国家である欧州諸国はほとんどすべてヘイトスピーチを法的処罰の対象にしているし、国際人権法では、ヘイトスピーチは法律で規制すべき犯罪だと考えられている。日本でも、「人権差別を克服するための国際人権基準に合致する法制度」が早急に必要である。

ところが、安倍晋三首相とその同調者たちは、むしろヘイトスピーチを許容し、人権差別を助長している。たとえば、自民党議員の要求を受け、従来「韓国・朝鮮」としていた集計を、三月公表の在留外国人統計から、「韓国」と「朝鮮」を分離して公表する方針に転換したと報道されている(ヤフーニュース、二〇一六年三月七日)。「朝鮮」籍を「北朝鮮」国籍者と公的に認めようというのである。しかし、一九一〇年の韓国併合以降「日本国籍」となっていた在日朝鮮人は、日本敗戦後の一九四七年外国人登録令施行に際し、依然として日本国籍を保持するとされながら「当分の間、外国人とみなす」として外国人として管理され、全員一律に「朝鮮」と記載された。そして一九五二年サンフランシスコ講和条約で旧植民地出身者の日本国籍喪失を宣言されるとともに、「韓国」籍への変更も認められた。しかし、「朝鮮」というのはいわば記号でしかなかった。また、「韓国」籍に変更する人はわずかでしかなく、多くの人は「朝鮮」籍の立場にとどまった。「韓国」籍者が増加していくのは日韓条約以降のことである。このような歴史的経緯からして「朝鮮」籍は「北朝鮮」国籍ではない。にもかかわらず、今回「朝鮮」籍者を「北朝鮮」国籍者と定め、韓国籍者と明確に「区別」しようというのである。これは朝鮮半島から来日した人びとを分断し、いわば「北朝鮮」人を人為的に創出して、その人びとをより差別化していこうということにほかならない。しかしながら、この歴史的経緯を理解すると、大多数の日本人は「それはおかしい」と正当な意見を表明できると思われる。つまり、日朝関係の歴史をきちんと学ぶことが重要なのである。

新聞やテレビ等のメディアも重要である。二〇一五年一〇月三〇日、NHKでは『傷つけられた子どもたちは今～ヘイトスピーチから6年』が放映された。子どもの頃に在特会のヘイトスピーチで被害を負った心の傷を演劇で克服しようとする高校生たちによりそった番組は、多くの視聴者に感銘を与えた。安倍政権下における籾井勝人会長就任後のニュース番組の姿勢とは大きく異なる、このような特別報道番組に取り組むNHK職員が存在することに安堵したものである。

また、二〇一三年二~三月以降、市民の呼びかけにより、在特会などのヘイトデモ等に対し、プラカードを掲げ、無言で意思表示をするサイレント・カウンターが始まり、広がっている。差別され被害を受けた人びとに対する支援と連帯の意思表示であり、憎悪差別集団は一部の人たちだということを示す、むしろ積極的な行動である。しかし、カウンター行動の限界も指摘されており、多様な批判行動が必要である。

二〇一五年の通常国会でヘイトスピーチを規制する法案は採決見送り、継続審議となった。しかし、同年一二月に、法務省人権擁護局は、二〇〇八~一一年にかけて東京小平市の朝鮮大学校前で脅迫的な言動を繰り返した在特会元代表に対し、「生命身体に危害を加えかねない気勢を示して畏怖させた」と違法性を認定し、同様な行為をおこなわないよう勧告した。法務省によるヘイトスピーチに対しての人権救済措置は、初めてだという。勧告に強制力はないものの、「在日朝鮮人は犯罪者と決めつけ、憎悪、敵意をあおり、人間としての尊厳を傷つけるものだ」との指摘は、ヘイトスピーチの法的規制に向けた前進と言えよう。大阪市では、一月一五日に全国初のヘイトスピーチ防止条例が成立した。少しずつ変化していることは間違いない。

二〇〇〇年以降、韓流ブームをはじめ、FIFAワールドカップ日韓共同開催等、人びとの交流、相互理解は強まっていたはずである。なぜ、歴史の逆行が起こったのか。本書では、こうした状況に鑑み、

「近現代史のなかの日朝相互理解」を再検討し、近代から現代への長いスパンで、歴史的背景を考慮しつつ、人びとの認識を探り、日朝相互認識を歴史的に相対化する材料を提供したいと思う。

以下、簡単に紹介するが、本書のもう一つの意義は、地域の市民団体と、歴史科学協議会という全国的な歴史関係学会とが対等な立場で編集する啓蒙的な歴史書だという点である。

（財）歴史科学協議会は、一九六八年四月、国内外の多くの民主的団体と研究や運動の交流をはかる趣旨で設立された団体である。機関誌『歴史評論』は、時代をしっかりと見据え、現代の課題にそった特集を組んできた。二〇一五年一二月号では、「日韓条約五〇年」の特集を組み、条約締結前後から現在に至るまでの両国の関係の推移を視野に入れて、日韓双方の政治・社会状況とのかかわりから条約締結のもたらした結果について検討した。

杉並区は、戦後日本における市民運動の発祥地とも言える土地柄であるが、誠に残念ながら『新しい歴史教科書』を最初に採択した自治体でもある。しかし、粘り強い市民運動の結果、六年後には不採択を勝ちとった自治体でもある。したがって、杉並区から現在的な問題意識に立った啓蒙的な歴史書を刊行することの意義は大きい。杉並歴史を語り合う会は、『新しい歴史教科書』の採択騒動のなかで生まれた市民団体であり、一五年の歴史をもつ。

本書の刊行は、改めて日本の市民運動の裾野の広さを再確認させ、各地の市民運動にも勇を鼓させるとなるものと自負している。

ぜひ、多くの方たちに読んでいただき、日朝市民が、相互理解を深める機会になることを願っている。

参考文献

『歴史評論』七八八号、二〇一五年一二月
ひらかれた歴史教育の会編『『新しい歴史教科書』の〈正しい〉読み方』青木書店、二〇〇七年
師岡康子『ヘイト・スピーチとは何か』岩波新書、二〇一三年
前田朗編『なぜ、いまヘイト・スピーチなのか——差別、暴力、迫害』三一書房、二〇一三年
安田浩一『ヘイトスピーチ——「愛国者」たちの憎悪と暴力』文春新書、二〇一五年

二〇一六年三月

(財)歴史科学協議会代表理事
杉並歴史を語り合う会代表　服藤早苗

目次

序　服藤早苗　iii

第Ⅰ部　近代日本の朝鮮観

第1章　近世日本の朝鮮観……須田　努　2
はじめに　2
1　朝鮮通信使が本州に到来していた時期（一七〜一八世紀）　5
2　朝鮮通信使が廃絶した時期（一九世紀）　10
おわりに　15

第2章　明治期日本の朝鮮観……吉野　誠　18
1　明治維新と征韓論　18
2　朝貢関係と万国公法　21
3　朝鮮の「独立」　25
4　日清戦争への道　29
5　保護国から韓国併合へ　31

第3章　近代日本における為政者の朝鮮観……小川原宏幸　34
はじめに　34
1　征韓論争と朝鮮認識　36
2　二重体制的国際秩序のもとでの朝鮮観　38
3　日清・日露戦争から韓国併合へ　42
4　三・一独立運動と日本の朝鮮観　46
おわりに　48
第4章　大正知識人の朝鮮観……千葉　功　50
はじめに　50
1　吉野作造　51
2　柳宗悦　57
おわりに　65
第5章　日本民衆の朝鮮観……青木　然　67
1　民衆はどのように朝鮮の情報に接していたか　67
2　幕末維新――古典的イメージの再喚起・文明開化の尺度による軽侮　71
3　壬午軍乱――同時代の朝鮮への関心の高まり　73
4　大阪事件～日清戦争――征韓イメージの後退　75

5 日清戦争～韓国併合――蔑視の固定化・労働者間の争闘の始まり 77
6 民衆の朝鮮観の特徴 80
第6章 植民者の朝鮮観……趙 景達 84
はじめに 84
1 在朝日本人の朝鮮観 85
2 「善意」の植民地エリート 90
3 穂積真六郎と朝鮮 94
おわりに 100

第Ⅱ部 近代朝鮮の日本観

第1章 朝鮮使節の日本観――第一次修信使を通して……北原スマ子 104
はじめに 104
1 第一次修信使 107
2 正使金綺秀の日本観 108
おわりに 117
第2章 ある開化派官僚の日本観――兪吉濬を通して……伊藤俊介 121
はじめに 121

1　開化意識の萌芽　122
2　朝鮮最初の海外留学生　123
3　兪吉濬の日本観　125
4　現実政治との狭間で　130
おわりに　133

第3章　伝統的知識人の日本観――崔益鉉と開化派人士の同時代的考察……愼　蒼宇　135
はじめに　135
1　「斥邪」か「開化」か――開国前後の崔益鉉の日本観　138
2　日清戦争期の崔益鉉の日本観――公法・公理に基づく日本批判　141
3　抗日蜂起における日本問罪論　145
まとめ　150

第4章　朝鮮民族運動家の日本観――一九一〇～二〇年代を中心に……加藤圭木　154
1　植民地化後の衛正斥邪派・柳麟錫の日本観　155
2　三・一独立運動前後の呂運亨の日本観　159
3　三・一独立運動前後の申采浩の日本観　163
おわりに　168

第5章　朝鮮民衆の日本観……宋　連玉　170

はじめに　170
1　身近な民衆の日本観　171
2　歌謡に見る民衆意識　174
3　帝国日本の生活文化と朝鮮民衆　176
4　戦時下の植民地統治への民衆の抵抗　181
おわりに　183

第6章　「親日派」の日本観
――「親日／対日協力」の論理・動機を手がかりとして……宮本正明　187
1　「親日派」問題とは何か　187
2　「親日派」とは誰か　190
3　「親日派」は日本統治への支持・協力を通じて何を求めたのか　191
4　朝鮮総督府は「親日派」をどう見たか　199
5　「親日派」問題のゆくえ　202

第Ⅲ部　現代の相互認識

第1章　現代の日韓相互認識の深化
――三人の歴史研究者・歴史教育者の応答から……君島和彦　208

はじめに　208
1　加藤章と李元淳　209
2　鄭在貞の歴史認識　214
3　李元淳の歴史認識の深まり　220
おわりに　222

第2章　戦後在日朝鮮人の「日本観」……金　鉉洙　225

はじめに　225
1　日本における在日朝鮮人社会の形成　226
2　在日朝鮮人はなぜ帰らなかったのか　229
3　敗戦と解放――「歓喜」と「恐怖」の時空間　230
4　「変革」の対象としての日本、「連帯」の対象としての日本人　232
5　「仮住居」としての日本　234
6　「定住」の場としての日本　237
おわりに　239

第3章　戦後日本における知識人の朝鮮観
――朝鮮人BC級戦犯と朝鮮人被爆者問題から見るジャーナリズムの役割……本庄十喜　241

はじめに　241

1　BC級戦犯の反戦平和運動と知識人の朝鮮観　242
2　一九五〇年代の原水爆禁止運動と朝鮮人被爆者　247
3　平岡敬と中島竜美の「応答」　249
4　「広島研究の会」と橋本栄一　252
結びにかえて　255

第4章　現代韓国人の日本観……………………………南　相九　258
1　娘にとっての日本、私にとっての日本　258
2　世論に見る日本　261
3　韓国人において歴史問題とは　265
4　一枚岩の日本からさまざまな日本へ　268

第5章　ドイツから見た日韓相互認識……………ユリアン・ビオンティーノ　271
はじめに　271
1　一般ドイツ人から見た東アジアと日韓関係　272
2　日韓相互認識とその背景にある歴史和解過程――ドイツ人学者の視点　277
おわりに　281

第6章　対談　日韓相互認識の今昔……………大門正克／趙　景達（司会・山本直美）　283
1　日本史研究と朝鮮　283

2　戦後日本と在日朝鮮人　287
3　在日朝鮮人と民族学校　290
4　韓国の日本観　294
5　グローバリゼーション下の日本と韓国　299

あとがき　307

第Ⅰ部

近代日本の朝鮮観

第1章　近世日本の朝鮮観

須田　努

はじめに

二〇一二年八月、李明博《イミョンバク》大統領が竹島（韓国名独島《トクト》）に上陸、日本では在特会（在日特権を許さない市民の会）を中心として、排外的ヘイト・スピーチが過激になり、K-POPブームは消し飛んでしまった。また、同時期に発足した安倍晋三内閣・与党自民党の右傾化と、これを背景とする歴史修正主義の跋扈により、日韓関係は戦後最悪となり、相互不理解の状態が続いている（二〇一六年段階）。

一方、一九九〇年代においては、日朝・日韓関係史に関して、昭和戦前期までの大日本帝国は朝鮮を植民地として暴力的支配を展開したが、江戸時代では朝鮮通信使を通じて両国の間には対等な「善隣外交」が展開された、という研究が多産された［仲尾　一九九三］。このような歴史認識は、大日本帝国を異質なものとして日本の歴史から切り離し、同時に日本の暴力的植民地支配をイレギュラーな様態として蓋をしてしまうことになりかねない。留意すべき重要な点は明治初年、征韓論を提起した為政者・知識人が、江戸時代後期＝文政から天保期（一九世紀初頭）の生まれであり、明治初年に三〇代以上の責任ある年齢に達した民衆もみな同時期の生まれであった、という事実である。明治期に朝鮮侵略を提起し、またこれを支持した〝日本国民〟の心性と向き合うためには、歴史をさかのぼり、江戸時代における為政者・知識人、民衆の朝鮮観を認識しなければならない。

江戸時代の為政者・知識人の朝鮮観を論じたものに、倉地克直・鈴木文の研究がある［倉地　二〇〇一、鈴木　二〇〇四］。池内敏・朴贊基は、朝鮮・朝鮮人が登場する歌舞伎作品を分析した［池内　一九九九、朴　二〇〇六］。また、須田は浄瑠璃・歌舞伎作品の解析を通じて、江戸時代民衆の朝鮮・朝鮮人観を解明してきた［須田　二〇一〇、二〇一一、二〇一二］。

鎖国下にあった江戸時代の人びとが朝鮮人に接することができたのは、朝鮮使節の来日の際であった。朝鮮使節は、江戸時代を通じて、全部で一二回、幕府の要請によって到来した。最後となった一二回目の通信使は、幕府・諸藩の財政難から、江戸まで招聘することができず、対馬の藩主邸で迎え入れる「易地《えきち》聘礼《へいれい》」となった。つまり、日本列島の人びとが朝鮮人を見聞することができたのは、一一回目の通信使来日、一七六四年（宝暦一四）まであったということになる。江戸時代の為政者・知識人、民衆の朝鮮観を考察する場合、この一八世紀後半（宝暦期）を意識する必要はある。ただし、朝鮮通信使を見聞できないという状況が、即座に人びとの心性に作用するとは考えられない。そこで、宝暦期にドラスティックな変容を求めるのではなく、緩やかに画期を設定したほうがよいと判断した。ゆえに本論では、第1節「朝鮮通信使が本州に到来していた時期（一七～一八世紀）」、第2節「朝鮮通信使到来が廃絶した時期（一九世紀）」と大きく二つの区分により論を進めていく。

本章では「近世日本の朝鮮観」を論じるわけであるが「近世日本」とは、しごく曖昧な概念である。これを江戸時代に生きた為政者・知識人、民衆と定義しておきたい。また、その前提として、中世の知識人（宗教者）の世界観（以下、中世的世界観）に関して簡単に触れておきたい。市川浩史は、村井章介の研究をふまえ、鎌倉時代の知識人（宗教者）を分析し、中世的世界観の特徴を論じた［市川　二〇〇五］。これを本論の問題関心から整理すると以下となる。

蒙古襲来後、神国思想が「神功《じんぐう》皇后三韓征伐」と結びつき、仏教的劣等感を内包する「三国」意識は変容して、日本優位の自国認識がより強固となった――なお、中世民衆の世界観を明らかにした先行研究は存在しない。史料的限界かと推察する――。

本章において、江戸時代の民衆の朝鮮観を探るための素材として浄瑠璃・歌舞伎を取り上げた。浄瑠璃・歌舞伎は江戸時代の民衆にとって身近な娯楽であり、時代に応じて新たな趣向や新機軸を取り入れ、観客にうける作品を提供していた。テレビや、インターネットのｗｅｂサイトに、現代の私たちの社会や生活が投影されているように、浄瑠璃・歌舞伎には江戸時代に生きた人びとの思いの一端が表現されていると考えられる。

1　朝鮮通信使が本州に到来していた時期(一七〜一八世紀)

為政者・知識人の朝鮮観

一七〜一八世紀——朝鮮通信史が本州に到来していた時期——は、さらに明清交替(一七世紀後半)を境にして前後に分けられる。中華思想において北狄とされていた北方民族(満州族)が、明を滅ぼし(一六四四年)、清を建国した。この明清交替は、儒学を共有する東アジア諸国に衝撃を与えた。元禄期頃(一八世紀前)日本の治者・知識人たちは、自国優位の対外観を普遍化させた(日本型華夷意識)。本場中国の華夷意識が儒教文明の優劣に基づくものである一方、日本型華夷意識とは、武威に裏づけされた支配の正統性を権威化しつつ、対外的には自国優位を図るというものであった[朝尾　二〇〇四]。

以上を前提として、明清交替以前——もしくは、その影響が少ない時期——における知識人では林羅山を、明清交替後、日本型華夷意識が広がる時期としては新井白石を取り上げ、両者の朝鮮観を明らかにしたい。

林羅山(一五八三〜一六五七年)

幕府は、朝鮮外交を将軍の政治権威上昇に利用した。徳川家康・秀忠・家光に仕えた御用儒者林羅山もこれに同調し、朝鮮を日本の下位に位置づけ、通信使の来日を「来貢」とみなすための論理を構築した。彼は「梅村載筆」(『日本随筆大成』一期　一巻、吉川弘文館、一九七五年)において、『日本書紀』にある「神功皇后三韓征討」を持ち出し「高麗王者日本国ノ犬也」という石碑が朝鮮にあった、と言い始めた。このように、林羅山の朝鮮観は、先述した中世以来の伝統的な朝鮮侮蔑意識を基盤にしたものであった。本来、平和と「道」という普遍的価値に重きをおくべき儒者が、それらを体現している朝鮮を尊敬せず、武への傾斜から日本の上国意識の補塡を図っていたのである。

新井白石（一六五七〜一七二五年）

新井白石は、徳川家宣の侍講となり、側用人間部《まなべ》詮房《あきふさ》とともに、正徳の治と呼ばれる政治改革を指導し、朝鮮外交に関して、国書における「日本国大君」から「日本国王」への将軍称号の変更などの「聘礼改変」をおこなった。朝鮮通信使第四回（一六三六年〔寛永一三〕）から第七回（一六八二年〔天和二〕）まで、将軍称号は「日本国大君」とされたが、一七一〇年（宝永七）、白石はこの外交慣習を改変し「日本国王」にすると一方的に朝鮮側に通告したのである。白石の将軍表記改変の論理は以下であった（「朝鮮国信書の式の事」「朝鮮信使議」『新井白石全集』四巻、国書刊行会、一九〇五年）。

①日本では武家政権が現実の政治支配をおこなっている
②室町時代、足利将軍は「日本国王」の称号を用いた
③足利将軍は、天皇から委任を受けた正統な武家政権であった
④徳川将軍も、天皇から委任を受けた正統な武家政権である
⑤①〜④を理由として、徳川将軍も「日本国王」の称号を用いるべきである
⑥「朝鮮国王」に対して「日本国王」とすることによって両国は対等な外交関係を形成できる

右記①〜④を理解すると、⑥が欺瞞であることがわかる。日本の国制では、将軍に政治を委任する主体として天皇が存在しており、将軍＝「日本国王」と「朝鮮国王」とが対等であるとすると、日本の天皇は「朝鮮国王」より上位となり、それはとりもなおさず、日本が朝鮮よりも上国である、ということになる。かつて、日本の侵略を受けた朝鮮は武威に劣るのであり、日本より一段と低いというのが、白石の本音であった。さらに彼は、以下のような屈折した朝鮮観を抱いていたことも紹介しておきたい。

日本の侵略を受けた朝鮮は武力では日本に及ばない、そのため、朝鮮は文によってその恥をそそごうとしており、日本を馬鹿にしている、朝鮮通信使は文化的復讐のために来日している（「朝鮮聘使後議」『新井白石全集』四巻）。

白石の朝鮮観は、学者としての自負と日本型華夷意識とが交錯して形成されたゆがんだものであった。なお、将軍家継が死去して、吉宗が八代将軍に就任し、新井白石ら前政権関係者を解任、日朝外交関係は旧例に戻され、将軍呼称も「日本国大君」に復した。

民衆の朝鮮観——浄瑠璃・歌舞伎作家が描く朝鮮

近松門左衛門（一六五三〜一七二四年）

一七一九年（享保四）、朝鮮通信使が大坂を訪れる前、豊臣秀吉の朝鮮侵略を描いた「本朝三国志」（近松全集刊行会『近松全集』一一巻、岩波書店、一九八九年）が竹本座で初演された。この浄瑠璃は久吉（秀吉）の家臣、加藤正清（加藤清正）と小西弥十郎（小西行長）の凄まじい暴力によって朝鮮は滅ぼされた、という物

表　浄瑠璃・歌舞伎に登場する朝鮮

	西暦	和暦	作家	演目	出典
①	1719	享保４	近松門左右衛門	『本朝三国志』	『近松全集第11』
②	1719	享保４	紀海音	『神功皇后三韓責』	『紀海音全集５』
③	1753	宝暦３	壕越二三治	『冠競和黒主』	『歌舞伎年表３』
④	1757	宝暦７	並木正三	『天竺徳兵衛聞書往来』	『歌舞伎台帳集成10』
⑤	1759	宝暦９	市川卜平	『仮名草紙国性爺実録』	『歌舞伎台帳集成13』
⑥	1763	宝暦13	近松半二	「天竺徳兵衛郷鏡」	『未翻刻戯曲集５』
⑦	1763	宝暦13	近松半二	『山城の国畜生塚』	『近松半二浄瑠璃集１』
⑧	1767	明和４		『皆覚百合若大臣』	『歌舞伎年表４』
⑨	1768	明和５		「天竺徳兵衛故郷取楫」	『歌舞伎年表４』
⑩	1768	明和５		『傾城桃山錦』	『歌舞伎年表４』
⑪	1804	文化元年	鶴屋南北	「天竺徳兵衛韓噺」	『世話狂言傑作集２』
⑫	1804	文化元年	鶴屋南北	「天竺徳兵衛万里入船」	『鶴屋南北全集１』
⑬	1809	文化６年	鶴屋南北	「高麗大和皇白浪」	『鶴屋南北全集１』

注）朝鮮に関して僅かしか言及していない『国性姓爺合戦』などは除外してある。

語である。朝鮮側の軍人は「日本武者」にかなわないことが繰り返される。そして、捕縛された遼東王は、朝貢して日本に服従し「日本の奴」となるから命を助けてもらいたいと哀訴する、という場面もある。この戯曲で強調されているのは、柔弱で恥ずべき朝鮮王とその臣下たち、それと対比される「日本武者」の圧倒的な武力である。

紀海音（一六三三～一七四二年）

当時、近松と人気を二分した紀海音も同時期に「神功皇后三韓責」という浄瑠璃作品を創作した（海音研究会編『紀海音全集』五巻、清文堂出版、一九七八年）。住之江神社の「神力」がやどった「神軍」＝神功皇后軍は、勝ち進み新羅王を捕縛する。物語の最後には、新羅大王の命を助けるかわりに「末世末代」まで、「三韓」が日本に服属するのだということを「代々の末迄」残そうとして「三かん王は日本のいぬ成」と文字に彫った、という語りがある。この文言は、以後の浄瑠璃・歌舞伎作品に影響を及ぼしていく。元和偃武《げんなえんぶ》（豊臣家滅亡）から五〇年が経過した一八世紀前半、平和な民間社会にあって、敗者が生きて捕虜となることは恥辱であり、潔く自死すべきである、という理念的な武士像が形成された［谷口　二〇〇五］。近松門左衛門・紀海音の浄瑠璃を観た人びとが、神功皇后と真柴久吉（豊臣秀吉）に二度も征服された柔弱な朝鮮、助命嘆願の結果日本に隷属した恥ずべき朝鮮王、という思いを抱いていた蓋然性は高い。

表は、一八世紀〜一九世紀における朝鮮・朝鮮人が登場する浄瑠璃・歌舞伎作品を集めたものである。これらのうち、③④⑥⑧⑨の作品で、紀海音『神功皇后三韓責』にある「三かん（韓）の王は日本の犬」という台詞が使われていた。柔弱で恥ずべき朝鮮人という認識が近世を通じて、伝承され、再生産されていったのである。

並木正三（一七三〇〜一七七三年）

一七五七年（宝暦七）、並木正三は、歌舞伎の世界に大きな影響を与えることとなる「天竺徳兵衛聞書往来」を創作した（歌舞伎台帳研究会『歌舞伎台帳集成第』一〇巻、勉誠社、一九八六年）。この戯曲は大ヒットした（『役者笑上戸』明治大学中央図書館所蔵）。主人公の天竺徳兵衛とは、島原・天草の乱で一族を滅ぼされた七草四郎であるが、実は朝鮮人であった、という複雑な設定となっている。天草の一族と朝鮮人という存在がないまぜとなり、一族と祖国を滅ぼされた怨みから謀叛を起こすが失敗する朝鮮人として描かれている。

近松半二（一七二五〜一七八三年）

「天竺徳兵衛郷鏡」（国立劇場・芸能調査室編『未翻刻戯曲集五　天竺徳兵衛郷鏡』一九七九年）は、一七六三

年（宝暦一三）に初演された。主人公天竺徳兵衛は、朝鮮人であり、滅ぼされた祖国の恨みをはらすため、妖術を用いて謀叛を起こすが失敗、自害するというストーリーとなっている。近松半二によって、日本に滅ぼされ恨みをもつ朝鮮人というテンプレートが創られた。

「山城の国畜生塚」（高田衛ほか編『近松半二浄瑠璃集』一、国書刊行会、一九八七年）は「天竺徳兵衛郷鏡」とセットで上演された。近松半二は、近松門左衛門の「本朝三国志」を踏襲し、真柴久吉（豊臣秀吉）の朝鮮侵略によって国を滅ぼされた朝鮮国王の臣下木曾官が日本に渡り、国家転覆を計画するが失敗する、という物語を創作した。さらに、近松半二は、かつて紀海音が浄瑠璃に持ち込んだ「日本の犬」という文言も使用している。重視すべきは、この作品に「武威」という語彙が台詞として登場している点である。朝鮮人は日本武士の「武威」に屈したと直裁に語られているのである。この作品では日本の「武威」が強調される一方、祖国を滅ぼされた朝鮮人の恨みの深さも増幅されている。

2　朝鮮通信使が廃絶した時期（一九世紀）

知識人の朝鮮観

吉田松陰（一八三〇～一八五九年）

幕末期、吉田松陰が朝鮮への侵攻を唱え始める。それが明治期に形成された征韓論の端緒として位置づけられている［吉野　二〇〇二］。本章では、その再検証をおこなう。そのためには彼の歴史認識に触れておく必要がある。松陰は幽閉期間に多くの歴史書を読み込んでいた。それらのなかの一冊である『日本外史』には、豊臣秀吉の朝鮮侵略への言及がある(頼山陽『日本外史』上、岩波文庫、一九七六年)。その内容は、先述した一八世紀までの人びとの朝鮮観とほとんど変わらないものであった[須田 二〇一〇a・b、二〇一二a・b]。頼山陽には、武威の意識から、朝鮮柔弱、日本優位(朝鮮劣位)という認識が濃厚であっても、朝鮮を侵略するという発想はなかった。吉田松陰に朝鮮侵攻という発想があったとしたならば、それは松陰が独自に形成したものであると言えよう──紙幅の都合から割愛したが、松陰に影響を与えた会沢正志斎・佐久間象山にも、朝鮮侵略の発想はない──。

吉田松陰の思想と行動の画期は、以下三つに区分できる。その画期ごとにおける松陰の朝鮮・朝鮮観を確認したい。

①一八五三年(嘉永六):ペリー来航→朝鮮朝貢論

嘉永六年、松陰はペリー艦隊を見、これをきっかけに、欧米列強=「外夷」との戦闘を想定した議論(主戦論)を展開し始める。この時期における松陰の朝鮮に関連する発言をまとめると以下となる(「詩文拾遺」山口県教育会編『吉田松陰全集』六巻、大和書房、一九七二年、「幽囚録」山口県教育会編『吉田松陰全集』二巻、大和書房、一九七二年)。

現在の日本はアメリカ=「墨夷」の言いなりになってしまい、武威は地に墜ちたが、古代は朝鮮に朝貢させるなど武威の盛んな「雄略」の時代であった。朝鮮は「神功皇后の三韓征伐」で日本の武力に屈した国であるから、かつての「雄略」の時代のように朝貢させるべきである。

この朝鮮朝貢論の特徴は、日本はアメリカの軍事力の前に忍従を強いられているが、かつて国威が高かった頃のように日本に降伏した朝鮮に朝貢させ、この屈辱をそそぐべきだ、というものであった。

②一八五五年（安政二）：日米和親条約締結→朝鮮侵攻論

安政二年、日米和親条約が締結された。幽閉生活のなかでこの情報を入手した松陰は、国力充実と人材育成とが必要であり、そのためには開国して、諸外国から技術・軍事を学ばねばならない、という開国・廟勝論を唱え始める。この年、松陰は兄杉梅太郎宛の書翰のなかで、初めて朝鮮侵攻論を披瀝している。それは、和親条約などによって失う損益は、朝鮮・満州に侵攻して補填すればよい、という論理であった。

③一八五八年（安政五）：日米修好通商条約→竹島占領・朝鮮侵攻論

安政五年、日米修好通商条約が締結された。これを契機に日本の武威は地に落ち「国体」の失墜が始まる、と意識した松陰の思想と行動はもっとも過激になる（山口県教育会編「書翰月性宛」『吉田松陰全集』四巻、大和書房、一九七二年）。彼は自らを「狂夫」と位置づけ反幕を決意、松下村塾の青年・少年を中心に戦闘集団をつくり、彼らの行動によって政局を打開すべき、と考えるようになる（草莽崛起論）。

しかし、この時期、幕府は強大な権力として存在しており、誰もこれを倒せるとは考えていなかった。高杉晋作・久坂玄瑞らは、師匠松陰の過激な言動についていけず、離反していった。孤立しつつも松陰は、老中間部詮勝暗殺を企図、安政の大獄によって処刑されてしまうのである（安政六年一〇月）。

松陰は多くの政治意見を藩に建議している。ところが、朝鮮侵攻論は公表されず、もっとも信頼する門人（高杉晋作と久坂玄瑞）や兄杉梅太郎への書翰として表明されたものであった。これは注目すべき事実である。松陰の朝鮮侵攻論は具体性をもった建白ではなく、日本の武威が崩壊したとの激情から吐露された多分に煽動的なものであった。

松陰は、武威崩壊のきっかけをつくった幕府を掣肘し、「国体」を擁護する草莽という主体を、自己の学統（弟子）を中心に創出することを企図、そのためには、まず柔弱で武力に劣る朝鮮を攻める必要がある、と弟子たちを鼓舞したのである。

しかし、彼は自己の危機感を普遍化できる教養と論理をもっていなかった［須田　二〇一三、二〇一四］。これを自覚していた松陰は、自ら「狂夫」と名乗り、言論を捨て過激な行動を選択していく。これが、松陰の朝鮮侵攻論の本質であった。松陰の朝鮮侵攻論はまったく影響をもたなかったのである。

民衆の朝鮮観――歌舞伎作家が描く朝鮮

四代目鶴屋南北（一七五五～一八二九年、以下、鶴屋南北）

一八四一年（天保一二）、鶴屋南北は「天徳物」「天竺徳兵衛万里入船」（郡司正勝編『鶴屋南北全集』一巻、三一書房、一九七一年）を創作した。天竺徳兵衛はもちろん朝鮮人である。

父吉岡宗観（朝鮮王朝の家臣木曾官）から、蟇《ガマ》の妖術を受け継いだ天竺徳兵衛は、自害した父にかわり謀叛を起こし討手に囲まれるが、妖術を使い逃げおおせる。天竺徳兵衛は生き続けるのである。日本に祖国を滅ぼされた朝鮮人の恨みは消えない。これが、南北「天徳物」の新機軸である。

この「天竺徳兵衛万里入船」に先立つ一八〇九年（文化六）、南北は「天徳物」以外にも朝鮮・朝鮮人を登場させた「高麗大和皇白浪」（郡司正勝編『鶴屋南北全集』一巻、三一書房、一九七一年）という歌舞伎作品を創作していた。これは、物語のスケールを明にまで広げたものとなっている。

この作品には、石川五右衛門・筑紫権六・芙蓉皇女綾女といった人物が登場する。中国人の父をもつ石川五右衛門と綾女とは、権力者真柴久吉に対して謀叛を計画している。「高麗大和皇白浪」で重視したいのは、筑紫権六と恋人綾女のプロフィールである。物語のなかで、綾女は、明の王の娘（皇女）とされたり、新羅が故郷で「三韓人」の「血筋たる皇女」とされたりしている。このように、この作品では、明（唐）と高麗・三韓とがないまぜになっているのである。物語の終盤で、筑紫権六は恋人綾女を殺害し、五右衛門たちの謀叛を阻止するために、彼らの組織に侵入した真柴久吉の家臣であると語り始める。そして、その直後、彼は自害してしまう。そのときの台詞が以下である。

三韓人は日本の犬であったが、その血筋をうけた綾女と関係をもってしまったために、生きながら畜生道に堕ちてしまった。

権六は主君久吉に対する「武士の忠義」と恋人への情愛、という二律背反の苦悩から自害したのではなかった。自害の理由は朝鮮人と関係をもったがゆえに「生きながら畜生道」に堕ちたからなのである。真柴久吉の家臣権六に、朝鮮人綾女への愛憐や情愛などまったくないのであり、さらには、穢れ意識を基底にした朝鮮人蔑視の様相が確認できるのである。

おわりに

江戸時代に生きた為政者・知識人、民衆の朝鮮観を朝鮮通信使の本州到来の有無という視点から、二つに時期を区分して分析してきたが、両時期を通じ、また為政者・知識人、民衆に共通していたものは、二度も日本によって国を滅ぼされた柔弱な朝鮮という意識であった。そしてこれと一体となり、武威の国日本という自国認識もつくられていた。この源流は中世的世界観に求められるが、そのうえに日本型華夷意識が重ねられ、いっそう武威が強調されたものが、江戸時代特有の朝鮮観・自国認識であったと言える。そしてこの政治思想（上位文化）が浄瑠璃・歌舞伎というメディアを通じて民衆にまで拡大していた、ということも強調しておきたい。江戸時代の人びとは、武威を通じて朝鮮を見ていたと同時に、朝鮮を通じて日本の武威を再確認していたとも言える。江戸時代、武威は民族的アイデンティティとでも言えるものとなっていたのである。

朝鮮通信使の本州到来が途絶えて――江戸時代の人びとと朝鮮人とのコミュニケーションが遮断されて――八〇年が経過した天保期（一九世紀）、民衆のなかで朝鮮と中国との混濁が起こり、さらに穢れ意識を内包する朝鮮人蔑視観が語られ始めていた。しかし一方、日本各地の祭りに「唐子踊り」という朝鮮人を模倣した舞踊や行列が登場していたことも事実である（紙幅の都合から言及できなかった。須田［二〇一二b］）。ここには、異国朝鮮に対する民衆の憧れが表象されていると言える。これらを二項対立として見るのではなく、民衆のなかにある、割り切れないないまぜの心性として理解すべきであろう。
ペリー来航をきっかけに、江戸時代の為政者・知識人、民衆の朝鮮観は大きく変容した。ペリー来航後、武威という民族的アイデンティティは揺らぎ始める。武士の自尊心が引き裂かれていくなか、吉田松陰によって朝鮮侵攻論が提起された。松陰は、武威を回復するために、弱い他者＝朝鮮への侵攻を語り始めたのである。自尊心を保つため、弱いと意識した他者へ向かう暴力、これを正当化していったものは、幕末に形成された富国強兵というアジェンダであった。そして、これが帝国日本において国是とされ、韓国を植民地にした、という事実を私たちは忘れてはならない。

文献一覧

朝尾直弘『朝尾直弘著作集　5』岩波書店、二〇〇四年
池内敏『「唐人殺し」の世界――近世民衆の朝鮮認識』臨川書店、一九九九年
市川浩史『日本中世の歴史意識――三国・末法・日本』法藏館、二〇〇五年
倉地克直『近世日本人は朝鮮をどうみていたか――「鎖国」のなかの「異人」たち』角川書店、二〇〇一年
鈴木文「延享―寛延期の『朝鮮ブーム』に見る自他意識」『歴史評論』六五一号、二〇〇四年
須田努「江戸時代　民衆の朝鮮・朝鮮人観」『思想』一〇二九号、二〇一〇年a
須田努「征韓論への系譜」安田常雄・趙景達編『近代日本のなかの「韓国併合」』東京堂出版、二〇一〇年b
須田努「明治維新と征韓論の形成」趙景達編『近代日朝関係史』有志舎、二〇一二年a
須田努「通信使外交の虚実」趙景達編『近代日朝関係史』有志舎、二〇一二年b
須田努「横井小楠と吉田松陰」趙景達ほか編『講座　東アジアの知識人1　文明と伝統社会』有志舎、二〇一三年

谷口眞子『近世社会と法規範——名誉・身分・実力行使』吉川弘文館、二〇〇五年
仲尾宏『朝鮮通信使の軌跡——増補・前近代の日本と朝鮮』明石書店、一九九三年
朴贊基『江戸時代の朝鮮通信使と日本文学』臨川書店、二〇〇六年
吉野誠『明治維新と征韓論——吉田松陰から西郷隆盛へ』明石書店、二〇〇二年

第2章　明治期日本の朝鮮観

吉野　誠

1　明治維新と征韓論

日朝関係にとって明治期は、征韓論の昂揚に始まり、日清・日露戦争を経て韓国併合に至る侵略の過程である。そこにおいて、日本および中国との関係で朝鮮の位置がどのように認識されたのか。推移の一端をあとづけてみたい。

一八六八年（明治元）に王政復古の通告を命じられた対馬藩主は、維新政府に迎合して提出した上書のなかで、武家政権の時期には将軍が朝鮮国王とのあいだで対等な外交をおこなってきたが、維新によって「朝廷直交」、つまり天皇が直接に交際することになったのだから、この際「名分条理」を正さなければならないのだと強調した。そして、朝鮮側が「固有の陋習《ろうしゅう》」に泥《なず》んで受け入れない場合には、「膺懲《ようちょう》の勇断」に出るべきだという。この名分条理に基礎をおいた日朝間の正しい関係とは、どのようなことなのか。外務官吏の宮本小一が書いた『朝鮮論』(一八六九年)は、当時の政府内外にあった見解の一つを、「王政復古し大号令天皇陛下より出る上は、朝鮮は古昔《こせき》の如く属国となし、藩臣の礼を執らせねばならぬ也。宜《よろ》しく速に皇使を遣わして其不庭《ふてい》を責め、苞茅《ほうぼう》の貢〔貢ぎ物〕を入れさしむべし」と紹介している。維新によって天皇中心の「国体」が回復した以上、本来の正しいあり方に戻し、天皇への朝鮮の服属を明確にすべきだというわけである。そのような名分条理に基づいて作成された尊大な書契(外交文書)の受け取りを、鎖国攘夷政策をとっていた大院君政権が拒否し、書契の授受をめぐる紛糾が始まった。

こうした考え方は、朝鮮半島の国家が天皇に服属する「蕃国」だと見る古代以来の思想に淵源する。天命を受けて天下を治める中華皇帝に、周辺諸国の首長が朝貢して爵位を授かるという東アジアの朝貢・冊封体制のなかで、中国の東方にいま一人の皇帝たろうとする称号として設定されたのが天皇称号であった。天皇すなわち皇帝は、当然に朝貢国をもっていなければならず、『日本書紀』では百済・新羅などが朝貢国だったことになっており、律令の規定では唐が「隣国」すなわち対等な国家であるのに対し、新羅が「蕃国」ということにされている。そうした蕃国観が底流として受けつがれる一方、一五世紀の初めに足利義満は明皇帝から「日本国王」として冊封を受け、東アジアの外交体制に参入して、朝鮮国王との交隣外交を開始した。武家政権の首長である将軍が、朝鮮と平和で対等な外交関係を展開することになったのであり、豊臣秀吉による侵略戦争の後に成立した江戸幕府も、室町時代の外交を原則的に復活させるかたちで交隣関係を継続した。武家政権期は基本的に対等な外交関係が展開されたわけだが、同時に古代以来の蕃国観も伏在し、朝鮮認識は両面性をもたざるをえなかった。近世に至ってしだいに高まってくる日本賛美論のほとんどは、日本の優越性の根拠を天皇の存在に求めている。建国以来、一度も王朝が替わらず、皇統が連綿として続いている点に日本の優秀性があるという主張であった。そして、欧米列強の外圧が強まる時期になると、日本中心主義はいっそう昂進し、王政復古として、本来の日本の「国体」に復するとして明治維新がなされると、それに随伴して征韓の思想も強まることになったのである。

書契問題が紛糾するなかで、対朝鮮外交は征韓の主張を無視して進めるわけにいかなかった。天皇の直接交際はひとまずおいて政府同士で対等だとした「政府等対」論による打開の試みも模索されたが、征韓論に配慮して、日清交渉中の臨時の措置だとしたり、いずれ本来の交際を打ち立てるときの障害にはならないなどと説明せざるをえなかった。一八七三年に大院君が下野して閔氏政権となり、新たな外務卿書契で交渉を進めようとした際も、「皇」と「王」の直接交際、つまり朝廷直交の原則はひとまずおいて「一小局」となし、その後で「公明正大」なあり方に改めていけばいいのだなどという言い方で、了解が求められている。公明正大とは、もちろん天皇と朝鮮国王の関係を「正しく」設定するということにほかならない。西郷隆盛の真意についてはさまざまな見解があるが、西郷が自らの使節就任に対する支持を求める際に掲げたのは、「名分条理」を正すのが討幕の目的だったはずだというものである。それは、維新の理念と深く結びついた「正論」であり、維新政府の正統性ともかかわるがゆえに、正面から反論しにくい。そのことを見越して、西郷は切り札として持ち出しているのである。

一八七五年九月の江華島事件を契機に明治政府は武装使節を派遣し、翌七六年二月、「朝鮮は自主の邦にして、日本国と平等の権を有」するという日朝修好条規を強要した。当時の新聞諸紙は、この条約の締結を歓迎し、「彼を以て敵国抗礼（対等の礼）の国にあらずとし、彼れ我と比肩の礼を執るは、是我が国前朝の美迹《びせき》を貶すなり、飽まで彼れをして朝貢の礼を執らしめ、八十船の歳貢を我に収むるを以て前朝の通規とな」すような見解、すなわち征韓の主張が成り立たないことを論じている。征韓論が外交を直接に拘束した時期は終了したものと見ていい。

2　朝貢関係と万国公法

ところで、朝鮮と中国の関係が如何なるものであるかは、書契問題の過程においても強い関心が示されていた。先述の『朝鮮論』には、征韓思想のほか、一七世紀前半に清が侵入して「朝鮮王面縛して降り臣と称」し「東藩」となったものの、アヘン戦争やフランス艦隊の江華島攻撃に対して互いに傍観していることからすると、万国公法における「半独立国」とするのが妥当だというような見解も取り上げられている。一八七〇年四月に外務省が出した方針案は、当面は断交するという案や朝鮮へ皇使を派遣する案とともに、日清交渉を先行させる案を掲げており、それは「朝鮮は支那に服従し」ているから、まず清へ使節を派遣し「皇国支那と比肩同等の格に相定」めたうえで「朝鮮は無論に一等を下し」て交際しようというものであった。江華島事件が発生した後の木戸孝允の意見書は、朝鮮は清の「正朔（暦）を奉」じるなど「羈属《きぞく》する所ある」のは確かだから、事件の顛末を「支那政府に問ひ、其中保代弁を求めざる可らず」というう。これに対し、全権黒田清隆の派遣と並行して駐清公使に任命された森有礼は、朝鮮は清の所属だとする李鴻章らに対して、「中国嘗《かつ》て内政に干預する無く、其の外国と交渉するも亦た彼国の自主するに聴せ」ているのだから、「朝鮮は是れ一の独立する国にして、貴国の之を属国と謂へるは徒《いたずら》に空名耳《の》み」であると反論した。話し合いは平行線のまま打ち切られ、日本は一方的に朝鮮が独立国であるとしたうえで、「平等の権」をもつとする日朝修好条規を結んだわけである。もちろん「独立」の強調は、朝鮮への介入を深める前提として、中朝間の伝統的な関係を断ち切っておこうとするものにほかならない。

この間に日本は、琉球国王尚泰を藩王に冊封して天皇の臣下とし、台湾出兵を経て、清への朝貢を禁止する措置をとっていた。さらに、一八七九年に沖縄県として日本への併合を強行すると、清は次の標的が朝鮮になるものと警戒し、宗属関係の強化を図る。八二年の朝米条約締結においては、李鴻章が米提督シューフェルトと交渉をおこない、条文中に「朝鮮は中国所属の邦たるも内治外交は向来《きょうらい》その自主に帰す」という規程を盛り込むことはできなかったものの、調印後に国王が大統領宛の照会で同趣旨の宣言をおこなった。日本のみならず欧米へも開国したことに反対し、中華文明の保持を主張する衛正斥邪《えいせいせきじゃ》派の運動が強まるなか、同年七月にソウルで兵士や民衆が蜂起する壬午軍乱が起き、鎖国攘夷の大院君が再び政権を掌握する。この際に公使館を襲われた日本が出兵すると、清も軍隊を出動させ、大院君を捕えて天津に連行するとともに、反乱軍を鎮圧して閔氏政権を復活させた。そして、三〇〇〇の軍隊をそのまま駐留させ、さらに宗主権を強める動きを見せる。

軍乱が発生したあと、清が宗主国として日朝間の調停を申し入れてきたのに対し、外務卿の井上馨は、当初「朝鮮属邦の談判を開くは必要なり」と述べ、清とのあいだに正面から属邦論の議論をおこなう準備を命じた。だが、その後一転して、「万一総理衙門より……朝鮮属国論等言及ぶとも一切取合わず」とし、朝鮮が清の属邦か否かの議論をしかけられても、それを回避するよう指示する。この変更の要因になったと思われる井上毅の意見書は、日本政府がとるべき方針について、「清国と朝鮮非清国之属国論に渉り目的外之葛藤を生ずるは甚だ好まざる事なるべし」と強調していた。なぜなら、「朝鮮非清国之属国否之問題に渉る時は、或は外之関係国々之中万一清国に左祖《さたん》する（味方する）ものある時は意外之面倒を引起す」恐れがあるからである。さらに、一六二七年と三六年の二度にわたる清軍の侵入により朝鮮が降伏して朝貢・冊封関係が始まった由来を指摘し、この「征服之事跡」がある以上は、「公法に依り局外より平心に論じ」れば、「朝鮮は公法之所謂《いわゆる》半独立之邦に而《て》……朝貢国にして外国交際にのみ自主之権を有するものとなす事至当」であるという。宗属問題を正面から議論すれば、「恐らくは水掛け論に落ち、公法上之判断に於而《おいて》も着手いたし兼《かね》」るのだというわけである。

清の属国論は承服できないというのが明治政府の表向きの立場なのだが、実際の交渉にあたった井上毅らの考えは、万国公法が清の主張を全面的に斥けるものではなく、むしろ列国がその主張に「左祖」する可能性があると警戒するがゆえに、正面からの議論は避けなければならないというものだったのである。諮問に対してボアソナードも、「自国の小弱にして、隣邦に抗敵するの難きを悟りたるに於ては、其最も信任する所の一国の保護を仰ぐこと一に其意の随ふ所にして、決して他邦の喙《くちばし》を容るべき所に非ざるなり」といい、「甲国を助けて、乙国の羈軛《きやく》を脱せしめんが為に、丙国の執るべき方便、如何」という質問には、「国際法に反せるの事業を行ふに、一定の方便あることをしらざるなり」と釘をさしている。軍乱ののちに調印された朝中水陸貿易章程は前文で、「朝鮮は久しく藩封に列」しており、締結は「属邦を優待するの意に係わる」のだと謳うが、井上毅によればまさに、「支那之属国たる事を甘心し、我国に向ても、米英に当てたる同然之書面を送り、日韓条約之第一款を削除する之希望を提出するも難斗《はかりがた》」い情況であった。アメリカのみならずイギリスなどに対しても、朝鮮国王は条約締結後に清の属邦である旨の宣言をおこなっていた。「韓国に於て若《も》し其国の清国管下に在るの確証を示すに於ては、日本は条約の改正を拒絶すること能はざるべし」というのが、ボアソナードの回答である。万国公法において「保護」「附庸」の関係の存在は前提されているのであり、「上国を外にした」条約を結ぼうとするのは「許すべからざる」ことであって、「若し上国に於て其権利を主張する」場合には第三国は「必ず之を承認するか、又は無名無義の戦端を開く」のどちらかしかないというのである。

壬午軍乱が鎮圧されて衛正斥邪派の鎖国攘夷運動は後退し、西洋の技術を採り入れて改革を図ろうとする開化派の勢力が伸張した。その対外政策は、伝統的な清との事大関係を戦略的に維持・強化することで欧米や日本の侵略に対抗しようとするものであった。金允植《キムユンシク》は朝米条約に関する李鴻章との対談で、「我国が中国の属国たることは天下の共知するところ」であり、「吾国のごとく孤弱の勢いを以って、若し大邦の作保無くんば、則ち実に特立し難」いのだと述べている。条約中に属邦条項を盛り込もうとした当初の李鴻章の案について、「敝邦《へいほう》中国に在りては属国たりて、各国に在りては自主たり。名は正しく言は順にして、事理両便なり」と言い、中国の役割を明記することによって各国が朝鮮を軽侮する心をおしとどめ、自主の明記によって諸国との交際で平等の権を用いることもできるのだと評価した。魚允中《オユンジュン》もまた、朝鮮を「独立」国だとする日本人に対して、「自主たるは則ち可なるも、独立は則ち非なり」と反論している。そもそも軍乱の際の清の出兵は、天津に滞在していた金允植・魚允中の要請を受けてのもので、両者は嚮導官に任じられて、清軍とともに朝鮮へ帰国したのであった。

そうした現状のもとで、万国公法が必ずしも宗属関係を否定するものでないとしたら、どのように対処すればいいのか。あくまでも公法に依拠して、清による宗主権強化の動きに対抗すると同時に、それに呼応して事大関係を戦略的に利用しようとする朝鮮側の動きを封じる方策はあるのか。そこで井上毅が持ち出したのが朝鮮中立化の構想である。「日清米英独の五国互に相会同して朝鮮の事を議し、朝鮮を以て一の中立国となし、即ち白耳義《ベルギー》・瑞西《スイス》の例に依り、他を侵さず、又他より侵されざるの国となし、五国共に之を保護す」というもので、すでに朝鮮と条約を結んでいる五か国が共同して朝鮮への不可侵を約束し、他の国家による侵略を共同で排撃しようとする提案であった。この構想の眼目は、清は他の「四国」つまり日本とともに保護国であり、「四国」つまり日本の叶同《きょうどう》なくして独り内政干渉はできないというところにある。国際的な取り決めによって清の宗主権強化を阻み、日本の発言権を確保しようというわけである。

3 朝鮮の「独立」

さて、壬午軍乱によって露わになった日本・朝鮮・中国の緊張した関係については、新聞諸紙がこれをいっせいに取り上げ、清の属国論を批判しようとした。たとえば政府系の『東京日日新聞』は、イオニア諸島やチュニス・エジプトなどの例をあげながら万国公法における「半独立国」「隷属国」を検討し、内政外交の自主権をもって朝貢のみをおこなっている朝鮮は独立国にほかならないと強調する。ただ、それを外交的にどう具体化するかに関しては明確にしえないのが実情だった。『郵便報知新聞』は、他日のために朝鮮の位置を確定しておく必要があると主張し、独立国とするのが望ましいが、朝鮮は「礼楽刑政文教の事総て支那を学び来りしが故に、独り之を畏敬するの情あるのみにあらず、之を尊崇し之を愛慕するの情甚だ切」であり、清は「其の所属たるの名を棄てば国威衰替するが如きの思をなし、其の朝廷は国人に対して申訳けなきに至るべき事勢」となるから、容易には受け入れないだろう。したがって、「虚名所属、実勢独立」の現勢を列国の会議によって確定するのがいいとする。『横浜毎日新聞』も同様に、朝貢国の名義はそのまま認め、「貢税を納れ、正朔を奉じ、封冊を受る」ことに限定し、「其の他は朝鮮一切自主の権利ありて外交に至ては清国毫も之を指揮するを得ざる」ことを、列国会議で公認すべきだという。これらに対して『朝野新聞』は、台湾出兵や琉球問題で日本に不信感を強めているときに対立を煽るよりは、「是れ支那と朝鮮との間に生ずる関係なりと見做し之を不問に付するも決して我邦の国威国益を損害せざる」ものと考え、「東洋の英吉利《イギリス》」を気取って首を突っ込むべきではないとする。これは、さらに「支那は已に朝鮮を以て己れの所属なりと明言し、若《も》し一朝此の土地をして欧州諸国の為めに侵奪せらる丶ことあらば止《た》だ其の国の一大耻辱なるのみならず北京政府は一日も枕を高うして臥す可からず、故に支那は内外多事の際に於ても朝鮮を保護するの一点に於ては充分の注意を尽」くすはずだから、「支那の干渉を受け其の海陸の兵勢に依頼するの安全なるに若《し》かざるなり」という立場につながっていくものと言えるだろう。

さまざまな議論が展開されるなか、対清「独立」を呼号する点において、福沢諭吉の『時事新報』は際立っていた。清の出兵を知るとただちに、「傲慢と猜疑の心を以て妄りに我義挙に対して妨礙《ぼうがい》を加へんとするやも知る可らず」とし、「我も亦東方の男子国なり、黙して此暴慢を容赦すべきに非ず」と対決の姿勢を示す。清は朝鮮と日本の離反を図り、「八道を挙げて本国の版図に入れ、十八省に一を加へて新に高麗省を置」こうとしているのだなどと煽りたてた。周知のように福沢は、日本が中心となって中国・朝鮮を文明化し、連帯して欧米の侵凌に対抗するというアジア盟主論を主張してきたが、壬午軍乱の後は、朝鮮の文明化のためにも清からの「独立」と干渉の排除が先決であり、そのため「我東洋の政略は結局兵力に依頼せざる可らず」と説くに至った。一七世紀前半に清軍に屈したものの、「敗軍の当日一たび軍門に跪きて臣妾の虚礼を執りたりと云ひ伝るのみ」であり、「爾後今日に至るまで厳然たる独立独宰の朝鮮国王たる体面を全くして、厘毫も他国の属隷たるの実を表したることもなきなり」という。正朔や貢献は属国の証とはみなせず、アヘン戦争や太平天国の乱に際しても属国としての行動はしていないのだとする。そして、「汝は胡人の所属たるを甘んずるやと尋れば、八道の人民一人として然りと答る者なし」とし、朝鮮人が清への臣属を快く思っておらず、むしろ心中では蔑視しているのだと強調する。

福沢は、早くから金玉均《キムオッキュン》が密かに派した李東仁《イドンイン》と接触があり、慶応義塾には朝鮮人初の留学生として兪《ユ》吉濬《ギルジュン》がいて、壬午軍乱の発生時には日本の出兵を義挙とする上書を提出する。初の訪日中であった金玉均は、花房義質公使の軍艦に同乗して帰国した。金は乱後の「謝罪」を兼ねた修信使朴泳孝《パクヨンヒョ》一行の顧問格で二度目の訪日をしたが、一行は英公使パークスをはじめ列強の外交官との会談で清の干渉を非難し、朝鮮「独立」のため日本にも援助の要請をおこなう。日本政府内では、清との紛糾を避けようとする穏健論と積極的な援助を主張する強硬論が対立したが、朝鮮においても開化政策の進め方をめぐって、清との事大関係を維持しながら改革を図ろうとする金允植ら穏健開化派に対して、宗属関係を打破して清からの「独立」を優先させようとする金玉均ら急進開化派が分立することになった。福沢は弟子の牛場卓蔵らを派遣して、急進開化派の施策を支援する。金玉均は一八八三年六月から翌八四年四月まで三回目の訪日をおこない、福沢との関係をいっそう深めるが、借款導入計画などの成果を得られないまま帰国した。

この福沢主義者とも言うべき親日的な急進開化派の引き起こしたクーデタが、一八八四年一二月の甲申政変である。のちに金玉均が書いたとされる『甲申日録』によれば、その「政綱」には「朝貢儀礼の廃止」が掲げられていた。朝鮮内部からの宗属関係打破の動きは、日本政府にとって歓迎すべきことには違いない。事前の約束に基づいて、竹添進一郎公使は駐留日本軍を出動させた。だが、清軍の攻撃を受けると早々に撤退を決め、クーデタは文字通り三日天下に終わって、金玉均・朴泳孝らは日本へ亡命した。

自らの関与を隠蔽しつつ、福沢は翌一八八五年三月、『時事新報』に社説「脱亜論」を掲載する。西洋文明がめざすべき目標であることをあらためて確認しながら、朝鮮・中国にはその能力が欠如しているから、日本はそうした「悪友」を「謝絶」して西洋の文明国と進退を共にするのだと言う。そして、隣国だからといって会釈せず、西洋人がするのと同様のやり方で「処分」すべきだと述べる。この「処分」に社説の力点がおかれているわけではないが、それがレトリックとしてアジア分割競争への参加を指していることは否定しようがない。ここに至るまでの福沢は、あくまでも日本がアジアの一員であるとのポーズをとって、朝鮮への介入を説明してきたが、そうしたアジア主義的な物言いは放棄される。アジアの固陋を脱して西洋文明をめざすという意味で「脱亜」は以前も以後も福沢の一貫した主張であるが、アジアの友人と手を切って西洋文明世界に参入するという意味での「脱亜」は、この論説で宣言され、以後変わることはなかった。後述のように福沢は日清戦争の時期に再び朝鮮の文明化を叫びはじめるが、そこではもはやアジアの一員としての立場からではなく、自らを「世界文明」の位置においた発言がなされることになる。

4 日清戦争への道

甲申政変の報が入ると、政府は竹添公使の行動が軽率だったことを認めながら、「謝罪せざるを得ざるの醜態」を現出しないよう、自らを被害者だと強弁して賠償を要求した。交渉のために派遣された井上毅は、「万国公法論に拘」っていたのでは「朝鮮人は日本に向て唾も吐き掛けぬ有様」になってしまうとして、「朝鮮人の為めに目を醒さしむる程の事」つまり清軍と一戦交える必要まで説いた。だが、朝鮮に賠償支払いを認めさせ、清とのあいだでは双方の撤兵という天津条約を結んでひとまずの妥協が成立する。この天津条約体制のもとでも根本的な対立は解消せず、清は袁世凱を派遣して内政への干渉を強め、親日派が一掃されて介入の足掛かりを失った日本は大規模な軍拡を進めていくことになる。

しかしながら、一八八五年に外務卿井上馨が提案した朝鮮弁法八カ条は、朝鮮に関しては李鴻章と井上が協議して決定したうえ、李鴻章が朝鮮国王に実行させるというもので、清の優位を暗黙のうちに前提としていた。「利益線」論によって侵略性が注目される九〇年の山県有朋「朝鮮政略論」も、具体的な外交方針として掲げるのは列国の聯盟に基づく朝鮮の恒久中立化の主張であり、日本による排他的な支配の方向とはいささか異なっている。対清強硬の路線が存在する一方で、協調的な「穏健路線」も併存していたわけであるが、こうした協調的な政策に関連して、井上馨の伝記『世外井上公伝』(一九三四年)は、「外人の大部は朝鮮を清国の属国と認めてゐるばかりでなく、北京駐箚《ちゅうさつ》の各国公使も米国公使の外は大方同様な見解を持つてゐた」からなのだと弁明している。朝鮮弁法八カ条にしても、中立化案や共同改革案にしても、清の宗主権が強化され日本の発言力が後退してしまっている状況下でのものである。清の勢力が圧倒的なかで、日本にも発言させてくれという提案なのであり、列国の聯盟に清を引きずり込んで発言の余地を狭め、列国の一員として日本の発言権を確保しようとするのが、そのねらいであった。「穏健路線」とは、決して融和的なものなのではなく、後退した日本勢力の回復をめざす現状変革的な主張であり、万国公法のもとでなしうる最大限の効果をねらった政策だったという点に留意しておかなければならない。

さて、「脱亜論」ののち、福沢の朝鮮に関する発言は減少した。そもそも福沢の朝鮮についての発言の大部分は、政府や国民に対して積極的な介入を呼びかけたものである。その場合、決して粗野な侵略の言辞を吐いたりするのではなく、朝鮮の文明的改造を説くかたちをとった。急進開化派が一掃されて介入の足掛かりがなく、そのうえ英露対立を背景にイギリスが清と協調関係にあるなかで、現実に日本が介入する余地が狭くなった以上、福沢の発言は必然的に少なくならざるをえない。イギリスによる巨文島占拠事件ののち、「朝鮮人民のために其国の滅亡を賀す」という捨て台詞を最後に、福沢は朝鮮問題について沈黙した。

再び発言を始めるのは、帝国議会開設により政府と民党の対立が激化した一八九二年である。福沢は、「今の謀を為すに唯《ただ》英断を以て対外の大計を定め社会の耳目を此一点に集めて以て国内の小紛争を止むるの一法あるのみ」とし、「人心を外に転ぜしむる其方向は朝鮮に在り」との観点から、「官民調和」の手段として朝鮮問題を取り上げるのがいいと主張した。そのためには、まず天津条約の廃棄が必要とされ、朝鮮問題に口を挟む現実的な主張として清との協同改革が提案された。だが、九四年三月に金玉均が上海で暗殺され、人びとの清および朝鮮政府への敵愾心がたかまると、対清「独立」を鼓吹し始める。東学農民軍が勢いを増し、六月に日清が出兵すると、福沢は連日のように朝鮮の「独立」と文明的改造を叫び、開戦への世論づくりに大きな役割を果たす。日清戦争は福沢の戦争だとさえ言われるゆえんである。

5　保護国から韓国併合へ

伝統的な東アジアの国際秩序を前提にして欧米や日本の圧力に抗しようとする試みを軍事力で阻止し、朝鮮と中国の靭帯を断ち切ろうとしたのが日清戦争であったが、福沢はこれを文明と野蛮の戦争であると正当化する。陸奥宗光『蹇蹇録』は、「我が日本は当初より朝鮮を以て一個の独立国と認め、従来清韓両国の間に存在せし曖昧なる宗属の関係を断絶せしめんとし、之に反して清国は従来の歴史に依り朝鮮国を以て自己の属物たることを中外に表白せんとせり」とし、「日清両国の交戦は清韓宗属の関係に起因する外交問題之が先駆となりたりと云ふは決して失当の言にあらず」と説明した。ただ、列国の評価に気を使う首相の伊藤博文は、宗属問題を開戦の口実とすることについて、最後まで躊躇せざるをえなかった。

ともあれ、戦争の結果、下関条約で朝鮮は「完全無欠なる独立自主の国」とされた。「朝鮮国より清国に対する貢献典礼等は将来全く之を廃止」することが確認されて、伝統的な朝貢・冊封体制は解体を余儀なくされる。清の思わぬ弱体ぶりが明らかとなり、東アジアは帝国主義の分割競争の主要舞台の一つとなったが、戦略的な事大政策がとりえなくなった条件のもと、朝鮮は一八九七年に大韓帝国を宣布して一連の改革に乗り出すとともに、勢力均衡策を駆使しながら、永世中立化の道を模索した。

日露の対立が激化すると、韓国は戦時局外中立の宣言をおこなったが、日本はその動きを妨害しつつ朝鮮半島を軍事占領下におき、日露戦争を引き起こすとともに、国際法における保護国支配の研究を進める。その成果のうえに、戦争が終結すると第二次日韓協約を押しつけて外交権を剝奪し、韓国を自らの保護国とした。さらに、義兵戦争を鎮圧したうえで一九一〇年八月、大韓帝国を「廃滅」し、その領土を大日本帝国に併合する。この際に、明治天皇によって勅使が派遣され、最後の皇帝となった純宗《スンジョン》を「李王」に冊立するための詔書を伝達するという茶番劇までが演じられた。

併合を祝って、日本の各地では提灯行列が催された。東京の提灯行列では、新聞各社がそれぞれに競って歌詞をつくり、提灯を用意して参加者に配っている。たとえば『東京毎日新聞』が掲げたのは次のようなものだった。これを「ここは御国の何百里」の譜で歌えと指示している。

合邦成りぬ八道の／山河もここに我領土／神后以来今日の日を／待ちに待つこと二千年／天津日影の

如くなる／我大君の御恵に／鶏林の民今日よりは／普《あきね》く共に霑《うるお》はん／国威の高さ極みなく／見上万邦の上にあり／帝国萬歳萬々歳／帝国萬歳萬々歳

「神后」とは神功皇后《じんぐう》、「八道」「鶏林」は朝鮮を意味する。午後六時四〇分に出発してまず二重橋前に向かった「約六万」の行列は、日比谷公園を出おわるまでに三時間一五分かかったという。

文献一覧

石田徹『近代移行期の日朝関係』溪水社、二〇一三年
岡本隆司『属国と自主のあいだ――近代清韓関係と東アジアの命運』名古屋大学出版会、二〇〇四年
高橋秀直『日清戦争への道』東京創元社、一九九五年
月脚達彦『福沢諭吉と朝鮮問題――「朝鮮改造論」の展開と蹉跌』東京大学出版会、二〇一四年
長谷川直子「朝鮮中立化論と日清戦争」和田春樹ほか編『岩波講座　東アジア近現代通史1　東アジア世界の近代』岩波書店、二〇一〇年
茂木敏夫『変容する近代東アジアの国際秩序』山川出版社、一九九七年
吉野誠「福沢諭吉の朝鮮論」『朝鮮史研究会論文集』二六集、一九八九年
吉野誠『明治維新と征韓論――吉田松陰から西郷隆盛へ』明石書店、二〇〇二年

第3章　近代日本における為政者の朝鮮観

小川原　宏幸

はじめに

近代日本は、東アジアに地歩を築く過程で、折に触れて隣国朝鮮を勢力圏下に収めようとした。一八七五年の江華島事件を契機に開港させたのち、日清・日露両戦争を通じて侵略を進めていった。そして一九一〇年の韓国併合によって朝鮮を日本に編入し、四五年の日本敗戦まで植民地統治をおこなった。歴史的に朝鮮・韓国は、中国と並ぶ東アジアにおける主要な他者であったし、また現在でもあり続けている。

では、近代日本の為政者は朝鮮をどのように認識してきたのであろうか。かつて遠山茂樹が指摘したとおり、日本の蔑視観の対象としては朝鮮が中国に優先しており、その点で中国と朝鮮とではやや位相を異にする［遠山　一九六三］。中国は、近代以前から日本にとって「忘れ得ぬ他者」としてあり続け、「脱中国化」のために「非中国化」＝全面的欧化を志向することになったという意味で日本の近代化のあり方をも規定した［山田　一九九七］。それに対して朝鮮は、たとえば江戸期日本において観念的な武力優越論を下支えする陰画として文弱の国という他者表象が与えられた［須田　二〇一〇］。アジア蔑視に自らの立脚点を定めていく日本型オリエンタリズムは、まず朝鮮において起動したことになる。アジア主義と脱亜論という近代日本のアジア認識における主要な二つの態度は、中国の力量に対する表裏一体の日本の「表現」にすぎず、朝鮮を勢力下におくことは自明視されていた［坂野　二〇一三］。

近代日本の朝鮮認識についてはこれまで数多くの研究がなされてきたが、ここで方法的視角として留意すべき点を押さえておきたい。他者表象は、他者性を構築する「権力と支配のための装置」として、また、支配的文化の担い手側が自身の政治・社会的文脈を自己投影したものである［サイード　一九九三］。他者表象は権力関係を構築するうえで重要な装置として機能し、そこでどのような他者性が付与されるのかは権力関係の文脈において可変的である。そのため他者認識を抽出するにあたっても、その対象がおかれた歴史的状況との相関関係のなかで把握することが必要になる。他者認識が帯びる歴史性を捨象して他者表象にかかわる言説分析に終始する限り、そこから浮かび上がるのは静態的な他者認識でしかなく、それはステレオタイプの再生産にしか資しえない。近代日本における為政者の朝鮮認識を把握するにあたっても、朝鮮にかかわる叙述のみを取り出すような浅薄な言説分析では、考察対象が実際にもつ等身大の朝鮮像を見逃してしまう。考察対象の思惟構造において朝鮮という場がもつ位相を見極めることが必要である。ただしその対外認識は、朝鮮認識に限ってみても政治・経済・教育・思想・文化などと常に相関し、その範囲も膨大である。内政・外交一般の背景となっている近代日本の朝鮮認識全体を明らかにすることは日本近代史全体を描き出すことに等しく、筆者の手に余る。

本章では、近代日本の為政者が朝鮮をどのような論理から認識し、そうした認識に基づいて対朝鮮政策をどのように遂行していったのかについて、征韓論から日清・日露戦争、韓国併合に至る過程を概観しながら右の課題の一端を明らかにする。

1 征韓論争と朝鮮認識

一八六八年、王政復古のクーデタによって政権を掌握した維新政府は、諸外国に対して外交権の掌握を宣言し、新たな外交事務を開始した。朝鮮に対しては当初、従来どおり対馬藩が外交事務を担当したが、その使節が持参した外交文書（書契）の形式をめぐって書契問題と呼ばれる外交問題が勃発した。維新政府の外交文書は、従来の相互対等的な形式から一方的に朝鮮を格下げするものであり、当然ながら朝鮮側の受け取り拒否にあうこととなった。従来の外交関係を無視した維新政府の強硬姿勢は、既存の外交儀礼に対する無知によるものではなく、王政復古の原理そのものに基因した。「方今朝鮮の事を論ずるもの曰く、王政復古し大号令天皇陛下より出る上は、朝鮮は古昔《こせき》の如く属国となし、藩臣の礼を執らせねばならぬ也。宜《よろ》しく速に皇使を遣わして其不庭《ふてい》を責め、苞茅《ほうぼう》〔貢ぎ物のこと。本来は苞苴《ほうしょ》〕の貢を入れさしむべし」（『大日本外交文書』二―二）という外務省の対朝鮮方針は、江戸幕府による対等外交を改変して「朝廷直交」を実現し、かつてのように朝鮮が天皇に服属するよう「名文条理」を正すことを目的とするものであった。つまり朝鮮に対する外交姿勢の背景には古代における天皇への朝鮮服属という観念的な名分論があった。そして、それが倒幕および明治維新の正統性と密接不可分なものとみなされる限り、その姿勢は硬直化せざるをえない。

その後、廃藩置県によって対馬藩を廃止するとともに、従来日朝外交の窓口となってきた釜山の倭館を一八七二年九月に外務省が接収して外交ルートを一元化したが、朝鮮との交渉はその後も進展しなかった。こうしたなかで七三年八月に留守政府内で、西郷隆盛を皇使として派遣することが閣議決定された。しかし、欧米視察を終えた岩倉遣欧使節団が九月に帰国すると、延期論を唱える大久保利通らとの間に朝鮮使節派遣問題が政争の焦点となった。大久保らの陰謀により使節派遣延期論が最終的に勝利し、西郷や板垣退助らが下野した。一般に征韓論争として知られる「明治六年の政変」である。

同政変の本質は、西郷ら留守政府内の「征韓派」と、大久保を中心とした岩倉使節団メンバー内の「内治派」との権力争いであり、朝鮮を日本の勢力下におくという点については変わるところがない。しかし、維新の理念に基づいて「名文条理」を唱える西郷隆盛と、万国公法をふまえたパワーポリティクスの立場から対朝鮮政策をとらえる大久保とではその「征韓」の論理をおのずから異にする。西郷が唱えた「名分条理」論による征韓論は、王政復古の理念に基づいて皇威を輝かせ、天皇中心の国体が廃れて以来の誤った状態を正し、国勢を挽回するというものであった。朝鮮への自らの派遣を明治維新の原理と重ね合わせる西郷にとっては、朝鮮側の「不遜」を諌め、「名分条理」を正すことこそが主であり、武力行使自体はその方法にすぎなかった。したがってその本意は、朝鮮を侵略するか否かにあるのではなく、明治維新の正統性を問いただす政治闘争そのものにある。西郷は、王政復古の原理と連動した観念論的な朝鮮服属論のうえに征韓論を構築したのであり、明治初年の書契問題と同様の論理がそこで展開されていた。しかし、万国公法を前面に打ち出しながら、「義」や「恥」といった観念を排して国益を優先した「深謀遠慮」ある外交の貫徹を主張する大久保らによって派遣問題が政局化されるなかで、そうした西郷の意図は結局封鎖されてしまった［吉野 二〇〇二］。この時期は、近代ナショナリズムに基づく対外認識が従来の名分論的なそれに取って代わる移行期であったが［植手 一九七一］、征韓論争は近代日本の二つの原理が対朝鮮政策をめぐって正面からぶつかり合ったものとして位置づけられる。征韓論争において大久保らが名分論を完全に放棄したかどうかはなお慎重を期す必要があるが、明治初年の日朝交渉問題を色濃く規定した幕末以来の名分論からの朝鮮認識は、日本政府内においてはここで退場を迫られることとなった。

2 二重体制的国際秩序のもとでの朝鮮観

それでは、万国公法の立場を強調する大久保らの朝鮮認識はどのようなものだったのであろうか。次に朝鮮開港から日清戦争にかけての日本政治家の朝鮮認識を見ていく。明治初年から頓挫していた日朝交渉は、最終的に大久保政権の砲艦外交によって決着することとなった。一八七五年九月に起こった江華島事件の帰結として翌年二月、日本は朝鮮と「日朝修好条規」を結んだ。こうした日本政府の一連の動向は、「内治派」政府が征韓論の立場に転じたと評価できるものではない。むしろ同事件をきっかけにして日本国内で高まっていた開戦論を抑えながら、パワーポリティクスを背景とした「深謀遠慮」に基づいて条約締結を迫るものであった［吉野　二〇〇二］。

この時期清国は、ウェスタン・インパクトに対応するために従来の冊封体制を再編して東アジア世界解体の危機を乗り越えようとし、周辺諸国の動向もまたそうした動きに連動していた。そうしたなか、万国公法による国際関係へといち早く移行する日本の動きは伝統的な東アジア国際秩序の解体を促進していく。その意味で、近代における東アジア国際秩序の最大の攪乱要因はほかならぬ日本である。この段階において日本政府の対朝鮮政策を規定していたのは、朝鮮と清国との宗属関係をどのように否定するのかという課題であり、またロシアをはじめとする西欧諸国の動向に対する懸念を主要因とした弱肉強食的ないし権力政治的な国際認識であった。前者について日本は、「日朝修好条規」第一条で朝鮮を「自主ノ邦」と位置づけたが、その「自主」の内実は日本、朝鮮、清国とでそれぞれ異なっていた。「我対韓の政略は、其の独立を認め、清国の属邦を主張するの説を排除し、竟《つい》に其独立の実を挙げしめんとするに在り」（『秘書類纂　朝鮮交渉資料』）と位置づけたように、日本のねらいは清国の朝鮮に対する宗属関係を否定することにあった。その方針は、最終的に日清開戦につながっていく。開港以来一八八四年の甲申政変までの日本の朝鮮政策は、時期によって濃淡があるが、軍事的威圧を強化したり親日化＝勢力圏化政策を積極的に推し進めたりするなど、「恩威並行」政策を織り交ぜながら進められた。特に親日化政策については朝鮮の開化政策と連動させてとらえられた。それは、修信使として八〇年に来日した金弘集《キムホンジプ》に対して井上馨が、鎖国論を放棄した経験をふまえながら強兵論的開化政策の推進を説き、銃器や軍艦等の近代兵器を提供しようとしたことなどに表れている。明治維新後にいち早く近代化政策を取り入れたやり方にならった開化策を進めさせることによって朝鮮を自らの勢力圏に取りこむことができると考えたのである［高橋　一九九五］。日本にとって朝鮮の「自主」ないし「独立」はその勢力圏化と表裏一体であった。

しかしそうした日本のもくろみは、一八八二年の壬午軍乱、八四年の甲申政変をきっかけに、清国が朝鮮に対する宗属関係を強化するなかで挫折させられる。日本が影響力を行使するために期待を寄せていた開化政策に対する朝鮮社会の反発が強まるとともに（壬午軍乱）、清国の影響力増大に反発して日本との関係を強化しようとした急進開化派が粛清されるなかで（甲申政変）、日本は朝鮮への足がかりを失ったのである。こうした状況に対して日本は将来の清国との対決に備えて軍備拡張を進めていった。第一回帝国議会でおこなった「施政方針演説」の原案となった「外交政略論」（一八九〇年）において山県有朋は、「主権線」＝日本を守るために「利益線」＝朝鮮の確保が必要であり、そのためには軍事力行使も辞さないとする地政学的な観点から朝鮮を位置づけた。その基礎にあるのは、英露をはじめとする欧米勢力への警戒であり、清国に対する危機意識であった（芝原拓自ほか『対外観』岩波書店、一九八八年）。そこでは朝鮮の「独立」が唱えられてはいるが、それは日本の安全保障に資する限りのものであった。

その一方で、甲申政変の善後策として締結された天津条約（一八八五年）に基づく、天津条約体制とも呼ぶべき相対的協調外交が東アジアにおいて試みられた。朝鮮問題をめぐっては対立を深める一方で、ウェスタン・インパクト、特にロシアとの対抗関係においてなお清国と日本とが連携する必要性が感じられていたためである。朝鮮を国際法体制下の近代的属国支配関係におくことは欧米の侵略論理を受け入れることにつながりかねない。東アジアが列強勢力の角逐の場となることを回避するためにも従来の冊封体制と国際法体制との二重体制が導入されたのである。こうした状況に対応し、伊藤博文や井上馨らは清国の朝鮮に対する宗主権を容認する意見を提示した。井上が構想した「朝鮮弁法八カ条」(一八八五年)は、清国の優位を認めたうえで朝鮮の日清共同保護をめざそうとするものであった。また、壬午軍乱以前に対清開戦論を唱えていた山県有朋も、先の「外交政略論」において、利益線とみなす朝鮮を確保するための具体的方策として朝鮮中立化および清国や英独とともに共同改革をめざす構想を打ち出していた。その意味でこの時期の日本政府の朝鮮政策は日清戦争に直結するものではない。ただし、井上らの朝鮮中立化論が、日本が朝鮮への足がかりを失っていた時期に朝鮮にどのように影響力を行使するのかという観点から構想されていることに留意しなければならない。日本の朝鮮共同保護論や中立化構想が、天津条約体制の基礎となっている清国の宗主権と真っ向から対立するものだった。であればこそ山県は将来、天津条約体制に挑戦する意志を隠さなかった。日清戦争以前に構想された朝鮮中立化や共同保護といったプランは、西欧諸国に対する警戒感がぬぐえないなかで、朝鮮問題において清国との衝突をどのように避けるべきかというリアリスティックな観点から導き出されるセカンド・ベストな構想であり、朝鮮を勢力圏下におかないという立場を言明するものではない。この段階における日本政治家の朝鮮認識は、ウェスタン・インパクトに対応する観点から構築されたものであると同時に、恐清病とも言うべき対清国観を背景にしていた[大谷　二〇一四]。そこには当然ながら、朝鮮を主体的にとらえる視座はまったくと言ってよいほど存在しなかったのである。

3　日清・日露戦争から韓国併合へ

天津条約体制下で朝鮮への足がかりをうかがっていた日本は、一八九四年に朝鮮半島で起こった甲午農民戦争を奇貨として朝鮮への内政干渉を積極化させた。同年七月のクーデタ（日朝戦争＝狭義の日清戦争）によって親日的政権を樹立する一方、朝鮮共同改革案の拒否を名目にして清国に宣戦布告した。日清開戦後、朝鮮駐箚《ちゅうさつ》公使・井上馨のもとで朝鮮政府への干渉を積極化させた日本は、下関条約によって朝鮮が「独立自主ノ国」であることを認めさせ、朝鮮と清国の冊封関係を否定することに成功した。しかし三国干渉によって朝鮮へのロシアの影響力が強まると、朝鮮の独立を認め、清国との宗属関係を否定するという「我従来の政略に基き数回宣言したる等の事由に依り、将来の対韓政略は成るべく干渉を息《や》め、朝鮮をして自立せしむるの方針を執るべし、故に他動の方針を執るべきことに決」（『秘書類纂朝鮮交渉資料』）し、再び守勢にまわらざるをえなくなった。さらに、朝鮮国王高宗《コジョン》がロシア公使館に退避し、親日政権が瓦解した露館播遷《ろかんはせん》（一八九六年）は日本政府に衝撃を与え、以後「消極的操縦政策」をとることとなる。ちなみにこの間、日本は閔妃殺害事件を引き起こしたが、その背景にあるのは、小国・朝鮮が他の大国に依存するという事大主義観であり、それは陰謀論と容易に結びつくものであった（『蹇蹇録』）。

こうした「消極的操縦政策」から「誠意的強制手段による干渉政策」への転換点となったのが日露戦争である（『柴田家門文書』）。日露戦争下において日本は、「日韓議定書」をはじめとする諸条約、取り決めに基づいて朝鮮侵略を全面的に展開した。一九〇五年には、イギリス、アメリカから同意を取りつけるとともに、ロシアと講和条約を結ぶと、第二次「日韓協約」により大韓帝国（韓国）を保護国とした。

日露戦争下における対韓政策の根幹を担ったのは在韓日本軍であったが、義兵闘争をはじめとする朝鮮社会との敵対的関係が深まるなかで、軍事力を前面に出した統治をおこなうことを骨子とする統治方針が構想された。そこでは、今後の対韓政策の基本方針を「能《よ》く威服せしむべし、懐柔すべからず」という武断的統治においた。それは「常に強国の間に介して事大主義を執り、首鼠《しゅそ》両端もって纔《わず》かに社稷《しゃしょく》を保持し得たる幾百年来の彼れの歴史」および日露戦争下の情勢に照らすとき、「韓国の皇室および政府に対して容易に制馭《せいぎょ》の功を収めんと欲せば、兵馬の実権を掌握せる武官をして同時に経営機関の首脳たらしめ、彼等をして妄動の余地なからしめ」ることが求められたからである。また、「その知識の程度に於て、その国家的観念を有せざる点において、その強者崇拝の劣性に於て、蛮民の境を距《へだた》ること遠からざる」一般官民に対しても、「圧力の伴わざる手段は到底効果を奏すること無き」ものと位置づけられた（『長岡外史関係文書』）。武力を前面に打ち出したその構想は、直接的には伊藤博文ら文官による対韓政策を排することを意図していたが、その根底には、国家観念を欠き、事大主義を崇拝するととらえる朝鮮停滞性論と朝鮮人蔑視とが横たわっていた。

韓国保護国化から韓国併合に至る過程で対韓政策をリードした伊藤博文の朝鮮認識にもまた共通する論理が見て取れる。伊藤は対韓政策において支配の合意調達を図ることを重視していたが、そこでとられたのが近代文明的政策の展開による受益層（＝親日的人士）の形成とともに、専制国家観に基づくイデオロギー装置としての韓国皇帝の利用であった。この時期の朝鮮では、甲午農民戦争の過程を通じて国王幻想という民衆の始原的ナショナリズムが高まっていたが、それを「忠君」愛国的な国王観という鋳型にはめようとした甲午改革が失敗に終わると、皇帝独裁というかたちでそれに対応した［月脚 二〇〇九］。国王高宗が皇帝に即位し、国号を大韓とする大韓帝国の成立である。こうした一連の動向に対し、福沢諭吉をはじめ日本の言論界はパワーポリティクスの観点から冷淡な眼差しを向けたが、伊藤は韓国統治をおこなうにあたり、韓国皇帝の恣意的な権力行使を抑えて受動的君主とする一方、朝鮮社会における「忠君」意識に基づく皇帝の権威を利用しようとした。その志向性は日本における一君万民論的天皇観の形成過程と対応するものであった。

伊藤の韓国専制国家観は、第二次「日韓協約」締結交渉過程によく表れている。同協約の締結を迫られた皇帝高宗は、「朕といえども、豈《あに》その理を知らざらんや。然りといえども事重大に属す。朕、今自らこれを裁決することを得ず。朕が政府臣僚に諮詢《しじゅん》し、また一般人民の意向をも察するの要あり」とはぐらかした。これに対して伊藤は、大韓帝国は皇帝の親裁に基づく専制国家であり、条約締結にあたって人民の意向を聞くというのは日本の提案を拒絶する方便にすぎないと、皇帝の意向を一蹴した。さらに朝鮮の政治文化である公論政治を、「幼稚なる、固《もと》より外交の事に暗く、世界の大勢を知るの道理なし」と明確に否定した（『日本外交文書』三八―一）。そうした公論政治の否認は、伊藤が統監を辞任するきっかけとなった韓国皇帝巡幸時の演説にも見て取れる。伊藤は、日本の保護国下において韓国の開発がおこなわれているること、そして皇帝の意思は日韓融和と韓国の富強にあるのだから韓国国民もその聖意に従うべきであると繰り返した。「国民としては一個人は一個人の考えあらん。然れども、この統監は個々人の意見に耳を傾くるものにあらず。本統監は今赤心を披《ひら》きて、諸君が韓皇陛下の聖旨に服従せんことを勧告したり。韓国人たるもの、すべからく全国を挙げてその方向を一変するに努めざるべからず」(『統監府文書』九)と「上から」の一君万民論を説きながら民心収攬を訴えたのである。ここには、近代文明主義および指導者意識、そしてそれと表裏一体の朝鮮停滞性論および朝鮮人愚民観が色濃く表れている。

日本政府は一九〇九年七月に韓国の併合を閣議決定するが、韓国併合を正当化する論理は、「東洋の平和を永遠に維持し、帝国の安全を将来に保障するため」に、「禍乱の淵源」となっている韓国を日本に併合することが必要である(韓国併合に関する詔書)というパワーポリティクスからの判断に基づいていた。日本の安全保障と「東洋平和」とを直結させ、朝鮮をその阻害要因と一方的に名指すその論理は、対清宣戦詔勅や対露宣戦詔勅などで繰り返されてきたロジックである。日本にとっての東洋「平和」とは、日本の大国化によって東洋に戦闘状態が存在しない「武装の平和」(伊藤博文)を意味した。その一方で、韓国併合に際し、天皇は勅使を派遣して皇帝純宗《スンジョン》を李王に冊封した。征韓論争に際して日本政府が対朝鮮外交における名分論を排したことは先述した。韓国併合に際して日朝間における冊封関係を再登場させたことになる。韓国併合に関する外交手続きは、基本的に国際法体制の枠内においておこなわれており、冊封関係と国際法原理との二重体制の存続を日清戦争において否定したのはほかならぬ日本である。したがって併合にあたって冊封体制的な儀礼が執りおこなわれたことはいささか奇異に映る。国際法に基づくパワーポリティクスを名分論が補完しなければならなかった点にこそ近代日本の特殊性が存在した［吉野　二〇〇二]。その意味で近代日本における朝鮮の位相は、天皇制国家原理の二重性を端的に示している。

4 三・一独立運動と日本の朝鮮観

韓国併合後、日本の朝鮮植民地支配を根底から揺さぶることとなった三・一独立運動(一九一九年)であるが、その衝撃にもかかわらず、自らの他者認識を問い直す契機にはほとんどつながらなかった。当時、首相であった原敬は、三・一独立運動の要因を分析するにあたり、当初は「民族自決などの空説に促されたる事実もあらんが、其以外にも多少原因あらんかと思はれる(過日宋秉畯《ソンビョンジュン》より朝鮮人に参政権を早く与ふるを得策とすとの申越ありたるも、此辺の事情を察知せし為めかと思はる)」(『原敬日記』)と、政治的不満について一定の理解を示していた。しかし、三・一独立運動後の政治改革であるいわゆる文化政治を打ち出すにあたっては「今回の騒擾は、所謂民族自決の標語を掲け一部の者之か示威運動を為したるに因るものにして、一般人民は之に関与せるものにあらす」と、一部の宗教家や学生、とりわけ外国人宣教師等による煽動にその理由を求める他律性を強調して民族運動を矮小化した。さらに、閣僚や新総督・斎藤実らに提示した「朝鮮統治私見」では過去一〇年の朝鮮統治を振り返り、その制度が根本的に誤っていたわけではないとしたうえで、欧米諸国の植民地とは違って、朝鮮は「言語・風俗に多少の相違ありと雖《いえど》も其根本に溯《さかのぼ》れば殆んど同一系統に属し、人種に於ては固より異同なく、歴史に於ても上古に溯れば殆んど同一なるものと論じ得る」と位置づけた(『斎藤実関係文書』)。「日鮮同祖論」に類した立場から「内地延長」主義に基づいて朝鮮「同化」を推進することを強調したのである。他律性の強調と、「内地延長主義」の対象として朝鮮をとらえるという発想とに共通するのは、朝鮮を客体視しその主体性を認めようとしない立場である。

また、三・一独立運動を受けて日本の植民地統治政策が改編されたが(文化政治)、日本の朝鮮認識を考えるうえで、これを過大評価することはできない。改編に伴って為政者の朝鮮認識にさほど変化が見られなかったことは右に見たとおりである。さらに、文化政治の登場が、第一次世界大戦後の国際協調体制の形成や植民地統治体制再編成の動きと連動するという国際的契機も見逃すことができない。一九二〇年に開催された国際連盟総会準備委員会に日本が提出した調書「朝鮮問題」は、植民地統治の改編を対外的に宣伝する意図をもっていたことを示す(「外務省記録」)。こうした性格は、そもそも三・一独立運動のみをもってアメリカが朝鮮の独立を承認することはありえなかったことや、また独立運動に際して一時的に高揚したアメリカ言論界の日本批判が、文化政治の展開により朝鮮問題に対する無関心という「常態」へと戻るなかで終息したこと、ワシントン体制下での極東・太平洋地域における勢力関係の画定や利害調整と相関関係にあった[長田 二〇〇五]。帝国主義体制再編の一翼を担うという性格をもった文化政治は、独立運動の否定など、被治者に対する治安維持的観点からの警戒感は保持し続ける一方で、大国間の協調体制に基づいて植民地支配を維持しようとするものであった。そこには、被治者に対する他者認識の変容は本質的に期待しえない。したがって三・一独立運動に直面した際の反応に端的に表れたように、朝鮮独立運動に対しても外在的要因としての「民族自決主義」の影響を必要以上に強調したり、背景に煽動勢力の存在を指摘したりするなど陰謀論に類した議論が展開された。そこには、自身の支配に対する痛切な反省を担保する回路は存在しなかったのである。

おわりに

丸山眞男はかつて日本の他者認識にかかわって、他者感覚の希薄さをその特徴として指摘した［丸山一九九六］。朝鮮認識においてはとりわけそうである。そこで展開される朝鮮認識は、名分論的なものであれ、勢力均衡論的なものであれ、正面から等身大の朝鮮を位置づけたものではなかった。観念論的な自画像を補完する陰画として朝鮮を他者化する名分論の立場は、「同種同文」的な人種論に基づく「日鮮同祖」論的な朝鮮認識へと帰結するであろうし、優勝劣敗論的な立場からは、他者に対する不信ゆえに事大主義と他律性の強調あるいは陰謀論に容易に陥ってしまいかねない。そうした相手に対する不信は他者感覚を磨くことなく他者を認識するがために生じるものである。そしてそこから生まれるであろう根拠なき恐怖心は、多様な他者認識を形成することを阻害するため［モーリス＝スズキ　二〇〇二］、その他者表象はいっそう平板なものとなっていく。

二〇〇〇年代初頭、現代日本を席巻した韓流ブームがこれまでの日本の朝鮮認識（正確には「韓国認識」と言うべきであるが）を一変させたことは間違いない。しかしその反動としての嫌韓流の動向がヘイトスピーチのような狭隘な他者認識の横行と容易に結びついたこともまた周知のとおりである。そうした状況をかんがみるとき、近代日本における朝鮮観が形成・展開される過程を問うとともに、他者の多様性を歴史のうちに見つめ直すことは、皮相的かつ単純化された自他認識の再生産に抗するための重要な作業となっていくはずである。

文献一覧

植手通有「対外観の展開」橋川文三・松本三之介編『近代日本政治思想史Ⅰ』有斐閣、一九七一年
大谷正『日清戦争』中公新書、二〇一四年
小川原宏幸『伊藤博文の韓国併合構想と朝鮮社会――王権論の相克』岩波書店、二〇一〇年
E・W・サイード（今沢紀子訳）『オリエンタリズム』平凡社ライブラリー、一九九三年
須田努「江戸時代 民衆の朝鮮・朝鮮人観」『思想』一〇二九号、二〇一〇年
高橋秀直『日清戦争への道』東京創元社、一九九五年
趙景達編『近代日朝関係史』有志舎、二〇一二年
月脚達彦『朝鮮開化思想とナショナリズム――近代朝鮮の形成』東京大学出版会、二〇〇九年
遠山茂樹「朝鮮にたいする民族的偏見について」『歴史評論』一五二号、一九六三年
テッサ・モーリス＝スズキ『批判的想像力のために――グローバル化時代の日本』平凡社、二〇〇二年
長田彰文『日本の朝鮮統治と国際関係――朝鮮独立運動とアメリカ 1910-1922』平凡社、二〇〇五年
坂野潤治『近代日本とアジア』ちくま学芸文庫、二〇一三年
丸山眞男「日本思想史における『古層』の問題」『丸山眞男集 11』岩波書店、一九九六年
山田賢「『中国』という畏怖」中村政則ほか『歴史と真実――いま日本の歴史を考える』筑摩書房、一九九七年
吉野誠『明治維新と征韓論――吉田松陰から西郷隆盛へ』明石書店、二〇〇二年

第4章　大正知識人の朝鮮観

千葉　功

はじめに

現在、ヘイトスピーチが蔓延している。しかし、それは一部の良心のない人たちのしわざと片づけるわけにはいかない。それを容認する日本社会の問題を考える必要があるだろう。

さて、一般に「大正デモクラシー」の時代として、日本人の朝鮮観に画期的発展があったと思われがちな大正期ですら、その当時の日本人の朝鮮観も、現在もしくは朝鮮・韓国人の視点から見れば、いかにゆがんだものであり、結局は現在の「妄言」(それが暴力的に現れたものがヘイトスピーチであろう)につながるものであるかは、言うまでもないことである［高崎　二〇一四］。そういう意味で、大正期ですら日本人の朝鮮観には大きな問題があった。

ただし、前の時代である明治期に比べれば、日本人の朝鮮観がよりゆがみのないものへと変化する可能性はあった。明治期においては、自己を国家へと同一化し、国家の利害に関して強い関心を抱き続けていたが、大正期の一九二〇年前後になって、国家よりも上位で、最高の規範がおかれるものとして「社会」が「発見」される。これは、国家の相対化を意味する〔飯田 一九九七〕。そして、国家を相対化する発想を国家間ないし民族間に適応する者も大正期には出てくるのである。

そのような発想の転換をおこなった代表的な知識人として、本章では吉野作造と柳宗悦《むねよし》を取り上げる。この二人が日本人の朝鮮観を是正し、よりゆがみのないものへと発展させることの可能性と、その限界性を見ることによって、今日のヘイトスピーチを克服する視座を獲得するきっかけとなることをめざしたい。

1 吉野作造

大学院生のときは、日本の植民地支配を当然視し、善政主義による同化政策を前提とした朝鮮併合論を抱いていた吉野が、その朝鮮論を大きく変化させたのが、留学(一九一〇〜一三年)後、YMCAを通じて知りあった朝鮮人留学生たち(金雨英《キムウヨン》・張徳秀《チャンドクス》・白南薫《ペクナムン》など)との対話・交流であった〔吉野 一九九五:三八三〕。

吉野は朝鮮・中国を視察したうえで、『中央公論』一九一六年六月号に「満韓を視察して」という大論文を発表する。

無論朝鮮人は所謂亡国の民である。表向は彼等の希望によつて我国に併合したのであるけれども、事実上は日本から併呑されたのである。従つて日本人が何かにつけて一段朝鮮人の上に居《お》るといふことは事実已むを得ない。然《しか》しながら日本人が一段上に居るといふことは、朝鮮人を軽蔑してもいゝ、圧迫してもいゝといふことではない。此点に於て在留日本人の大多数の考は、殆《ほと》んど例外なく、其当を失して居りはしないか［吉野　一九九五：七］。

朝鮮人の能力を認める吉野は、日本人があからさまに朝鮮人を差別する現実を指摘する。

一々例を挙げれば際限がないが、こんなことで自然と朝鮮人の反感を買ふことは非常に多いと思ふ。其結果は、固《もと》より直接の計数の上に何等表はるゝことはないけれども、然し日本民族の殖民的成功といふ大局から観れば、如何《いか》に此事が、現在は勿論《もちろん》将来に向つても、日本の発展を禍《わざわい》するか解らない［吉野　一九九五：八］。

吉野は、一九世紀以降の国民国家化＝ナショナリズムの勃興という世界思潮をふまえたうえで、「異民族」である朝鮮民族の同化がいかに困難であるかを指摘する。

殊《こと》に十九世紀以来は、一般に民族的観念が勃興して来て居るから、従来従順であつた民族すら、近世に至つて騒ぎ始めたものもある。斯《か》くして最近の歴史は民族の同化といふ事は極めて困難なるものである。否同化といふ事は、言は易きに似て実は不可能なものであるまいかといふ考さへ現れて来て居る［吉野　一九九五：一四〜一五］。

もちろん、吉野は朝鮮の即時独立を表明しているわけではなく、朝鮮統治において「恩威並び行ふ」ことを求めている。しかし、官憲の威厳を示すにしても、形式主義にすぎると批判するのである。

吉野は日本政府の朝鮮統治の根本方針が「彼等〔朝鮮人〕の円満なる物質的並びに精神的の進歩開発を計る」ことにあることを確認したうえで、その方針が十分に貫徹されない一原因として、日本の政治家の間に「朝鮮人は果して全然我国に同化して日本人になり切つて了《しま》ふことの可能《でき》るものかどうか」という問題がはっきり解決されていないことに求める。

一方には汝等は日本国民なりといひ、一方には汝等は普通の日本人と伍する能はざる劣《ひく》い階級の者なりといふ。斯くの如くにして朝鮮人の同化を求むる、是れ豈《あに》木に縁《よ》つて魚を求むるが如きものではあるまいか〔吉野　一九九五：二八〜二九〕。

吉野は、日本政府や朝鮮総督府が同化政策を進めながら、特に教育の側面など、朝鮮人の待遇を日本人に比べて低くすることの矛盾を突いているのである。

よって、朝鮮人に対する待遇を改善する以上、教育を受けた朝鮮人のあいだから日本統治批判が出てくることを想定し、かつそうなることが自然と考えていた。

全然朝鮮人を教育しないならば格別、苟《いやし》くも朝鮮人に相当の教育を与ふると云ふ以上は、中に政治法律を学んで日本の統治を批判する位のものゝ出来るのは当然である。自分の倅《せがれ》ですら、多少の教育を与ふれば親爺《おやじ》の行動を批評するに至るではないか〔吉野　一九九五：三二〕。

吉野は、「正義公道の自覚」に発するアメリカの第一次世界大戦参戦（一九一七年）をきっかけとして、個別国家の利害にかわって普遍的な「正義公道」の原理が支配する新しい国際社会の誕生を迎えつつあると実感していた。視点の転換の結果、植民地支配や他国領域における権益の排他的な取得は、国際正義の名のもとに非難され否定される［松本　二〇〇八：二五五〜二五七］。そのように、吉野の視点が転換しつつあったなかで起こったのが、一九一九年の三・一独立運動とそれに対する日本の軍事的鎮圧という事態であった。

「朝鮮暴動」に対して反省なく、責任を第三者の煽動に帰しがちな日本国民に、吉野は痛切な反省を求めた。吉野は、中国に対しても、朝鮮に対しても、一握りの有力者を動かせば天下を動かせると考えるのは「旧式の歴史解釈」であり、従来の日本政府の態度には「根本的に誤があった」ことを認める［松本　二〇〇八：二五〇〜二五一］。そして、三・一独立運動の善後策として、「恩威並び行ふ」ほかに、「一視同仁政策の徹底」と、ある種の自治の付与、朝鮮在留アメリカ人宣教師を仲介とした日朝協同の疏通機関の設立を主張した（「朝鮮暴動善後策」『中央公論』一九一九年四月号［吉野　一九九五：五二〜五四］）。

また、一九一九年六月二五日の黎明会における講演（「朝鮮統治の改革に関する最少限度の要求」と題して『黎明講演集』六輯［一九一九年八月］に収録された）でも、まず日本人に反省を求め、堤岩里虐殺事件（水原事件、一九一九年四月に三・一独立運動の余波として日本軍が二九人の住民を殺害した事件）を日本人の野蛮性が発揮されたものと非難した。そのうえで吉野は、将来において、三・一独立運動後の始末をどうつけるかを問いかける。

> 吾々も亦、ナニ向ふで独立だの自主だのと生意気な事を言ふ、といふやうな態度に出《ママ》でないで、吾々も亦将来を何《ど》うするかといふ事に就て、彼等と共に攻究するといふ、親切の態度に出《ママ》でたいと思ふ［吉野　一九九五：七二〜七三］。

三・一独立運動に際し、日本人に反省を求める吉野の朝鮮に対する視線の基盤には、リアリスティックと称してもよい彼の思想法があった。吉野は、朝鮮と日本とのあいだには数千年来の関係があるといった言説（その代表が、いわゆる「日鮮同祖論」であろう）を「子供騙し」として明確に拒否し、「実は朝鮮人は外国人に相違ありません」と言い切るのである［吉野　一九九五：七三］。

そして、吉野は日本の朝鮮統治に対する最小限の改革要求として、①朝鮮人に対する差別待遇の撤廃、②「武人政治」の撤廃、③同化政策の放棄、④言論的自由の付与の四点をあげる。特に、③に関して、吉野は同化政策と差別待遇（教育・官僚制度等）の矛盾を鋭く突く。

ただし、吉野が日本の大陸発展自体を否定したわけではないことにも注意する必要がある。

> 或る意味から言ふと、朝鮮問題は人道問題であります。或る意味に於ては、日本国民が大陸発展の能力有りや否やといふ事の、試験問題でもあると思ふ。吾々は此問題にどうか落第したくない［吉野　一九九五：一〇四］。

朝鮮統治改革要求はあくまで試験「及第」のためのものであったのである。

さて、吉野がこのような朝鮮統治策の改革要求をおこなったのは、国家そのものよりも国家を超越する普遍的な正義や道徳に価値をおくようになっていたことと関連する。吉野は、ちょうど弁慶に君臣の義を認めた富樫が弁慶の縄を解いたように、「国家を超越する所の最高の正義は、国法以上に尊敬すべき者《ママ》」と考えて、日本人は朝鮮人にも雅量をもつことを求めたのである（「朝鮮青年会問題——朝鮮統治策の覚醒を促す」『新人』一九二〇年二・三月［吉野　一九九五：一二三〜一四二］）。

また、丸山鶴吉（朝鮮総督府警務局長）への再反論（「朝鮮統治策に関して丸山君に答ふ」『新人』一九二〇年四月号）に見られるように、吉野は「道徳を以て国家以上のもの即国家を指導すべき所謂《いわゆる》超国家的規範」としたうえで、朝鮮独立運動の根本的動機のなかに道徳的な動機を見出していた。もちろん、「もつと高い道徳上の立場で彼等と結ぶ事を根本の理想とする」からといって、それは朝鮮放棄論を意味しない。吉野は次のように言う。

我々は従来のやり方に根本的に改革を加へて、もつと道徳的な、もつと実質的な所で彼等と結ぶべしと云ふのである。然らば即《すなわ》ち彼等に臨むに徒《いたずら》に形式的服従を以てせず、もつと共通な、もつと高い立場を取つて行かうではないか［吉野　一九九五：一四九］。

一方で吉野は、あくまでも朝鮮の同化は不可能と考えていた。

僕は多年の学術的研究の結果として此処《ここ》に断言する。同化は先づ殆ど不可能である。〔中略〕祖国の恢《かい》復《ふく》を図ると云ふ事は、日本人たると朝鮮人たると支那人たるとを問はず、普遍的に是認せらる可《べ》き道徳的立場である。此処に共通な或る最高の原理を見ると云ふ事が即ち日鮮両民族の本当に一致提携すべき新境地を発見する事だろうと云ふのが僕の立場である［吉野　一九九五：一四九］。

このように見てくると、吉野は、朝鮮に「祖国の恢復」、ないし民族自決を認めたうえでの日朝提携が理想であったのではないか。

しかし、吉野が期待した斎藤の「文化統治」は一年たっても成績が上がらず、内地官憲は依然として出発点（「彼等〔朝鮮人〕はまだ日本人になりきつて居ないといふ事実」）と到達点（「彼等を完全な日本人にする事」）

とを混同している（「朝鮮問題」『中央公論』一九二一年一月号［吉野　一九九五：一五六〜一六八］）。このようななか、間島《カンド》の虐殺問題（一九二〇年、日本軍が満州の間島に出兵し、朝鮮・中国人を多数殺害した事件）が起きてしまう。吉野は、間島問題や堤岩里虐殺事件を機に自ら悔い改めることを日本人に求めるとともに、当局による朝鮮問題の報道抑制を強く非難したのである（「朝鮮問題に関し当局に望む」『中央公論』一九二一年二月号［吉野　一九九五：一七一〜一七五］）。

さらに、関東大震災時の朝鮮人虐殺事件に関しても、検閲で伏字まじりとされてしまった論文「朝鮮人虐殺事件に就いて」（『中央公論』一九二三年一一月号）で、吉野は無辜《むこ》の朝鮮人が激昂した民衆によって殺されたことを「世界の舞台に顔向けの出来ぬ程の大恥辱ではないか」として、日本人に強く反省を迫った。さらに、吉野は、日本の朝鮮統治の失敗とこれに伴う朝鮮人の不満に対する日本人の潜在的恐怖心が虐殺のひきがねとなったことを、冷静に分析することができた［吉野　一九九五：二〇三］。これは、一九一六年以降の朝鮮問題に関する論評の蓄積によるものと推測される。

2　柳宗悦

浅川伯教《のりたか》・巧兄弟によって朝鮮芸術の美に開眼していた柳宗悦が一九一九年の三・一独立運動を「戦慄《せんりつ》すべき出来事」（『朝鮮とその藝術』（一九二二年）の序［柳　一九八一：一三〜二二］）として衝撃を受け、黙《もだ》しがたい気分に陥り、執筆したのが、「朝鮮人を想ふ」（『読売新聞』一九一九年五月二〇〜二四日）である。芸術を媒介とした他民族理解という柳の思考方法がよく表れた論考である。

或国の者が他国を理解する最も深い道は、科学や政治上の知識ではなく、宗教や芸術的な内面の理解であると思ふ。云ひ換へれば経済や法律の知識が吾々を他の国の心へ導くのではなくして、純な情愛に基く理解が最も深くその国を内より味はしめるのであると考へてゐる［柳 一九八一：二四］。

柳は、科学や政治よりも宗教や芸術など人間の内面にかかわるものを上位におく。これは彼の生涯に一貫した発想であった。

そして、柳は日本人が乃木希典《まれすけ》という義臣を好んで祭りながら朝鮮人の反抗心を罵《ののし》るという矛盾を突いたうえで、相手の立場になってみることの重要性を次のように指摘する。

我々日本人が今朝鮮人の立場にゐると仮定してみたい。恐らく義憤好きな吾々日本人こそ最も多く暴動を企てる仲間であらう。或道徳家は此時こそ志士、烈女の理想を果す時だと叫ぶであらう。わがことならぬ故に、只それを暴動だと云つて罵るのである［柳 一九八一：二六］。

これこそ、「『弱者』の立場への『視点の転換』」［中見 二〇一三：一〇一〜一〇二、一三三、二〇七］であろう。

それでは、日朝間に相互の理解をもたらし、永遠の平和をもたらすものとして、柳は何を想定していたのであろうか。それは「刃《やいば》」＝武力ではなく、「愛」である。また、「刃」と「愛」の二項対立は、他の二項対立に接続される。

金銭や政治に於《おい》て心は心に触れる事は出来ぬ。只愛のみが此《この》悦びを与へるのである。殖民地の平和は政策が産むのではない。愛が相互の理解を産むのである。此力を越える軍力も政権もあらぬ。余は想ふ、国と国とを交《むす》び人と人とを近づけるのは科学ではなく芸術である。政治ではなく宗教である。智ではなく情である。只ひとり宗教的若《も》しくは芸術的理解のみが人の心を内より味ひ、味はれたものに無限の愛を起すのである［柳　一九八一：三二］。

このように柳は、科学―政治―智と芸術―宗教―情の二項対立において、後者を選択する。そして、後者に「愛」が接続される。すなわち、「情愛」である。柳は、政治家や経済家ではなく、宗教家・芸術家に期待するのである。

このような柳の政治＝国家の拒否は、彼の思想に基づくものである。中見真理が的確に指摘しているように、柳は大杉栄らアナキズム・グループと密接な関係があり、クロポトキンの思想に影響を受けて、フラットな社会における「相互補助」の思想を抱いていた。アナキズム思想とはあらゆる支配・被支配関係を否定するものであり、柳はいっさいの強権的支配を否定し、自由連合を理想とする広義のアナキズムに共鳴する政治観を抱いていた［中見　二〇一三：一〇三］。このような発想は、日朝関係に端的に投射されるであろう。

さて、柳が一九二〇年に『改造』に発表した「朝鮮の友に贈る書」（『改造』一九二〇年六月号）は、朝鮮人に書簡で訴えかけるスタイルのものである［柳　一九八一：三三～五一］。

「人情は生れ乍《なが》らに『互を愛したい』と求めてゐると私は想ふ」［柳　一九八一：三四］というように、柳には生来的に「情愛」への信頼感があるのは、前述のとおりである。

しかし、この異民族間にも拡張されるべき「情愛」という真理は、往々不自然な状態に陥る。柳いわく、「いつも真理に国家が従うのではない。国家に真理が順応し変化されるのである。かくて屢々《しばしば》此世には不自然な勢ひが白昼を歩くのである」［柳　一九八一：三五］。

日本人と朝鮮人とがお互いに離れたいと思って憎しみ合うのは不自然な出来事であって、近づきたいと思う「自然な愛」に戻す可能性があるのは、「力の日本」ではなくて、「情の日本」である［柳　一九八一：三六］。この日本人と朝鮮人との関係は、柳においては、歴史的・地理的にも、人種的・言語的にも、疑似的な兄弟関係とされる。

貴方《あなた》がたと私達とは歴史的にも地理的にも、又は人種的にも言語的にも真に肉親の兄弟である。〔中略〕私は今二つの国の間にある不自然な関係が正される日の来ることを切に希《ねが》つてゐる。正に日本にとつての兄弟である朝鮮は日本の奴隷であつてはならぬ。それは朝鮮の不名誉であるよりも、日本にとつての恥辱の恥辱である［柳　一九八一：三八］。

不自然な関係は淘汰されて自然な関係に帰り、正しい道が最後の勝利者であるという柳の発想は、希望的な世界観であると言えよう［柳　一九八一：三八〜四二］。

ただし、柳は朝鮮人に対して同情心があるといっても、朝鮮人による独立革命は日本軍による武力鎮圧と同様に殺し合うことだとして、否定する［柳　一九八一：三九］。それは、柳が「過激派」と「軍国主義者」のような「他を排して自己を立てる心」をともに否定することにも通底する。中見真理は、のちにガンジーを高く評価したことから柳が絶対的な平和論者であったと擁護する。しかし、高崎宗司は「一九二一年という時代的制約や当時の不自由な言論の状況を考慮したうえでもなお、問題が残るように考えられる」と、朝鮮人による独立革命を否定した点で柳の思想の限界を指摘する［高崎　二〇〇二：一一六～一一七］。

不自然な状態に陥った日朝関係を自然な状態に戻すものとして柳が期待するのは、芸術である。柳いわく、「芸術の美はいつも国境を越える。そこは常に心と心とが逢ふ場所である」［柳　一九八一：四二］。異なる芸術に対する尊重は反転して、その芸術を生み出した異民族への敬愛につながる。よって、異民族である朝鮮民族の同化は、明確に否定される。

為政者は貴方がたを同化しようとする。然《しか》し不完全な吾々にどうしてかゝる権威があり得よう。之程《これほど》不自然な態度はなく又之程力を欠く主張はない。同化の主張が此世に購《あがな》ひ得るものは反抗の結果のみであらう［柳　一九八一：四九］。

柳の「朝鮮の友に贈る書」は内務省警保局の検閲によって主要部分が無残なまでに削除されたが、その主張の正当性に対して逆に信念を強めることになったのである（「彼の朝鮮行」『改造』一九二〇年一〇月号［柳　一九八一：七五～七六］）。

さて、柳の朝鮮美術観で問題になるのはいわゆる「悲哀の美」論であるが、それが端的に展開されたのが、一九二二年に発表された「朝鮮の美術」（『新潮』一九二二年一月号）である。

柳によれば、「民族の心」が表れるのが芸術であった。柳は次のように言う。

芸術は民族の心の現はれである。如何なる民族もその芸術に於て自らをまともに語る。一国の心理を理解しようと思ふならば、芸術を理解するにしくはない［柳　一九八一：九二］。

さらに柳は、中国・日本・朝鮮の各民族の芸術をその自然と歴史から説明して、「強い」中国民族は「形」の芸術を、「楽しい」日本民族は「色彩」の芸術を、「寂しい」朝鮮民族は「線」（曲線）の芸術をそれぞれ生み出したという［柳　一九八一：九三〜一〇〇］。

そして柳は、「朝鮮の歴史が苦悶の歴史であり、芸術の美が悲哀の美である事」の立証の一つとして、朝鮮では日本や中国と違って、色彩の多様な衣服が発達しなかったことをあげている。朝鮮でよく用いられる色は白であるが、「白い衣はいつも喪服であった。淋しい慎み深い心の象徴であつた。民は白衣を纏《まと》ふ事によつて、永遠に喪に服してゐる」と柳は言う［柳　一九八一：一〇〇、一〇五〜一〇七］。

このような、いわゆる「悲哀の美」論は、高崎宗司が指摘するように、「朝鮮の歴史を事大《じだい》主義の歴史と見る歪んだ朝鮮観に根差したもの」であることは否定できない［高崎　二〇一四：一一八］。

その高崎宗司が柳の朝鮮関係論文のなかでもっとも問題が多いとするのが、一九二二年五月号の『世界の批判』に柳が翻訳紹介した著名なジャーナリストであるアレキサンダー・パウエルの「日本の朝鮮統治政策を評す」に寄せた「批評」（パウエル「日本の朝鮮統治政策を評す」『世界の批判』三七号、一九二二年五月）である［高崎　二〇一四：一一八］。

柳は日本人と朝鮮人がともに反省することを求めたが、それは朝鮮の歴史観と密接にかかわっていた。すなわち、李朝末期の政治を暗黒のものと見、「日韓併合と云ふ結果に対し朝鮮自らも半ば責任を負うべきものである」としたうえで、柳は、「弱者」＝朝鮮に自覚を、「強者」＝日本に友誼を、それぞれ求めたのである〔柳　一九八一：一八五〜一八六〕。

高崎宗司は「柳の見解は、歪んだ朝鮮史観に立ち、完全独立論者に背を向け、自治論者を励ますものといわざるをえないであろう」〔高崎　二〇一四：一一九〕と手厳しいが、柳の朝鮮史観が暗黒政治観に立つ以上、このような批判は免れがたいだろう。

しかしながら、当時、日本政府の朝鮮統治を批判することはかなり勇気のいることであったが、それを果敢におこなったのが柳であった。光化門が朝鮮総督府庁舎建築によって取り壊されようとしていることに憤り、失われようとする光化門への哀惜の情を綴ったのが、有名な「失はれんとする一朝鮮建築の為に」（『改造』一九二二年九月号〔柳　一九八一：一四五〜一五四〕）である。

この論文には、相手の立場になりかわるという柳の発想が典型的に見られる。

仮りに今朝鮮が勃興し日本が衰頽《すいたい》し、遂に朝鮮に併合せられ、宮城《きゅうじょう》が廃墟となり、代つてその位置に尨大《ぼうだい》な洋風な日本総督府が建てられ、あの碧《みどり》の堀を越えて遥かに仰がれた白壁の江戸城が毀《こわ》されるその光景を想像して下さい〔柳　一九八一：一四五〕。

もちろん、この部分は検閲でズタズタになった。このことからも、相手の立場になってみるという行為が、同時代の日本においてきわめて勇気の要る行為であったことがわかる。

「朝鮮問題に対する公憤」と「その藝術に対する思慕」から、今までに発表した論説をまとめて一書として世に問うたのが、『朝鮮とその藝術』（一九二二年九月）である〔柳　一九八一：一三〜二二〕。そして、柳が最後に朝鮮統治の政治的側面について語ったのが、一九二三年の「日鮮問題の困難に就て」（『国際知識』

一九二三年九月号）である。

柳は朝鮮問題の解決困難な原因を次のようにいう。

> 道徳の為に国家が存在してゐるのではなく、国家の為に道徳が存在してゐると云ふ事が、一切の困難の原因だと考へる。〔中略〕国家が道徳律の前に頭を下げる様にならない限り、反抗や争闘があるのは自然であつて、なければ不思議である〔柳　一九八一：二二七〜二二九〕。

柳は、国家が主で道徳が従のとき国際紛争は発生すると考える。

> 国家が主で道徳が従となる時、即ち平和を齎《もたら》す普遍的道徳を国家の名の許《もと》に見忘れる時、換言すれば真の道徳、即ち地上の万民が共有すべき道徳が国際間に採用されず、只一国に都合よき道徳が選ばれる時、此時一切の国際間の紛擾《ふんじょう》がその根深い原因を発するのである〔柳　一九八一：二三〇〕。

よって、朝鮮問題が困難なのも「吾々が道徳に政治を従属させる勇気を持たないからである、国家の名のもとに道徳をごまかす事から来るのである」〔柳　一九八一：二三二〕と考える柳は、道徳への政治の従属を解決方法に推す。

高崎宗司は、柳がこの論説を最後に政治的問題を語らなくなった理由として、「より狡猾な植民地統治手段としての『文化政治』に対して、ついに批判的な視点をもちえなかった」からだとした〔高崎　二〇一四：一二一、一三二〕。柳が斎藤実朝鮮総督による朝鮮統治、すなわち「文化政治」に強い反発を示さなかったことは確かであるが、それよりも、美術を通じて、その美術を作り出した民族を敬愛するという柳の思考方法そのものに問題があるのではないか。そもそも柳は対象にのめり込むところがある。よって、一九二〇年代半ばに今度は木喰仏や民芸運動にのめり込むと、朝鮮に対する問題関心自体が後退してしまうのである。

おわりに

吉野と柳の朝鮮観における共通点と相違点はどのようなものであろうか。また、それらをどのように評価すべきであろうか。

吉野と柳の朝鮮観における共通点は、三・一独立運動とそれへの日本の軍事的鎮圧に衝撃を受けて、やみくもな同化政策を強く批判した点である。その背後に、相手の立場になってみるという思考方法があった。また、国家を相対化する視点をもち、かつそれを国家間や民族間にも適用した。その一環として、人間そのものや、国家を超える普遍的真理への信頼感をもつ点も共通していた。これらは、大正知識人の朝鮮観の可能性を示すものである。

ただし、相手の立場になってみると言っても、一〇〇%そうなることはありえないことにも注意する必要がある。また、斎藤朝鮮総督のいわゆる「文化政治」に対して期待と一定程度の評価をしたことからわかるとおり、現在から見ると、吉野・柳の朝鮮観にも限界がある。

次に、吉野と柳の相違点を考えてみる。吉野は政治を重視しリアリスティックな思考をするところに特徴がある。それに対して、柳は政治よりも、芸術や宗教といった内面的なものを重視する。政治に対するスタンスの点で吉野と柳の発想は裏表の関係にあるので、その一長一短も裏表の関係にある。吉野は現実的な思考をするところでは評価できるが、政治重視の論理は実際の政治によって絡め取られる危うさがある。それに対して、柳は非政治的領域の重視という個性的な視点を有していたことは評価できるが、政治=権力を拒絶したフラットな社会観はユートピアにすぎ、朝鮮美術論も直観的な把握によるものである。

このように、大正期知識人は、国家の相対化を媒介として、朝鮮観をよりゆがみのないものへと発展させる可能性はあったが、実際にはそうならなかった。それはなぜなのか。この問いを不断に続けることが、ヘイトスピーチ克服の鍵になると思われる。

文献一覧

飯田泰三『批判精神の航跡――近代日本精神史の一稜線』筑摩書房、一九九七年
高崎宗司『定本 「妄言」の原形――日本人の朝鮮観』木犀社、二〇一四年
田澤晴子『吉野作造――人生に逆境はない』ミネルヴァ書房、二〇〇六年
中見真理『柳宗悦――時代と思想』東京大学出版会、二〇〇三年
中見真理『柳宗悦――「複合の美」の思想』岩波書店、二〇一三年
古川江里子『美濃部達吉と吉野作造――大正デモクラシーを導いた帝大教授』山川出版社、二〇一一年
松本三之介『吉野作造』東京大学出版会、二〇〇八年
『柳宗悦全集 著作篇6 朝鮮とその芸術』筑摩書房、一九八一年
『吉野作造選集9 朝鮮論:付中国論三』岩波書店、一九九五年

第5章　日本民衆の朝鮮観

青木　然

1　民衆はどのように朝鮮の情報に接していたか

近代の日本において、政治や学問といった言論活動を生業としない市井の人びとは、朝鮮をどのように見ていたのか。歴史の大きなうねりには、社会をとりまく雰囲気が少なからず影響していることをふまえると、民衆の朝鮮観を問うことには重要な意味があると言える。ただそれだけに、この問いは曖昧さに満ちてもいる。不特定多数の人びとが漠然と共有していたイメージは、どのように復元できるのか。本章では、まず、当時の民衆がどのように朝鮮の情報に接していたのか、全体像を把握することから始めたい。

表1は在日朝鮮人の、表2・3は在朝日本人の人口推移を示す表である。どちらも日清戦争（一八九四〜九五年）以前はきわめて少なく、大半の民衆にとっての朝鮮が、教育・報道・娯楽といった要素を通じて知る存在だったことがわかる。ただし、その教育・報道・娯楽も、日清戦争の前後で状況を異にしている。

表1　戦前の在日朝鮮人の人口

年	人数
1882	4
1887	6
1892	5
1897	155
1902	236
1907	459
1912	3,171
1917	14,502
1922	59,722
1927	165,286
1932	390,543
1937	735,689
1942	1,625,054

出典）森田芳夫「戦前における在日朝鮮人の人口統計」『朝鮮学報』48号（朝鮮学会，1968年）参照。1882～1907年は『日本帝国統計年鑑』，1912～1942年は内務省統計による。

表2　韓国併合前の朝鮮渡航者数

年	人数
1880	934
1885	407
1890	1,791
1895	10,391
1900	4,327
1904	5,113

出典）木村健二『在朝日本人の社会史』（未來社，1989年），11頁を参照。『日本帝国統計年鑑』による。

表3　韓国併合～解放の在朝日本人人口

年	人数
1910	171,542
1914	291,217
1918	326,872
1922	386,492
1926	442,326
1930	501,867
1934	561,384
1939	650,104
1942	752,823
1944	608,448

出典）樋口雄一『日本の朝鮮・韓国人』（同成社，2002年），15頁より抄録。『朝鮮年鑑』『朝鮮総督府統計年報』等による。

まずは、日清戦争前の状況を確認したい。就学率が八割を超えるのは、男子で一八九〇年代、女子で一九〇〇年代と推定されている［土方　一九九四］。明治前期に学校が教えた朝鮮の知識は、ごく限られた影響力しかもちえなかったと言える。また新聞は、政論や政治小説が中心の「大新聞」と、雑報や戯作が中心の「小新聞」に分化していた［山本　一九七八］。国際情勢の詳細を論じたのは大新聞だが、こちらは民衆にとって難解な内容を含んでいた。日清戦争前の民衆に強い影響力があったのは、近世以来おもに町人によって培われてきた娯楽作品や、その流れを汲む小新聞だった。当時の娯楽作品は多岐にわたっていたが、そのうち錦絵・絵本・講談は、ニュースを民衆向けに説くことで、報道や教育の役割も果たしていた。朝鮮の情報も、おもにこの回路をたどることで、いちど民衆向けの語りに再構成されてから民衆に届けられた。ニュースに対する民衆のリアクションは俗謡に歌い込まれ、定番化した歌は歌本に採録された。歌本は、錦絵や絵本を売る地本問屋《じほんとんや》で売られ、流行した俗謡はさらに広く伝播した。一八八〇年代後半からは、壮士による歌謡・講談・芝居が広まりを見せた。壮士とは、政党や政治家に雇われた活動分子で、自由民権運動の後期から活躍した［安在　二〇〇六］。壮士の作品は、従来の民衆娯楽ではテーマになりにくかった政治・外交を積極的に扱った点で、朝鮮に関する重要な情報源と言える。また、町人の風刺精神に育まれた従来の娯楽と異なり、勇壮な語り口を特徴としており、特に日清戦争の際に人気を呼んだ。

次に、日清戦争後の状況についてだが、まず報道は、戦争を契機に、大新聞・小新聞の時代から、速報性と「不偏不党」を売りにした大衆新聞の時代となった［山本　一九七八］。就学経験のある成人が男子を中心に増加する一九〇〇年代には、学校で得た基礎知識を元に、新聞で速報を知り、雑誌で詳細を知り、娯楽や集会でイメージを共有するという使い分けが、一般化し始めたと言える。一方、報道や教育の役割を担ってきた錦絵・絵本・講談といった娯楽のジャンルは、新たな活字メディアに押されて、日清戦争後に衰退した。非就学者、とりわけ読み書きのできない者が親しめるニュースソースは、貧弱化していった。次に人の流れについてだが、戦時中には、兵士や軍夫として朝鮮に渡った人びとの経験が、軍事郵便やその報道、帰還後の会話などにより伝播した。戦争後には、朝鮮人留学生が東京に居住したほか、朝鮮人労働者が集団で炭鉱や工事現場で労働に従事するようになった［金英達　一九九四］。一九一〇年（明治四三）の韓国併合以後は、日朝間の渡航が容易になったため、前掲の表1・表3のように日朝間の移住がさらに増加した。

図1　1890年代後半～1910年代の朝鮮に関する情報の伝播イメージ

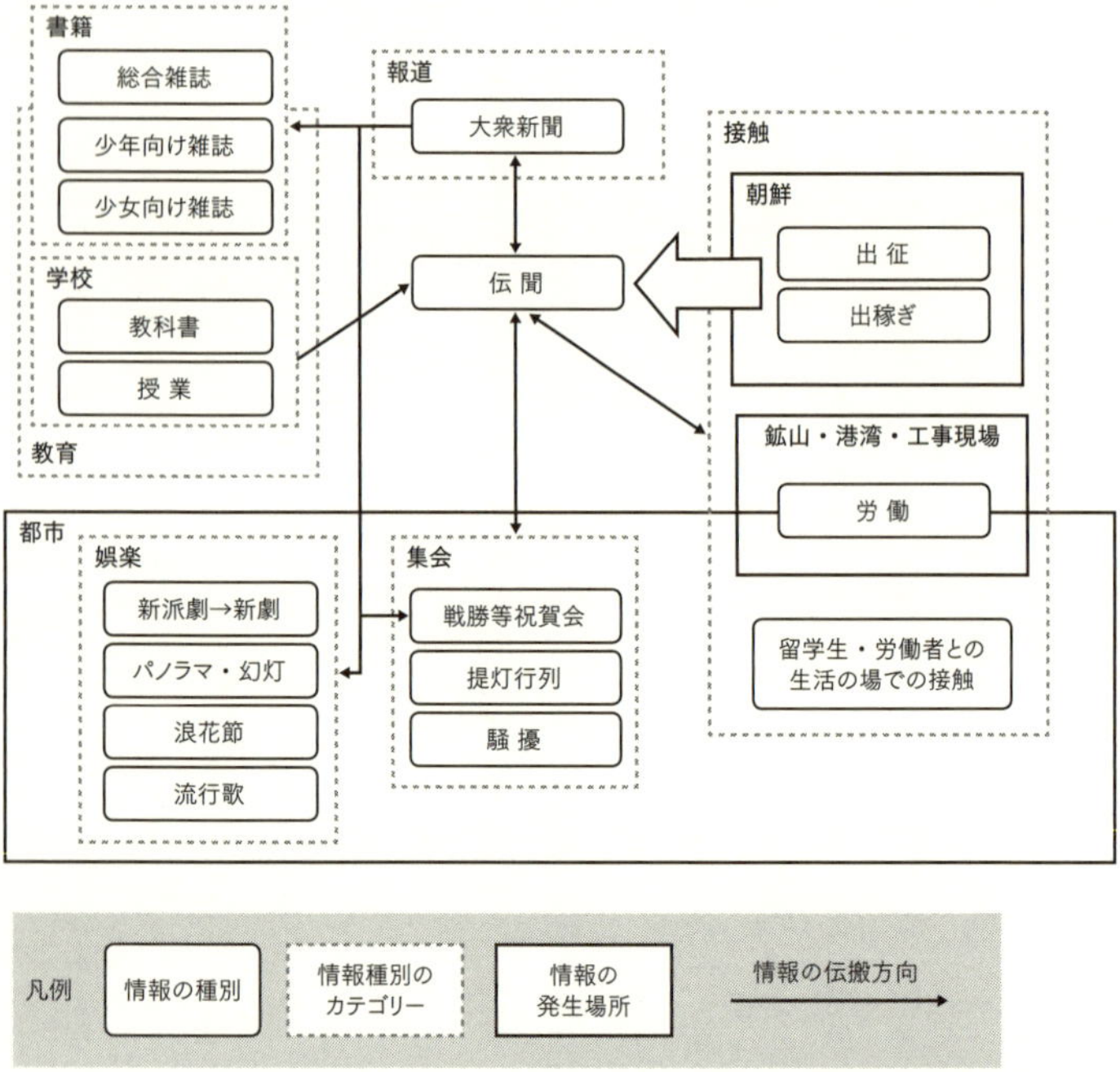

　このように、日清戦争後は、学校教育や大衆新聞の影響力が強まったという意味で、就学経験のある民衆が得られる朝鮮の情報と、政治家や学者が得る情報との差が、以前より縮まり、画一化し始めたと言える。しかしその一方で、日朝間で人の往来が増えたことで、民衆がメディア以外から朝鮮の情報を得る回路は多様化した。しかも、図1で示したように、渡航・接触の経験やその伝聞は、大都市だけを中心に広まったわけでない。朝鮮に出征した師団のあった地域、朝鮮への出稼ぎが多かった地域、炭鉱や大規模な工事のおこなわれた場所といった偏りはあるものの、地方にも広まったのである。

　限られた紙幅のなかで、こうした多

様な回路を網羅して論じることは難しい。そこで、以降の節では、まず、幕末から日清戦争までの時期に、近代における民衆の朝鮮観の土台がつくられていった過程を、娯楽作品を核に考察する。そのうえで、日清戦争や労働の場での朝鮮社会・朝鮮人との接触によって、その後、朝鮮観がどのように展開していったかを展望したい。

2　幕末維新——古典的イメージの再喚起・文明開化の尺度による軽侮

図2は、幕末維新期を代表する浮世絵師・月岡芳年《よしとし》が、一八六四年（元治元）に描いた『正清三韓退治図』である。ここに描かれているのは、佐藤正清（加藤清正の近世文芸における仮名）が、三韓征伐のために敵の船へ乗り込む場面である。神功《じんぐう》皇后の三韓征伐と、清正の朝鮮での武勇は、朝鮮にまつわる古典的イメージであり、ここでは二つがないまぜにされている。それほど、この二つは定番化した朝鮮を示す「記号」だったのである。そして実は、この絵のテーマは一八六三年（文久三）の薩英戦争だとされている［小西　一九七七：二二］。幕藩体制下では、原則として民衆は政治への言及を許されておらず、欧米艦隊との戦いを描くにも、場面や人物をすり替える必要があった。当時の浮世絵には、元寇や太平記になぞらえて攘夷を表現したものもある。朝鮮を征伐するという「征韓」イメージは、攘夷を表す暗喩の一つとして呼び出されたのだ。したがって、この絵をもって、幕末の民衆に朝鮮を敵視する風潮があったと、ただちにみなすことはできない。しかし、幕末に征韓の絵が流布することで、征伐すべき国として朝鮮の記憶が再

図2　月岡芳年画「正清三韓退治図」（山口屋藤兵衛，1864年）

出典）東京経済大学図書館所蔵。

喚起されたことは、近代における民衆の朝鮮観のスタート地点として、重大な意味がある。

日朝修好条規が締結された一八七六年（明治九）には、朝鮮から来日した修信使の行列が民衆の前に現れた。当時の新聞は、行列を祭り見物感覚で眺める人びとや、宮家の行列と混同してしまった人、朝鮮人から飴売りを想像する人びとなどを報じた［鈴木　二〇〇七］。朝鮮飴売りは、三韓征伐や加藤清正と同様、朝鮮にまつわる古典的イメージである。これらの誤解や連想は、当時の民衆が同時代の朝鮮にほぼ無知である状況を暗示する。

そうした時期にあって、歌本『懐中開化都々いつ』（全八号、吉田小吉、一八七八年）からは、同時代の朝鮮を歌った貴重な流行歌が確認できる。この本は、文明開化を歌った当時流行のどどいつを絵入で紹介したものである。どどいつとは俗謡の一ジャンルで、七七七五調の軽妙な調子をもつ。三味線の伴奏がなくても歌えるため、場を問わず、幕末から明治にかけて広く流行した。この歌本には、郵便・紙幣・四民平等といった文明開化の風物を歌ったものと並んで、「支那や朝鮮はおろかなこと

図3　どどいつ「支那や朝鮮はおろかなことよ世界に輝やく日のひかり」

出典）吉田小吉編『懐中開化都々いつ.』8号（吉田小吉，1878年）所収。国立国会図書館近代デジタルライブラリーより転載。

よ世界に輝やく日のひかり」（八号）という歌が収録されている（図3）。なぜ清や朝鮮が「愚か」なのか。それは、日を浴びる大型船の挿絵から推しても、日本のほうが文明開化が進んでいるという認識によるものだろう。ただし、同本には「直《すぐ》な呉竹操《みさお》の松も捨し開化の門飾り」（四号）という歌もある。合理性を追求する文明開化が、人びとから節操を奪うのではないかと憂えているのだ。清と朝鮮を文明開化の遅れをもって軽侮する一方、実はその文明開化を懐疑しているという民衆意識が、ここに端的に表れている。

3　壬午軍乱——同時代の朝鮮への関心の高まり

民衆の接するメディアに、朝鮮に関する情報がいっせいに現れたのは、一八八二年七月に朝鮮で発生した壬午軍乱直後のことである。日本でも新聞で大きく報道され、錦絵や講談にも波及した。講談や絵本では、事件だけでなく朝鮮の歴史事情を説くものも複数現れた。壬午軍乱とは、兵士による給粮不正糾弾の蜂起を、大院君が閔氏政権と日本公使に仕向けた反乱で、背景には、不平等条約の日朝修好条規がもたらした経済混乱があった。しかし、現存する錦絵の大半は、そうした背景は捨象して、兵士ら「暴徒」が花《はな》房義質《ぶさよしもと》公使を襲う場面、その後の「問罪の師」として日本軍が派遣される場面をクローズアップしている。

では、詳しい情報を盛り込める絵本は朝鮮をどう描いたか。ここでは、明治期を代表する浮世絵師・小林清親《きよちか》による『朝鮮異聞』（全四編、沢村屋清吉、一八八二年）に注目する。初編の冒頭では、朝鮮は文学を好み漢文を講習する者が多い国だと紹介されている。日朝関係については、日本が朝鮮の上に立つことを暗黙の前提に、朝鮮の「無礼」に日本が対応してきた歴史として説明している。たとえば、秀吉による朝鮮出兵は、朝鮮が日本への貢納を怠ったことが原因だとしている。日本の朝鮮に対する開国要求についても、攘夷を貫く「固陋《ころう》」な朝鮮の目を覚ましたのだと評している。二編では、軍乱前に起きたあるエピソードが紹介されている。それは、ソウルの街中に、「東夷日本人居留の下都監《かとかん》を焼払うが、延焼を免れたければ、義徒に金を納めるように」（要約）と要求した貼札が掲げられ、近隣の住人が如何にすべきか相談するというものである（図4）。王朝の人間でもなく、反乱を起こした人間でもない市井の人びとにスポットをあてた、注目すべき記述と言える。三編・四編では、「暴徒」が憤怒した背景である兵士の不当な待遇を説き起こす一方、攻撃を受ける閔氏政権の状況も悲劇的に描くなど、軍乱をめぐるさまざまな立場がていねいに叙述されている。こうした叙述

図4　「義徒」による貼札に困惑する人びと

出典）小林清親編『朝鮮異聞』2（沢村屋清吉，1882年）所収。国立国会図書館近代デジタルライブラリーより転載。

は、民族そのものを見境なく蔑視する態度からは生じえないだろう。

このように、壬午軍乱時の朝鮮観は、三韓征伐や加藤清正といった古典的な征韓イメージの焼き直しを基調としつつ、明治期になって登場した文明開化の尺度による蔑みも混入し始めていた［姜 二〇〇七：二九］。ただし、朝鮮人を一緒くたに蔑視せず、朝鮮社会のそれぞれの立場をつぶさに見ていこうとする複眼的な視線も存在していた。ここには、長らく情報が欠乏していた同時代の朝鮮に関して一挙に情報が流れ込んだために、知識欲が刺激されたという事情と、民衆自身が文明開化に懐疑を抱いており、文明開化の尺度による蔑視に実感が伴っていなかったという事情とが、介在していたと考えられる。

4　大阪事件～日清戦争――征韓イメージの後退

人びとに広く親しまれてきた古典的な征韓イメージに一石を投じたのが、大阪事件である。大阪事件とは、一八八五年（明治一八）一一月に旧自由党の急進派による朝鮮でのクーデター計画が露見し、主謀者の大井憲太郎らが逮捕された事件である。この事件は講談化され、興行記録が一八九三年（明治二六）まで確認できるほどロングヒットした。前述したとおり、この時期壮士上がりの講談師が多く現れたが、彼らにとって定番の演目でもあった［青木 二〇一四］。大阪事件のクーデター計画には、外患を起こして閉塞した国内の政治状況を打開しようというねらいを、「清から朝鮮の独立を守る」という大義名分で正当化するという構造があった［牧原 一九八二］。壮士出身の講談師も、当然この大義名分を声高に主張しただろ

図5　安達吟光画「其初朝鮮発端」（福田熊次画，1894年）

出典）東京経済大学図書館所蔵。

う。ここに及んで、朝鮮は征伐の対象ではなく、保護や憐愍《れんびん》の対象となった。

その流れの延長にあるのが、一八九四年三月の金玉均《キムオッキュン》暗殺事件である。朝鮮開化派の金玉均が閔氏政権の刺客に上海で暗殺されたこの事件は、大々的に報じられ、娯楽作品にも波及した。日清戦争開戦後も金玉均は悲劇の志士として講談や錦絵の題材としてもてはやされた。一例として、開戦直後の一八九四年八月に刊行された安達吟光《ぎんこう》による金玉均の錦絵（図5）を確認したい。この絵の印象を支配しているのは、韓服姿の人物が楼閣を見下ろす、漢画さながらの古色蒼然とした雰囲気である。漢学の素養が深い国という古典的な朝鮮像を想起させるものと言えよう。ただし、詞書の末尾には次の文言がある。

> 氏は開化の志し深かりしが、今韓廷、我帝国の勧告を容れ、弊政改革をせられ、氏存命なれば、定めて採用あり、国の為大益と成べし、嗚呼惜むべき人物也、嗚呼おしむべしく

「日本の勧告を受け入れて開化を進めていれば、大益を得ら

れたはずだ」との認識には、文明開化の尺度に基づく朝鮮への蔑みが顕著に表れている。「朝鮮を属国支配することで開化を阻害する清は、征伐すべし」という日清戦争の大義名分にも、スムースに接続する。語り手の足場は、すでに開化の進んだ地点におかれており、「直《す》な呉竹操《みさお》の松も捨し開化の門飾り」のように、日本の現状を嘆いているわけではない。この絵の古色美は、すでに日本が文明開化の過程で失ったものを「未だに固持している」ことへの憐愍と表裏の関係にあるのだ。民衆の文明開化に対する懐疑は、日清戦争期には、こうしたねじれたかたちでしか表現されなくなっていた。なお、日清戦争を扱った講談・芝居・俗謡でも、清国人に対しては「豚尾漢」という蔑称とともに、残酷・不忠・不潔・卑怯といった敵意に満ちた形容がなされたが、朝鮮人に対しては、そもそも言及が少なく、言及のあった場合は、「清への従属に甘んじている」と弱小視する傾向にあった［青木 二〇一四］。

5 日清戦争〜韓国併合――蔑視の固定化・労働者間の争闘の始まり

では、日清戦争で朝鮮へ出征した民衆は、どのような経験をしたのか。戦争は、東学農民戦争鎮圧をめぐる日清の対立を発端としており、朝鮮半島は陸戦の主戦場の一つだった。そればかりか、開戦直前の朝鮮王宮占拠事件や、東学農民軍殲滅《せんめつ》作戦による農民軍との戦いもあり、朝鮮との戦争という側面も有していた。なお、軍人・軍属として、日清戦争中に海外に勤務した人数は、三〇万人以上とされている［大谷 二〇一四：二二三九］。

ある歩兵二等軍曹は、軍事郵便のなかで、朝鮮の家屋を、自国の豚小屋より少し上等なものだと評し、仁川の市街については、家と家の間を下水や糞尿が流れ悪臭がひどいと記した。また、朝鮮の国民一般が貧しいのは、開墾できる土地を怠慢ゆえに耕さず、進取の気象がないために、その日暮らしに安住しているためだとも述べている。一方、清に対しては、朝鮮の場合と同じく不潔さに嫌悪感を示しながらも、物資の豊かさには舌を巻いている［檜山 二〇〇一］。こうした朝鮮観・清観は、他の軍事郵便や従軍日記におおむね共通する傾向であり、銃後で流布していた「弱き朝鮮・憎き清」という構図とも符合する。ただし、所感を書き残したのは、当然比較的豊かな階層の者である。読み書きのできない貧農出身の兵士には、朝鮮農村の生活水準も、自身のそれと大差なく感じられた可能性はある。東学農民軍殲滅作戦に従事した兵士のなかには、妻と死別したために、子どもを殺して出征したという痛ましい事例も存在した［井上 二〇一三：二〇九〜二一一］。彼らが朝鮮の農民軍をどんな想いで殺害したかは、論証が難しい。いずれにせよ、殺害や略奪への罪悪感と向き合わねばならない兵士の心理や、戦勝に沸く銃後の雰囲気があった以上、朝鮮を弱小視する見聞は、そうでない見聞よりも強い波及力をもちえたことは確かだろう。

一八九〇年代後半以降に移入が本格化した朝鮮人労働者の存在は、そうした「朝鮮人＝弱小」イメージの虚実を経営者らに知らしめることとなった。朝鮮人労働者は、佐賀県の長者炭鉱を先駆として、九州各地の炭鉱、肥薩線・山陰線の敷設、宇治川の電気工事など、危険な現場で重要な役割を果たした。経営者は、まず少人数を試験的に雇ったり、他の現場での前評判をふまえたりと、朝鮮人労働者の成績優秀なることを確認してから雇用に踏み切った。仕事の苛酷さや待遇への不満から逃走や争闘を起こすと、新聞は、それらを朝鮮人の怠惰さゆえのことだと論じた［小松・金・山脇編　一九九四］。しかし、経営者や現場での働きぶりを知る者は、その実、彼らが屈強でよく働くことを心得ていたのである。

朝鮮人労働者の飯場は、日本人労働者と喧嘩を起こさないよう、隔離されることが多かったが、それでも喧嘩はしばしば発生した。労働者もまた、喧嘩を通して朝鮮人の力量を実感することとなった。現在確認されている最初の大規模な争闘は、一九一〇年一一月に山梨県梁川村《やながわ》の東京電灯会社第二水力工事場で起きた事件である。この事件は、飲食店で暴れた朝鮮人を、日本人が制止しようとしたところから始まった。喧嘩は、数日間にわたる日朝労働者の争闘に発展し、ダイナマイトを投げ合うなどして、四人の死者と十数人の負傷者を出した［金浩　一九九四］。地元紙は、この争闘の原因を次のように分析している。

今回の大争闘に対する遠因とも云うべきは、昨今の事にあらず、日人土工と鮮人との間に言語不明なるを以て常に意思疎通せず、加うるに、日人が常に圧迫と軽侮を加うるが故に、朝鮮人土工等《ら》は常に快からず思い居り、暗々裏に何時《いつ》かは眼にもの見せて呉れんずと期し居りたるものの如し（『山梨日日新聞』一九一〇年一一月二一日）。

言語不通のトラブルだけでなく、日常的に日本人が朝鮮人労働者を圧迫・軽侮する状況があり、朝鮮人が復讐の念を抱いていたというのだ。翌日の同紙の詳報によれば、朝鮮人労働者は日頃酒癖が悪く支払いをしないこともあるため、飲食店が酒の提供を断ったところ、ある朝鮮人労働者が暴発し、制止した日本人労働者が彼によって短刀で斬殺されたという。また、争闘が大規模化したのは、警察に引致された者を奪回するため、仲間の朝鮮人が駐在所を襲ったことによるとも報じている。当然、首肯しやすい道理で話を組み立てたがる、新聞というメディアの性格も考慮しなければならない。しかし、事実関係を跡づけるだけでも、朝鮮人労働者側に日本社会へ復讐を仕掛けようとする意図があり、起こるべくして起こった事件だということはうかがえる。韓国併合直後に起こったこの争闘は、その後の日本民衆と在日朝鮮人との関係性をも暗示する事件だと言える。

6 民衆の朝鮮観の特徴

最後に、これまで述べてきたことをふまえながら、民衆の朝鮮観が知識人の朝鮮観とどう異なっていたのかを、改めて考えてみたい。

重要な前提となるのが、民衆がメディアから得ることのできた朝鮮の情報は、知識人のそれに比べ、貧弱で偏っていたということである。そして彼らの多くは、その貧弱さや偏りを批判的に検討するだけの時間も関心も持ち合わせていなかった。そもそも民衆にとって外国の情報は、自身の生活とのつながりを実感しにくい事柄である。朝鮮観の場合、神功皇后の三韓征伐や豊臣秀吉の朝鮮出兵、あるいは朝鮮飴売りや漢籍への造詣といった古典的イメージが浸透しており、情報の不足は、そうしたイメージによる補足で済まされてしまうことが多かった。ただし、壬午軍乱や日清戦争のような大事件が起きた際は、情報が氾濫し、多様な朝鮮像が現れた。そこには、富国強兵策の負担を背負わされ、従来の生活文化を否定されたがゆえの、民衆の願望が色濃く投影されていた。文明開化の遅れをもって朝鮮を自らより弱い存在とみなす一方、その裏返しとして、日本が文明開化の過程で失った精神を朝鮮がとどめていることへの憧れも表明したのである。しかし、事件の報道が減り、ほとぼりが冷めれば、日々の生活に取り紛れて、多様な朝鮮像は忘れ去られる。そして朝鮮観の場合、浸透度の深い征韓イメージや、日清戦争前後に強い波及力をもった弱小イメージが残存していった。こうして、大多数の人びとは、情報弱者の立場に甘んじたまま、忘却と放談を繰り返すだけなのだが、それを無邪気に繰り返すほど、民衆意識のなかの朝鮮に対する蔑視感情は、しだいに抜き難いものになっていったと考えられる。

ただし、朝鮮人とじかに接していた民衆は、ある意味では情報弱者でなかった。もちろん、朝鮮を蔑視する社会的雰囲気から自由だったわけではないが、自身の耳目で朝鮮を知ることのできる位置にいた。重要なのは、民衆が朝鮮人と接する場合、その機会は彼らの意図しないかたちで生じ、好悪を問わず関係を続けねばならない傾向にあったということである。炭鉱経営者のような使用者の立場にある者は、政治家と同じく戦略的に朝鮮人を把握できたが、経済的な自由度が低い者ほど、相手を選択して付き合うという、他者との関係の結び方そのものが発想されにくくなる。労働や生活の場でかかわりをもつ以上、言語不通などによるいさかいや嫌悪感があっても朝鮮人との関係を自力で断つことは難しい。梁川村の事件が示すように、嫌悪感や敵対心を言動にして朝鮮人にけしかければ、天に唾するごとく自身も何らかの害を被ることになる。朝鮮人とじかに接していた民衆からは、「脱亜論」のような主張は生じにくい。彼らは、容易に関係を断てないという、ある意味知識人よりも厳しい状況下で朝鮮観を育んでいたのであり、その朝鮮観が矛盾に満ち、とらえどころのないものでも、そこにこそ生活の知恵が反映された独自の価値があると見て、ていねいに読み解いていくことが求められるのではないだろうか。

文献一覧

青木然「日本民衆の西洋文明受容と朝鮮・中国認識――娯楽に託された自己像から読み解く」『史学雑誌』一二三編一一号、二〇一四年
安在邦夫「自由民権運動における壮士の位相」安在邦夫・田崎公司編『自由民権の再発見』日本経済評論社、二〇〇六年
井上勝生『明治日本の植民地支配――北海道から朝鮮へ』岩波書店、二〇一三年
大谷正『日清戦争――近代日本初の対外戦争の実像』中央公論新社、二〇一四年
姜徳相『錦絵の中の朝鮮と中国――幕末・明治の日本人のまなざし』岩波書店、二〇〇七年
金浩「山梨県梁川村の朝・日労働者衝突事件――一九一〇年一一月一八日」小松裕・金英達・山脇啓造編『「韓国併合」前の在日朝鮮人』明石書店、一九九四年
金英達「在日朝鮮人社会の形成と一八九九年勅令第三五二号について」小松裕・金英達・山脇啓造編『「韓国併合」前の在日朝鮮人』明石書店、一九九四年
木村健二『在朝日本人の社会史』未來社、一九八九年
小西四郎『錦絵幕末明治の歴史』(③動乱の幕末)講談社、一九七七年
鈴木文「第一次修信使来日時にみる日本人の朝鮮認識と自己認識」『朝鮮史研究会論文集』四五集、二〇〇七年
樋口雄一『日本の朝鮮・韓国人』同成社、二〇〇二年
土方苑子『近代日本の学校と地域社会――村の子どもはどう生きたか』東京大学出版会、一九九四年
檜山幸夫「日清戦争総論」檜山幸夫編著『近代日本の形成と日清戦争――戦争の社会史』雄山閣出版、二〇〇一年
牧原憲夫「大井憲太郎の思想構造と大阪事件の論理」大阪事件研究会編著『大阪事件の研究』柏書房、一九八二年

森田芳夫「戦前における在日朝鮮人の人口統計」『朝鮮学報』四八号、一九六八年
山本武利『新聞と民衆——日本型新聞の形成過程』(新装版)紀伊國屋書店、一九七八年

第6章　植民者の朝鮮観

趙　景達

はじめに

植民者の朝鮮認識については、梶村秀樹の研究［梶村　一九九二］を先駆として、これまでにも多くの研究成果がある。高崎宗司の体系的な研究［高崎　二〇〇二］や、近年では鈴木文の研究［鈴木　二〇一一］が重要である。ここではそうした研究に学びながら、植民者たちはどのような支配論理で朝鮮に君臨したのかについて、まずもって筆者なりに簡単に跡づけてみたい。そのうえで、特に植民地エリートたる朝鮮総督府官僚の統治論理とその心性に迫ってみたい。

総督府の官僚についても、すでに少なくない研究があり、日本では大部な研究がいくつか出されている［岡本　二〇〇八、松田　二〇〇九、松田・やまだ編　二〇〇九］。そうした研究は、官僚の出自や行動、思想、存在様態など全般にわたっており、貴重な成果である。ただ、統治論理や心性については、なお解明すべき点がある。特に彼らの自己正当化の論理は、戦後においてこそ回想の形式でなされる場合が多い。そこで、ここでは回想史料をもっぱら用いて、そのことを明らかにしてみようと思う。

1　在朝日本人の朝鮮観

韓国併合以前、朝鮮では治外法権に守られて、日本人はずいぶんと悪辣なことをやっている。当時の在朝日本人について、韓国領事であった信夫淳平は、「本邦商人は資本に乏しく信用に薄きを以て、忽ち《たちま》資本の運用に苦むは勿論、日々高利に迫はるゝの苦境に陥らさる者殆と稀」であって、「信義を軽んじ契約に責任なく、一言にして括くれは、欺いて取るを以て商略の最も巧なるものと為す」と述べている(『韓半島』一九〇一年、一九～二〇頁)。また、警察官としてもっぱら朝鮮の地方警察行政に携わりながら朝鮮民俗学の研究に没頭した今村鞆も、その回想で、「居留民の中には、昔しは不良日人があって、随分と悪事をやった。彼れは日韓両国の関係が、東洋の平和の大眼目より成立せるなどは、テンデ頭の中に無く、唯自国の強勢を恃《たの》み、自己が先天的優者の権利を獲得せる如くに振舞ひ、濫《みだ》りに鮮人を劣等視して凌辱を加えた」と述べ、暴力的にして詐欺的な高利貸しや、統監府官吏になりすまして朝鮮人から各種の徴発をした植民者の実態を紹介している(「回顧二〇年前」『歴史民俗　朝鮮漫談』一九三〇年、四九〇～四九一頁)。

こうした報告や回顧談は枚挙にいとまがない。朝鮮植民者は、とりわけ初期の頃にあっては、食いつめ者で冒険心に富んだ「一旗組」が多かった［梶村　一九九二］のだが、彼らは天皇と日の丸の威光を背負って朝鮮人に君臨し、非道を正義として「成功者」になりあがった。近代日本の天皇制は、天皇を頂点とするヒエラルヒッシュな構造を呈し、末端には被差別部落民・朝鮮人・台湾人・沖縄人・アイヌなどを配したが、そこにはおのずと「抑圧移譲」の論理が生じた。

「懶惰《らいだ》」「卑劣」「忘恩」「怯懦《きょうだ》」「不潔」「不規律」「無気力」などの朝鮮人に対する侮蔑イメージは、「支那」以下的なものとして日清戦争期には成立し、日露戦争期に完成する。わけても国家観念を欠如した利己的で懶惰な民族であるとする認識は深刻で、朝鮮人は到底国家の独立を維持できない、停滞的、他律的な民族として把握された。これは韓国併合を合理化する最大の根拠となるものであった［趙　二〇〇二］。

日露戦争当時の日本人の暴虐は、外国人の顰蹙を買うほどに傲慢なものであった［趙　二〇〇五］が、鉄道工事請負業者の萱原組や田中組の悪辣ぶりが際立つ。なかでも、田中組は悪の代名詞となるほどに朝鮮人の記憶に刻まれた。一九〇四年六月大邱で、朝鮮人三〇〇名が田中組の暴虐に憤ってその事務所を襲ったことがあるが、これはただちに日本憲兵に鎮圧された（『日本公使館記録』二一、四六八頁）。しかし、その後チョンジュンイ（전중이　田中人）と言えば、懲役囚という意味の代名詞となり、現在に至っている。今村鞆によれば、田中組の人夫はいずれも田中組と染め抜いたハッピを着ていたが、当時朝鮮では衣物に字を記していたのは囚人くらいしかいなかったからある（「田中人」前掲『歴史民族　朝鮮漫談』一一一頁）。

在朝日本人の傲岸さは、韓国併合後の武断政治下にあってますますどぎつさを増していく。その憲兵警察制度は、日本人のあいだでさえ悪評はなはだしい厳烈な暴力的規律システムであった。威嚇と身分標識の装置として、憲兵警察だけでなく一般の官吏や教師までもが制服の着用とサーベルの着剣を義務づけられていた。暴力主義は民間にも伝播し、「独リ憲兵巡査ノミナラス一般人民モ鮮人ヲ殴打スルカ如キハ別段意ニ解セサルノ風」(『現代史資料』二六、みすず書房、一九六七年、六一六頁)があった。一九一九年の三・一独立運動は、こうした差別主義に基づく苛酷な支配に対する朝鮮民族の一大抗拒であった[趙　二〇一〇]。

その結果、時の首相原敬は内地延長主義を内容とする文化政治を標榜し、新総督に海軍大将の斎藤実を任命した。文化政治のもとでは結社や言論の自由がある程度認められるようになった。斎藤治政下に警察官僚として朝鮮に乗り込んだ千葉了は、「鮮人は生意気になって何事も反抗的態度を取ると云う、成る程一般的に怎《ママ》んな傾向のあるのは事実であって、見様に依っては正に悪化したと云われないではない」(『朝鮮独立運動秘話』一九二五年、一五三頁)と語っている。朝鮮人はいくぶん自由な気になって、日本人に対して絶対的服従ではなくなったというのである。

それでも苛酷な差別は続く。一九三三年、朝鮮憲兵隊司令部が「内鮮融和」の理念を遂行するにおいて反省すべき点があるとして『朝鮮同胞に対する内地人反省録』という冊子を刊行した。これには多くの差別事例が紹介されている。だがこれは、「内地人の指導階級有識層」のみに頒布したものであって、在朝日本人全般に伝わらないように配慮されていた。当局は、血統主義＝レイシズムによって日本人としての優越した地位と既得権益を保持している植民者のプライドを傷つけようとまではしなかったのである。朝鮮人が「生意気」になったとすれば、植民者の差別意識はなおさら増幅されていったとも言えよう。

そもそも、朝鮮に対する侮蔑イメージが「支那」以下的であったのだから、当時「朝鮮人」という呼称自体が差別語として成立していた。『朝鮮同胞に対する内地人反省録』には次のようにある（五頁）。

> 心ある人々は既に承知して居らるゝであらうが、朝鮮の人は「朝鮮人某」というが如く「朝鮮人」と呼ばれ「朝鮮人」と書かれるのを喜ばない、即ち朝鮮で生まれた者を敢てなぜ朝鮮人と呼ぶのであるか。翻つて想ふに朝鮮生れの人を「朝鮮人」と呼ぶに何の不思議があるか、とも考へらるゝが、朝鮮の人はさう呼ばれるのを、理屈でなしに何かしら侮辱されたやうに感じ、その自尊心を傷け《ママ》られたと考へるのである。

これは笑えない話である。中国人・アメリカ人・イギリス人というように、外国人に対してその国名や民族名の下に「人」を付けて呼ぶのは普通のことであって、何ら差別ではない。しかし、ひとり朝鮮人に対してのみは、それができないという事態になっていたのである。植民地朝鮮では、朝鮮人を対象に呼びかけたり、話をしたりする場合、「心ある人々」の間では「朝鮮の人」というのが一般的であり、当局もそれを奨励していた。今でも、日本人のあいだにあって、「韓国人」とは言えても「朝鮮人」とは言えずに「朝鮮の人」という向きが、とりわけ年配者にあるのはこの名残である。

このことは、「朝鮮の人」と呼称することが自らの「善意」を自己証明する手段になったということなのだが、植民地朝鮮では、「心ある人々」は自らの「善意」を疑うことはしだいになくなっていく。朝鮮で一八年に及ぶ土木事業に従事したある人物は、「朝鮮半島にはそれまで日本はずいぶん金をつぎ込んでいた。三十余年かかって半島に金と手を加えてきた成果が、ようやく実を結びはじめていた」（松尾茂『私が朝鮮半島でしたこと　一九二八年―一九四六年』草思社、二〇〇二年、一九六～一九七頁）と言い、自らの仕事が朝鮮のためになったことを信じて疑わない。もちろん、「朝鮮の人にすれば、搾取されたというだろう。むずかしいところだ」（同上、七〇頁）と留保もしているが、自らが携わった水利事業が、朝鮮人から土地を取り上げ、朝鮮人を日本などの異郷に追いやったことには露ほどの認識もない。総督府が一九二〇年代から三〇年代前半にかけておこなった産米増殖計画は、高額な水利組合費を徴収した割にはさほどの成果を上げられず、かえって多くの貧窮農民を誕生させていたのは、当時としても明らかなはずであったのにである。そして、朝鮮人土木作業員に対しては、「日本人と同じに公平に接するように私たちも心掛けていた」（同上、一〇六頁）として、自らが差別主義者ではないという確信にも強いものがある。

植民地後期になるほどに、日本人のあいだでは、何であれ朝鮮に対しておこなうことは朝鮮のためであるという認識が強まっていく。総力戦体制期には、「内鮮一体」ということが盛んに言われ、建前上は朝鮮人差別はあってはならないものとされた。徴用・志願兵・徴兵・軍慰安婦・食糧（物資）供出などの戦時動員は暴力的におこなわれたが、それは真の日本人にしてやるという「美名」のもとに合理化され、日本人間にある差別意識をますます無自覚化させていった。一九一八年から四五年まで東洋拓殖会社に勤務したある人物は、八〇歳を過ぎてもなお、「私は渡鮮当初から、朝鮮では内地人ひとりひとりが朝鮮統治の責任分担者であると考え、一視同仁、内鮮融和の聖旨を奉じ、常に現地人の幸福を祈って働いて参ったのに、終戦により徒労に帰したことは誠に遺憾に堪えません」（猪又正一『私の東拓回顧録』龍渓書舎、一九七八年、二頁）と語り、日本の朝鮮植民地支配に対してついに疑問を感じることはなかった。

2　「善意」の植民地エリート

日本の朝鮮支配を疑う声は、植民地期を通じてほとんど聞くことができない。吉野作造や石橋湛山、柳宗悦などの学者・言論人・文化人、金子文子や浅川巧などの一般人・下級官吏などに同情や独立支持の声援があったのは事実だが、それらはあくまでも特殊で、点的にしか存在しえなかった。

のちに政治家となる言論人の中野正剛は初代朝鮮総督の寺内正毅と武断政治を痛烈に批判しはしたが、「善意の悪政」と評した(『我が観たる朝鮮』一九一五年)。国家主義者ならではの批評であるが、自らの「善意」を信じて疑わないのは官僚にあってはなおさらであった。そもそも韓国併合には、東洋平和のために自立できない朝鮮を救って文明化するという名分があった。官僚である以上、彼らには治民意識があり、その名分に忠実たらんとする主観的な使命感があった。そして、「一視同仁」と「内鮮融和」を掲げる日本の朝鮮支配は欧米の植民地支配とは違うという論理が、彼らの使命感をいっそう正当化した。朝鮮は植民地ではないという論理は、原敬の次のような言説によく表れている(『原敬日記』一九一九年四月一五日)。

余の考にては朝鮮人を内治同様に遇せんとするにあり、英米が人種、宗教、言語、歴史を異にする人民を治むるが如き主義を以て朝鮮を治むるは誤れるものなり、日本朝鮮は全く同一の国なれば同一の方針にて統治せんと欲す、但文明の程度、生活の程度は今日直に一足飛に内治同様に取扱ふ事を得ざるは勿論なり……。

朝鮮は植民地ではないという論理は武断政治下においてもあったが、文化政治以降はより一般化する。この認識は親日派の一部にも共有された。萩原彦三という人物がいる。彼は東京帝国大学を卒業し、一九一六年から一九三五年年初まで総督府官僚を務め、のち拓務省に転じてから、一九四〇年に朝鮮鉱業振興株式会社社長に天下り、再び朝鮮の地を踏んで日本の敗戦を迎えたエリート官僚である。彼は回想記のなかで、一九二九年に拓務省が設立されたときのことについて、次のように言っている(『私の朝鮮記録』私家版、一九六〇年、のち『植民地帝国人物叢書』三〇、ゆまに書房、二〇一〇年、所収、一五頁)。

従来の新領土統治方針が、内地延長主義と言うような曖昧なものであったから、拓務省設置案に対しては、世論特に朝鮮人側から強い反対が起った。枢密院顧問官の前総督斎藤さんはこの朝鮮人の反対意見を代表して、朝鮮を植民地扱いすることは、従来の統治方針に反し朝鮮民衆の信を失うと強く反対したので、省名も拓殖省から拓務省と改められ、組織においても管理、殖産、拓務の三局の外に、新たに朝鮮部を設け、朝鮮に関する事務は、台湾樺太関東州に関するものから切離して、別に取り扱うこととなった。この為朝鮮、台湾、関東州、樺太など拓務省の取扱う新領土を総括して呼称する場合に、特に植民地という言葉を避けて、外地という用語が新造された。

朝鮮人の世論によって、斎藤実が朝鮮を植民地視してはならないとしたというのは本末転倒だが、拓務省設立の経緯にこそは、日本の植民地支配がいかに侵略の事実を大義名分によって覆い隠そうとしたかがよく示されている。明治以来、欧米の侵略からアジアを守るというアジア主義を高く掲げ、アジアの盟主として振る舞ってきた日本には、植民地などあってはならないのであった。のちに東条英機が叫んだ「大東亜共栄圏」は、この延長線上に構想され、一九四二年に拓務省は大東亜省に改編される。

「植民地支配意識なき植民地支配」こそは、日本の植民地経営の特徴である。そこでは、言説として名分としてレイシズムが否定されている。それゆえに、そこには罪意識が驚くほどに希薄である。萩原彦三はその典型である。萩原はまずもって、自らが仕えた寺内正毅や斎藤実に対する敬意を失わない。あれほど評判が悪かった寺内に対して、「寺内さんの後進民族に対するいたわりの気持」があったとして、その善政を認める。彼はわずか数か月のあいだ寺内に仕えたにすぎないにもかかわらず、である。こうした評価は、親日派を多くつくり、その統治を「徳望政治」のように喧伝された斎藤実に対してはなおさらである。「何といっても、斎藤総督の、温厚寛仁の態度が魅力であった」(同上、五〇頁)とか、「民衆の斎藤さんに対する信望は極めて厚く、その温顔は慈父のような印象を与えた」(同上、五三頁)などと語っている。「唯在任があまり長かったので、その末期には幾分飽られ気味であった」(同上)と留保を付けてはいるが、いずれにせよ、萩原の斎藤評価は敬意に満ちている。

こうした評価の延長線上には、当然に日本の朝鮮支配の正当性が具体的に示されている。萩原は、日本の教育政策はイギリスのインド支配と対照的で優れていたとし、「印度では早くから大学を設け、上流階級の者に満足を与えたが、数億の一般大衆は、英国の統治数百年の後も概ね文盲且貧困のままに置かれていた」(同上、四六頁)と言う。しかし、解放時点でも朝鮮には「文盲」が多くいたし、貧困は朝鮮全土に蔓延していた。朝鮮農民の貧窮化を促進した産米増殖計画も、それを立案した政務総監下岡忠治の中途病没を惜しむかたちで、「このような大計画」として高く評価される(同上、五六頁)。宇垣一成の統治下でおこなわれた農村振興運動に至っては、あと五年おこなわれていたら、「恐らく貧農は大部分更生して立上ることができたらうと思はれた」（同上、八五頁）とまで言う。しかし実際には、農村振興運動は財政出動をほとんどしなかったために貧農の更生は進まず、その朝鮮人懶惰観を前提とした精神主義は、かえって朝鮮人への文化侵害をもたらし、反感を買う羽目になったものである。また、「朝鮮神宮には朝鮮民衆も段々心から参拝するようになり、そのお祭りも年々盛大になって行った」（同上、七七頁）と言い、神社参拝強制が朝鮮人の精神をどれだけ苦しめたかには思いがまるで至っていない。萩原が高く評価する朝鮮人も、李完用《イワニョン》・尹致昊《ユンチホ》・崔南善《チェナムソン》・崔麟《チェリン》・朴栄喆《パクヨンチョル》など、ほとんどが親日派と言われた人物ばかりである。

もっとも萩原には、同化主義や内地延長主義への自己批判がまったくないわけではない。帝国議会への参政権を認めず自治も許さなかったことを問題視して、「若し日本が戦争に突入するに至らなかったならば、朝鮮議会の設置に踏みきらざるを得なかったのではあるまいかと思う」（同上、八八頁）と語っている。朝鮮議会をつくるということは、植民地議会をつくるということであって、たとえばイギリスがインドに設置した立法参事会や、オランダがインドネシアに設置した国民参議会などが知られる。萩原の植民地支配意識の希薄さは、実は深層においては無意識の罪責観を随伴させていた。

しかし、それにしても萩原の回顧は、当時を懐かしむという趣が強い。植民地では、朝鮮台湾満州及樺太在勤文官加俸令（在勤加俸令）によって、俸給が日本本国よりも高等官で四割、判任官で六割ほど高く設定されていた。そのことで萩原も豊かで快適な生活を送っていたが、拓務省転勤の際には、「東京に転任すると、官舎もなく俸給も大略半減するので、私生活上まことに痛いのであるが、経済上のことはまた何とかなるだろうといった呑気な考えであった」（同上、九三頁）と回想するのみである。在勤加俸や官舎提供は朝鮮人には適用されず、同じく文官高等試験及第の高級官僚であっても、歴然たる差別があった。萩原には、同僚の朝鮮人官僚に対する後ろめたさなど微塵もない。これは彼ひとりの問題ではない。そもそもが、日本人の総督府官僚は、俸給の高さを目当てに朝鮮勤務を希望する者がほとんどであったと考えてよい。

3　穂積真六郎と朝鮮

罪責意識が希薄な官僚のなかにあって、良心的な官僚として名の知れた人物に穂積真六郎がいる。彼は東京帝国大学を卒業し、初代総督寺内正毅以来、歴代の総督に仕えた。だが殖産局長まで務めながら、反軍的だとにらまれ太平洋戦争開始の直前に辞任を余儀なくされた。朝鮮人の高級官僚であった任文桓《イムムナン》は、穂積が「創氏改名の強制に対し、『朝鮮人が着物の襟を左巻きに変えれば、日本が戦争に勝てるかね』と、不満を吐き捨てていた」のを記憶しており、「穂積氏こそは、本当の日本人であった」として賛辞を送っている（『日本帝国と大韓民国に仕えた官僚の回想』草思社、二〇一一年、二四八頁）。また穂積は、日本人の引き揚げに功があり、戦後は参議院議員にもなった。そして、日本が朝鮮でおこなったことの問題を反省して再検証すべく財団法人友邦協会を組織し、のちに戦後における朝鮮近代史研究の開拓者となる宮田節子・梶村秀樹・姜徳相などの各氏を誘って朝鮮近代史料研究会を主宰した［宮田　二〇〇〇］。

しかし、総督府日本人高級官僚としてのプライドをもち、日本人を心底愛するがゆえに、穂積は日本の「善政」をすべて肯定しはしなかったが、その良心については、いささかの疑念も抱いてはいなかった。ここでは、彼の回想記『わが生涯を朝鮮に』（私家版、一九七四年、のち前掲『植民地帝国人物叢書』二七、所収）からその朝鮮統治観や日本人論などについて検討してみようと思う。

まず穂積の韓国併合観は、「朝鮮自体は併合してもあまり利益にならないが、日露戦争の結果、その向こうの満洲という富有《ママ》な地が勢力圏に入ったので、政治家も実業家も、満州に渡る桟橋のような気持で、朝鮮を日本の領土にすることを望んだ」（同上、一〇〇頁）というものである。併合は、「さんざん苦労した上での自衛手段」であったとも語っている（同上、一一五頁）。朝鮮には領土的野心などなかったのだが、成り行き的にも自衛的にも、仕方なく併合したまでだというわけである。そして併合した以上、「大和民族というだけあって、よい人間である」日本人は、落後している朝鮮にさまざまな「お節介」をやき、逆に反発を食らってしまったのだという（同上、一〇一頁）。

穂積は、朝鮮人が落後した民族であると考える点において、当時の一般的日本人といささかの違いもない。「怠惰な朝鮮人」は「あまり独創力も少なく、勤勉でもなく過ごし」てきており、民度において中国人に遠く及ばないという（同上、六九、一〇三頁）。実は彼は、朝鮮に行きたくなかったのだが、その理由は、「三〇〇〇年の歴史ある異民族を永久に日本人として、大和民族と同様、天皇様に尊崇の念をもたせようとする併合のやり方が気に入らなかったし、地形の関係からやむを得なかったにしても、強い者には何でも媚びを呈して、自分というものがないように見える韓民族の民族性もはなはだあきたらぬ感情をもっていたからだ」（同上、一四頁）という。穂積には、自衛上やむをえなかったにせよ、韓国併合は間違っていたという認識が確かにあった。しかし、朝鮮人に対する認識には相当な偏見があったのも事実である。「勤勉な朝鮮人を多く知っている」と言って朝鮮人に無上の愛情をそそいだ浅川巧（『浅川巧 日記と書簡』草風館、二〇〇三年、一三一）や、叔母の家の使用人を「珍しいほどの働き者だった」と言って、貧しい朝鮮人への愛おしさを吐露する金子文子（『何が私をこうさせたか』筑摩書房、一九八四年、五八頁）とはだいぶ違う。

穂積は、日本人が朝鮮人よりも優秀な民族であることを信じて疑うことがなかった。ただ彼の支配民族日本人への思いは、やや屈折している。彼は、日本人は「朝鮮に対して優越感をもちながらも、何とかしてこの国をひとかどの文明に導きたいという誠意だけはもっていた。しかし、他民族を自国の臣民にしたら喜ぶだろうとか、永久に日本の天皇を尊崇させようという島国的な自惚れだけはどうしても感心できない」（前掲『わが生涯を朝鮮に』一五頁）と述べている。彼は確かに、日本人が朝鮮に傲慢に君臨し、朝鮮を同化しようとしたことには批判的であった。「民族性を無視して、日本と同化させようという点と、日本の天皇を押しつけて、異民族に崇拝させようという点に限りない憤りを感じた」（同上、二四六頁）とまで言っている。そこには、生来の反骨精神のようなものが垣間見える。しかし、文明の名において朝鮮を支配したことを、日本の「誠意」として疑うことはなかった。朝鮮人は、「諦観、希望、虚無、反抗等々、錯綜する意識の中にいた」ので、「総督府はこの情景を、朝鮮人の怠惰性と李朝秕政の産物として、極力その矯正に努めた」が、「朝鮮人の刹那的享楽主義」を解消することは、ついに果たせなかったと言うのである（同上、二二頁）。ここには、総督府が文明化という限りでは「善政」を敷いたことへの確信がある。彼は、「善政」がうまく機能しなかったことについて、以下のように単純化して述べている（同上、一〇三頁）。

> 当時朝鮮人の心も形も、近代式に開発して行こうというのは、全く容易なことではなかった。まして、その近代化が他民族によって指導される場合には、事毎に、それが民族の慣習と生存を破壊する侵略の手段から出る悪意と解する意識が先に立って、それが、真に国のためになるか否かという点は、感情の裏に消え去ってしまうのである。そして、自分が思想的にも実質的にも向上してくると、あんなものの厄介にならなくたって、自分には偉くなる素質があったのだと自惚れるといったふうな、どこか、厳格すぎる親に対する始末に負えない我儘息子に似たところがある。

日本の朝鮮支配を親子の関係にたとえるとは、いかにも官僚らしい。穂積には、彼なりに植民地官僚として朝鮮、朝鮮人のために尽くしたのだという自負が最後まであったということである。それどころか、朝鮮の最高権力者に対しても、彼の評価は萩原彦三と同様にきわめて高い。斎藤実に対しては、「総督は朝鮮の開発という大使命とともに、一番根底にある朝鮮の民族意識ということを、常に心底に考え、世界中が納得し得るように、終局においては世界平和の指導者として、各国に畏敬される国に育て上げていくことに、献身された」（同上、四五頁）と絶賛している。そして、斎藤政治は寺内政治を継承するものであったという見方をしている点が不可思議である。「寺内さんの、朝鮮を漸進的に文化《ママ》していこうという政策は、斉《ママ》藤さんの世界の中の日本として恥ずかしくないような、朝鮮人の立場をも考えた文化政策によって受け継がれた」（同上、四五頁）と言い、武断政治への批判が文化政治への転換になったことが無視されている。穂積は、寺内がよほど好きだったと見え、「寺内総督の官吏清廉のご指導」の結果、「潔白」な風は全朝鮮に行き渡り、それは朝鮮統治全期間に影響を残したとまで言う（同上、二四九頁）。

斎藤と並んで評価が高いのは宇垣一成である。宇垣は、農村振興運動や心田開発運動をおこなって朝鮮の皇民化に道筋をつける一方で、野口遵の日窒財閥と組んで朝鮮の重化学工業化を進めて大陸兵站基地化の基礎を築いた総督である。しかし穂積は、「（農村振興）運動はきわめて順調に、効果的に進み、宇垣総督は、その成果と相まって農業以外の諸産業についても、次々に方針を立て」、当時の産金政策は「宇垣という傑出した人を得て現出されたものである」と言う（同上、一二〇頁）。総督府官僚でありながら反骨主義者であった穂積の真骨頂は、同化や皇民化を批判しえたところにあったはずである。彼は、「内地延長主義と言う不合理」（同上、一五二頁）とまで言い、文化政治の基本路線さえ批判している。にもかかわらず、皇民化政策と総力戦体制の下地をつくった宇垣を「傑出した人」とまで評価するのは矛盾している。

宇垣は、朝鮮人の官公吏採用には、「君国に忠実であると云ふ一条件を加へざるべからず」（『宇垣一成日記』昭和七年六月二一日）としつつ、「現時の情勢にありては朝鮮の統治には内地人の優位を占むることは絶対に必要なり」（同上、六月二四日）と言っていた。日本人が指導民族であることにいささかの疑念も差し挟んでいない。国体主義者の宇垣は、「世界無比の帝国日本は無比の帝国臣民に俟ち、世界無比の帝国臣民は世界無比の施設を創造し世界に無比なる之が運用を為すべき尊き使命を帯びて居る」（同上、昭和九年一一月一六日）とまで述べており、その精神はどこまでも日本至上主義である。しかも、「元々内鮮人は同元同根である、吾々の血液は既に混合して居る」（同上、昭和一一年一月一一日）と言って、穂積が嫌う朝鮮人の皇民化に積極的であった。そして、「日本の新領土朝鮮に対する遣り口は全然根底に於て彼等（西欧）の仕打ちとは異なりて居る」（同上、昭和九年一二月一〇日）として日本の善意を誇った。

穂積は確かに、朝鮮の文明化を「使命」とした真摯な官僚であったかもしれない。しかし、宇垣をはじめとする歴代総督を高く評価する彼もまた、傲慢と無縁だったわけではない。実のところ、彼は野に下って、日本の敗戦をまもなくに控えていた頃、「朝鮮が日本の一部となったからには、どうしても半島民をほんとうの皇国臣民に育て上げ、文化の程度を少なくとも内地同様の標準にまで引上げることが、我々の義務」（「朝鮮の回顧に就いて」和田八千穂ほか編『朝鮮の回顧』一九四五年、のち前掲『植民帝国人物叢書』三九、所収、一〇四頁）であると公言している。これは戦後の回顧とはまったく違う。「太平洋戦争の直前、こんな役人がいては、内鮮一体さえ邪魔になるというので免職になった」（前掲『わが生涯を朝鮮に』二五五頁）はずの穂積が、何故にこのような「内鮮一体」論を主張しえたのであろうか。戦後の回顧がまったくのアリバイづくりであるとは考えられないが、確固とした信念において皇民化に反対していたわけでもないということは明らかであろう。彼は宇垣同様に、「西洋諸国が他民族を征服した時のような、どこまでも警戒し敵視していくような徹底した悪魔性は持ち得ない」（同上、二六五頁）とも言っている。帝国主義のなかでも日本は善意の国だということうした認識こそは、日本の植民地支配を根底から自己批判できない日本人総督府官僚の心性を形作っている。

おわりに

朝鮮に対する侮蔑イメージは、「支那」以下的なものとして日清戦争期には成立し、日露戦争期に完成する。そして韓国併合を迎えると、日本人はますます朝鮮半島でわがもの顔で暴力的にふるまった。しかし、日本の朝鮮支配は欧米の植民地支配とは違うという朝鮮支配の大義名分から、内地延長主義＝文化政治が標榜されるようになると、言説のうえでは差別の禁止が意識されるようになる。差別が解消されることはなく、総督府も徹底した差別解消策をとったわけでもない。「内鮮一体」などというのは、総力戦に朝鮮人を協力させるためのていのいい名分でしかなかった。植民者は自らの圧倒的優位性を決して手放すことはなく、落後していると一方的にみなした朝鮮人に対する「善意」だとか「誠意」だとかという言葉で、支配者としての自らの立場を合理化した。

こうした朝鮮支配合理化の立場は、総督府高級官僚にあってもっとも顕著であったと言えよう。治民責任者として彼らにはそれなりの自負があり、それを彼らは自らの「使命」と考えた。自らの朝鮮における治民者としての行為が批判されるべきものであるとするなら、それは自らのエリート性の否定にもつながる問題となる。エリートたる自覚が強ければ強いほど、「善意」や「誠意」を強く主張せざるをえず、それを言わなければ、自らの半生を全否定することにもなりかねない。萩原彦三や穂積真六郎の回想はまさにそのようなものとしてある。とりわけその意識は穂積において強く表れているように思われる。

文明輸出の名において植民地支配を合理化するのは、欧米をもって先駆とする。明治期において植民地化の危機を感じた日本は、大陸国家化することで自己防衛しようとしたが、その際公式的には、口が裂けても台湾や朝鮮などを欧米流の植民地にするとは言えなかった。アジア主義を声高に叫んだことも大きく原因している。「植民地支配意識なき植民地支配」はこうして誕生したが、この支配方式の後遺症は今もって治癒していない。日本の国際的プレゼンスの低下とともに喧伝されてきた植民地近代化論は、総督府官僚の「使命感」に照らすならば合理的なものであり、自信喪失の危機にある日本人のプライドを満足させるものである（植民地近代化論は韓国人のなかにもあり、その場合には、過去はどうであれ、将来的には日本を追い抜くという自信の表れとなるが）。嫌韓論やヘイトスピーチなども、かつて朝鮮において善意の支配者であったという、罪責意識を裏返したような優越的自意識を引きずった屈折した憎悪感情である。ポストコロニアルな負の遺産というのは、植民地にされた国や民族だけが負うものではない。宗主国もまた、ポストコロニアルな問題に悩ませられるのだということを肝に銘じておくべきであろう。

文献一覧

梶村秀樹「植民地と日本人」『梶村秀樹著作集 1』明石書店、一九九二年
高崎宗司『植民地朝鮮の日本人』岩波書店、二〇〇二年
鈴木文「在朝日本人の世界」趙景達編『植民地朝鮮』東京堂出版、二〇一一年
岡本真紀子『植民地官僚の政治史――朝鮮・台湾総督府と帝国日本』三元社、二〇〇八年
松田利彦『日本の朝鮮植民地支配と警察――一九〇五～一九四五年』校倉書房、二〇〇九年

松田利彦・やまだあつし編『日本の朝鮮・台湾支配と植民地官僚』思文閣出版、二〇〇九年
宮田節子「穂積真六郎先生と『録音記録』」『東洋文化研究』二号、二〇〇〇年
趙景達「近代日本における朝鮮蔑視観の形成と朝鮮人の対応」三宅明正・山田賢編『歴史の中の差別——「三国人」の問題とは何か』日本経済評論社、二〇〇一年
趙景達「日露戦争と朝鮮」安田浩・趙景達編『戦争の時代と社会——日露戦争と現代』青木書店、二〇〇五年
趙景達「武断政治と朝鮮民衆」『思想』一〇二九号、二〇一〇年

第Ⅱ部

近代朝鮮の日本観

第1章　朝鮮使節の日本観

――第一次修信使を通して

北原スマ子

はじめに

一八七六年（明治九）、朝鮮は日朝修好条規（江華島条約）を締結して、明治日本と国交を樹立すると、すぐさま日本に初めての外交使節を送った。修信使と名づけられたこの外交使節は以後一八八二年（明治一五）までに都合四度派遣される。修信使という名称は「昔からの友好を修めて信義を敦くする」（『日東記游』商略）という派遣の目的によるもので、「昔からの友好」とは、対等な礼で交わる交隣関係のことである。すなわちこのとき、朝鮮では条約締結を旧来の伝統的な外交の回復と認識していた。それでも江戸時代の外交使節である通信使に対して、修信使と名称を変えたのは、その派遣が、通信使がおもに将軍襲職の祝賀という儀礼のためであったのに対し、修信使は外交懸案の解決に主眼がおかれていたからである。

そもそも朝鮮が第一回目の修信使を派遣したのは、日本側から勧誘があったことによる。一八六九年一

表　修信使一覧

回	西暦	正使	副使・従事官	総員（人）	東京滞在日数（日）	主な目的	使行記録	備考
1	1876	金綺秀《キムギス》（礼曹参議正三品）	—	74	20	全権使節派遣への答礼，物情探索	『日東記游』『修信使日記』	礼曹書契持参
2	1880	金弘集《キムホンジプ》（礼曹参議正三品）	—	58	28	代理公使派遣への答礼，物情探索，条約改正交渉	『修信使日記』	礼曹書契持参『朝鮮策略』寄贈される
3	1881	趙秉鎬《チョビョンホ》（前参判従二品）	（従）李祖淵《イジョヨン》	35	50	国書奉呈，条約改正交渉	—	国書持参
4	1882	朴泳孝《パクヨンヒョ》（錦陵尉正一品）	（副）金晩植《キムマンシク》 （従）徐光範《ソグァンボム》	14	76	壬午軍乱の謝罪，賠償問題処理，日朝修好条規続約批准交換	『使和記略』	国書持参，謝罪使兼任，金《キム》玉均《オッキュン》ら5名同行

出典）北原スマ子「江華条約の締結」趙景達編『近代日朝関係史』有志舎，2012年。

月（陰暦一八六八年一二月）明治新政府は朝鮮に王政復古を知らせ、外交を求める書契（外交文書）を送ったが、その形式をこれまでとさまざまな点で一方的に変え、また朝鮮が宗主国の中国皇帝だけが使用できるとする「皇」「勅」の文字を使用したため、朝鮮側は明治政府にこれまでの交隣関係を変えて自国を下位におこうとする意図があるととらえ、受け取りを拒否し、以来国交樹立に七年余の歳月を要した。江華島事件（一八七五年）を起こして日朝修好条規を締結したが、当時の日本は国交の実現を最優先としたため、交渉に時間のかかりそうな条約の細則と貿易章程の取り決めは、別に六か月以内におこなうことにした。そこでこの間に近代化の進んだ日本の様子を見せて、交渉を円滑に運びたいとの思惑があって、使節の派遣を勧誘したのである。よってこのときの使節の主たる使命は、日朝修好条規締結時の日本全権使節派遣への答礼とともに、日本国情の探索であった。以後日本情報の収集は共通するが、その使命は第二次修信使（一八八〇年）は日本代理公使派遣の答礼や条約改正交渉、第三次修信使（一八八一年）は国書の奉呈と条約改正交渉、そして最後の第四次修信使（一八八二年）は壬午軍乱の謝罪、賠償問題の処理、日朝修好条規続約批准交換などであった。四回の使節は回を重ねるに従い、総人員は減少するが、滞在期間は長くなり、より実務的な任務を帯びるようになったと言える（表参照）。彼らは帰国後、日本情報、国際情勢を国王、高官たちに伝えたが、特に第二次修信使金弘集《キムホンジプ》の帰国報告と駐日清国公使館参賛官・黄遵憲《こうじゅんけん》から贈られて持ち帰った『朝鮮策略』は、朝鮮の開化、対西洋開国政策への転換の契機となった。

各使節は第三次を除いてそれぞれ使行記録を残している。その内容は単に彼らの行動を書き記したというものだけではないため、一行の関心がどこにあり、実際にどのように感じたのかといったことなどを知りうる得難い資料となっている。とりわけ第一次修信使正使・金綺秀《キムギス》は『修信使日記』『日東記游』をまとめ、これはすべての使行記録のなかでもっとも充実したもので、また国家を代表する正式な使節の立場で、初めて明治日本を見聞した者が書いた記録としても貴重である。一八一一年（文化八）に派遣した最後の通信使は、対馬での易地聘礼《えきちへいれい》（場所をかえての聘礼）であったため、江戸・東京まで行った使節は一七六四年（宝暦一四）の通信使以来、実に一一二年ぶりであり、この使節が政治・経済・社会・文化など多方面から一〇〇年後の新しい日本の姿を記録して紹介し、朝鮮の明治日本観に影響を与えたことは大いに評価すべきことである。したがってここではこの記録を通して、具体的に当時の朝鮮使節の日本観、文明観を見ていくことにする。なお使行記録は漢文で、翻訳に際しては一部、田星姫論文［田星姫　一九九八、二〇〇〇〕を参照した。

1　第一次修信使

まず、第一次修信使とはどのような使節であったのか、その概要についてまとめておく。

正使である金綺秀（一八三二〜九四年）の字は季芝《ケジ》、号は蒼山《チャンサン》で、本貫（祖先の発祥地）は黄海道延安である。一八七五年別試文科に及第し、弘文館応教（正四品）を経て、七六年修信使正使（礼曹参議正三品）に任命された。及第したばかりで、官階も低かったが文章によく通じているという理由で選任された〔河宇鳳二〇〇二〕。随行員は玄昔運《ヒョンソグン》（別遣堂上）・玄済舜《ヒョンジェスン》（掌務官）・高永喜《コヨンヒ》（乾糧官）・李容粛《イヨンスク》（別遣漢学堂上）など総勢七四名であった。通訳、画員、書記、軍官、駕篭かき、楽隊、日傘差し、厨房関係者などからなり、二一名が儀礼用人員で、この点では通信使に近い面もあったと言える。

一行は一八七六年四月四日（陰暦、以下略す）、国王高宗《コジョン》に陛辞（外国に行く官吏が京を出るとき王にいとまを申し上げること）して漢城を出発し、四月二九日出迎えの日本船に乗って釜山を発ち、五月七日に東京に到着した。二〇日間滞在して二七日に東京を去り、閏五月七日釜山に帰着し、六月一日国王に帰国報告をした。路程で江戸時代の通信使と相違する点は、通信使は多くが釜山から大坂まで海路で、大坂で川船に乗り換えて淀川をさかのぼり、その後淀から陸路で江戸に向かったが、今回は釜山から横浜まで海路で、横浜から新橋までは鉄道の利用であった。以上の随行員名、任務、日程などはすべて正使金綺秀の『日東記游』によって明らかにされている。

『日東記游』は紀事本末体（事項別に分類して一部始終をまとめて記述する形式）で書かれ、全四巻二九項目からなっている。事会・差遣・随率・行具・商略・別離・陰晴・歇宿《けっしゅく》（休憩・宿泊）・乗船・停泊・留館・行礼・玩賞・結識《けっしき》（交際）・燕飲《えんいん》（酒宴）・問答・宮室・城郭・人物・俗尚・政法・規条・学術・技芸・物産・文事・帰期・還朝・後叙である。『修信使日記』は編年体、全一巻で、東京到着翌日の五月八日の外務省訪問から六月一日に復命した際の国王との対話までと、これに加えて、一一月一〇日からの開港場問題についての交渉を、日記体で記録したものである。なおこれらは現在、二次・四次の使行記録と合わせて『韓国史料叢書第九　修信使記録　全』（国史編纂委員会、一九五八年、翻刻版、一九七四年）に一括して収録されている。

2　正使金綺秀の日本観

人と自然

前述したごとく、金綺秀は朝鮮国使として日本へは六五年ぶり、東京へは約一〇〇年ぶりに派遣されたが、渡日前に日本人についてはどのように認識していたのであろうか。彼は日本に行く前には「今まで断髪文身〔頭を短く切り、身体に入れ墨をする〕を見たこともなく、荒波を渡ったこともない。意味不明の奇怪な言語を話し、ワニ、すっぽん、みずち〔竜の一種〕、鯨のような強くてしぶとい群れに対処しなければならないかと思うと不安で縮み上がる」(『日東記游』以下『記游』と略す、差遣)と述べていた。またある人からは「倭は西洋の手先で、鬼神〔死んだ人、およびその霊魂〕、倀鬼《ちょうき》〔虎に噛まれて死んだ人の霊魂〕であり、賊で間諜である」と言われ、また朝鮮各地の産物である木綿、絹、米、苧麻、金銀銅鉄、虎皮、熊胆、鹿茸をみなとても欲しがり、そして「その言葉は飴のように甘く以前からの知り合いのように楽しそうに振る舞うが、その心は測りがたい。あなたも用心しなさい」(『記游』商略)と忠告されたと記している。

すなわち彼は渡日前には日本人について、貪欲で野蛮で恐ろしいと思い、典型的な夷狄観をもっていた。壬辰・丁酉倭乱(文禄・慶長の役)で侵略を受けた歴史、長いあいだの交流の途絶と、明治日本との軋轢(書契問題、江華島事件)などが、朝鮮人の日本人像形成に影響していたと言えよう。しかし渡日後、実際に見た日本人について、彼は「女は艶めかしい者が多く、男はみな眉目秀麗」であり、「人に会うとうれしそうな顔をして、いつも笑みを浮かべている。ゆえに特に憎悪するほどの人はいなかった」(『記游』還朝)と書いている。また「人はみな柔順で打ち解けて交わり、強くて荒々しい人はいなかった」(『修信使日記』以下『日記』と略す)として、想像していた日本人とはまったく違っていたということを率直に述べている。

彼は滞在中に多くの要人と会い、その人物評を逐一記録しているが、なかでも謁見した明治天皇には強い印象を受けたようであった。天皇は「目には精彩があり、生まれつき顔立ちが整っている」と容姿をほめ、また「自ら政務を執って以来、熱心に政治に励み勤勉で怠けるようなことはない。関白〔将軍〕も廃止すべきと思えば廃止し、制度も変えるべきと思えば変えた。〔略〕英明で決断力があり人材登用に長けている」(『記游』還朝)とその政治的手腕も高く評価した。また復命時に高宗が天皇について質問したことに対しても「人となりが頗《すこぶ》る精明である」(『日記』)と答え、人柄もまた称えた。

なお金綺秀は明治天皇を「皇帝」「倭皇」「日本皇帝」と記していて興味深い。第二次修信使金弘集は明治天皇を「日主」「日本王」、第三次修信使趙秉鎬《チョビョンホ》も「日主」と言い、高宗が一貫して「倭主」という呼称を使用するのと対照的である。この「皇」の使用は、前掲の書契問題で触れたように、中国との伝統的な宗属関係にかかわり、開化派、守旧派のメルクマールともなり、以後も朝鮮が長きにわたり拘泥する大きな課題である。第四次修信使朴泳孝《パクヨンヒョ》は「日皇」と呼称するが、朴は清からの独立と近代化をはかる開化派なので理解できる。しかし金綺秀の場合はどうであろうか。彼は渡日前にも後にも特別な政治勢力に属した履歴もなくその立場を明確にできないので、ただ一使節として大過なく任務を全うするために、武力衝突を避け平和的な開国を主導した高官たちの、「皇」については日本古来の自称にすぎないと理解し拘らないという、その理解に従ったと推測する。この点からも帰国後政権と密接にかかわる第二次以降と違う第一次修信使の特徴を見ることができるだろう。

金綺秀は日本の自然については、山海の美しさに感嘆し賞賛している場合が多い。たとえば東京に向かう海上から見た景色を「山は明媚なるものが多く、水はさざ波をたてることも少なかった。海中にある島々は皆平らで遠く眺めがきき、みごとなものだった。〔略〕赤間関〔下関〕から江戸に行く間に見えた山は一様になだらかで美しく、険しく切り立った様子はなかった」(『記游』還朝)と述べ、初めて目にした日本の景色を素直な感性で賛美している。そして「富士山の高さと箱根の嶺の険しさは、以前に通信使も目撃したところだ。今回は水陸、路を異にして、ただ海上から時おり富士山が白く光って雲間に見え隠れするのを望むことになった」(『記游』還朝)として、今回は通信使と行路を別にして、富士山を海上から見た様子も正確に記している。

都市・町並み

金綺秀は日本の都市を「江戸・横浜・神戸・赤間関〔下関〕については、みな目撃したが、その閭閻《りょえん》〔村里〕は賑やかで、市肆《しし》〔市場の商店〕は豊富で、初めて見たが壮観だった。〔略〕しばしば中国を見てきた人も、また中国より繁栄しているという」(『記游』還朝)と驚きをもって述べている。

また、道路については「工事をするときは、ほとんど皆、先ず水辺の小石〔砂利〕を取り、それを敷き詰め土地を平らにしてから土をかぶせる。だから雨が降っても道路は直ぐ乾く」(『記游』還朝)ということに気づき、さらに「大きな通りでは往々にして溝に井の字形の板扉で地面を掘り下げた上でふたをしていた。これは溝を隠していて、そこは汚物を流しているところのようだった」(『記游』還朝)と書いて、日本の道路、下水溝をおおうドブ板にまで注目していたとわかる。そしてガス灯のともった都会の街の様子を「街路には五間と十間の距離で、しばしば灯柱を設け、その上に琉璃《るり》灯をともした。〔略〕日が暮れて、点火するとき、人がただ一度機械を動かすと火が自然に灯されて夜明けまで消えない。人がまた機械を動かすと灯火が消えるので、夜更けに道行く人々は行灯を持ち歩かないという」(『記游』城郭)と記して、近代文明化が進んで便利になっている点を好意的に紹介していた。

彼は日本の建築物に興味を引かれたようで、皇居の堀、城壁、門、橋などの構造をも詳しく述べ、また日本の家屋のつくり、特に瓦・茅の屋根について、どこも不揃いでなく整然としていることに注目し、「屋根を覆うことの巧みさで住居の立派なことがわかる」(『記游』還朝)とも書いている。このように都市のにぎわい、建築物、道路、街の様子を細かなところまで興味深く観察しているのは、とりもなおさずそれが、朝鮮とは大いに異なる点であったからであろう。

文化と風俗

金綺秀は通信使時代の使節のように、儒教的教養に自尊心をもち文化的優越感を抱いて日本にやってきた。「しばらく休憩するときに、書画をねだる日本人が多かったが、むやみに私を煩わせるようなことはなかった」と、書画を求められたことと、「遠遼館での宴会の後、参加者たちが各々対句をつくって送ってくれた。みな新しくつくった詩であり、なかには寓意的なものも多い」(『記游』留館)と詩文を送られた体験を書き記し、朝鮮文化の高さに日本人が変わらずあこがれていると誇りに思った。

彼が日本の文化や社会について観察し評価する際の基準になっているのは、儒教的価値観である。朝鮮が儒教を尊奉していることに矜持をもっている金綺秀にとって、日本の宗教・信仰の現状は、嘆かわしく映った。すなわち「その風俗は、昔は先ず神道を、次に仏教を、その次に儒教を崇拝した。神道と仏教がこのよう[に衰退したの]だから、ましてや儒教は論ずるまでもない」(『記游』俗尚)と、儒教が顧みられない状況を慨嘆していた。

また日本の教育も、儒教教育という視点からは評価できないものであった。学校では「士大夫の子弟より民の俊秀まで七、八歳から書を学ばせ字を習わせる。はじめに日本字を教え、次に漢字を教える。一六歳になるとまた経伝〔経書と経書を説明解釈した書〕を読ませず、大は天文・地理・数学を学び、小は農器・軍器・図形の説を、眼で見て、手で調べて少しも止めない。〔略〕ただ日々功利の書物を読むことだけに汲々としている」（『記游』還朝）と述べ、教育内容が多種多様で学習熱心であることに感心はするが、精神面を重視する儒学教育を無用のものとして、実学、功利の学問ばかりを学ばせると批判的であった。ただ、最小限に絞った視察先に女子師範学校が入っていて、「女子にもまた学校があって、大は天地・兵農を、小は詩文・書画を学び、みな一芸に秀でている」と日本の女子教育には好意的な見方を示した。

衣服について外務大丞宮本小一と会話をした際、宮本が「近く製作した衣服と宮室〔家屋〕はみな洋式である。日本人の心理は本来軽薄で、新しい物を見ると必ずそれを好み、それを欲しがるので、とりあえずその好みに任せてこれを習うようにしただけだ」と洋装普及の背景を語り、続けて「貴国の衣服制度もまた随時変化があったのではないか」と言ったことに対し、金綺秀は「わが国の衣服は変わっていない。わが国の始祖康献王〔李成桂〕が明の高皇帝〔朱元璋〕とともに〔朝鮮を〕建国して以来、衣服制度も専ら明の制度に従い、今まで五百年のあいだ、上下貴賤同じで未だ一度も変わっていない」（『記游』問答）と述べている。また天皇を訪問したときの記述に、以下のようなものがある。「護衛の騎兵は百余名に過ぎず、〔服装は〕大きな紅い氈《せん》製《せい》の洋式の上着とズボンで、縁を金で飾っている。服装は整っていて美しく、便利そうだ」（『記游』玩賞）。衣服については、高宗も関心を示し帰国報告で、日本では「服装は大抵洋装である」と伝えると、高宗は「軍服もまたそうか」（『日記』）と質問している。金綺秀の記述、高宗の質問から当時朝鮮では日本における洋服の普及に関心が高かったことがうかがえる。特に軍服に関心があり、これについては洋服の利点を認めていた。しかし一方で、金綺秀は朝鮮が明の制度にならい、五〇〇年間、衣服制度を変えていないことに誇りをもち、中華文明の正統な継承者であるという自負がここに見られるのである。

近代化の諸相

①政治・法制度

金綺秀は日本の政治や法の制度が厳格で、それがうまく機能していると感じた。たとえば「政令は専ら信義を主とし、普通の人も賞すべきは賞す。〔略〕思うにその政令は衛鞅《えいおう》〔商鞅〕の遺法から出ているようだ」(『記游』還朝)と推測した。そして「太正府〔太政官〕はすなわち最も尊く、卿〔大臣・重臣〕以下に罪があれば、太正府は直ちにこれを処罰する。それゆえ卿以下は謹んで行動し、あえて違越することはしない」(『記游』還朝)と見て、法令が正しく施行され、規律が守られていることに好感をもった。

また明治日本は西洋諸国に文明国として認知されるよう万国公法の遵守を約束し、国内に向けても万国不変の公理公道と解釈して盛んにその遵守を奨励したが、彼はこれについて「いわゆる万国公法により諸国が盟約を締結するのは〔戦国時代の〕六国連衡法のようなものである。一国に困難なことが生じたら万国がこれを救い、一国が盟約を破ったら万国がこれを攻撃して、愛憎、攻撃が偏らないようにする。これは西洋人の法だが、今〔日本は〕みなこれをよく守っている」(『記游』政法)と誤った理解をしていた。朝鮮は儒教の基本的な思想である徳治主義であるが、明治日本のめざす西洋をモデルとする法治主義は中国の商鞅に淵源があるとし、万国公法を六国連衡法と重ねて見る限り、好評価をすることに躊躇しなかったと思われる。

②軍事

第一次修信使一行に託された日本情報の収集のなかで、もっとも期待されたのは日本の軍事制度、軍備の近代化の現状であった。したがって一行は日本側が準備した膨大な視察先のなかから、軍関係の施設の訪問を選んでおこない、陸軍省では教練場で歩騎砲兵共同訓練を、海軍省では大砲・水雷砲の発射訓練を観覧した。帰国復命時に、早速高宗は「その軍容はまた頗る強勢か」と質問し、それに対して金綺秀は「軍容は強壮で、操錬は非常に熟達している」(『日記』)と答えている。そのほかにも高宗は日本の兵器、兵力の多寡などの質問もおこなっていて、軍事への関心の高さを確認できる。彼は日本で軍の施設、訓練を見学したためその様子を具体的に詳しく記している。「江戸城中で俸給を与え養成した者が七、八万名いる。そのほかに陸軍省と海軍省で日々兵を選抜している。兵士は器械に精通していない者はなく、軍隊の規律に熟達し、立ち居進退において少しも命令に違うことはない」として、さらに「船上でも車上でもまた大砲を用いる。〔略〕敵を見れば、東西にその動きに随って大砲をうち、手足を忙しく動かし少しも誤差がない。このような強兵と利器があってもなお勤勉につとめ励み、まだ時間が足りないようだ」(『記游』還朝)と観察していた。金綺秀には日本の国をあげて強兵に励む様子が強く印象に残ったようだ。しかし軍律を守り勤勉であることを認めてはいるが、軍事の近代化に対する彼自身の総合的な評価を明確にしてはいない。

③科学技術

彼は日本が科学技術の習得に熱心で、国内では各国の領事官を優待して学び、未習の技術は人を各国に送って学ばせていると記している。こうして「各地で火輪船〔汽船〕・火輪車〔汽車〕を造り、人に遠方との通商を教え、その力を尽くして財貨を集めようとしている」（『記游』還朝）と判断した。それは富国強兵のためで、君臣上下ともに、利益を上げることに汲々としていると冷めた目で見ていた。

一方で彼は今回の使行で初めて汽船、汽車、人力車、馬車に乗り、写真を撮ることも経験する。汽船、汽車はもちろん人力車、馬車についてもその規模、速度、構造に深い関心をもったことはその詳しい記録が明らかにしてくれる。初めて乗った汽船で、正使なので立場上「私は重々しくしなければならないので勝手気ままに見物することもできない」（『記游』乗船）との思いを吐露しているので、十分な観察は叶わなかったであろうが、それでも汽船については「帆の間にある煙突は夢想だにしないもの」（『記游』乗船）と、汽車は「火をふきつむじ風のように去る。一瞬にして見えなくなるから、頭をかき、無言で、呆然として驚くばかり」（『記游』玩賞）と書いている。抑制しようとしても、近代的な機械技術への驚嘆を隠しきれなかったと見える。

④経済政策

彼は日本の富強策は通商貿易を柱としていると理解した。そして現在各国と貿易をしていて、取引が盛んであると思うが、しかし性急な貿易重視政策に対し、「今日本は各国と通商していて、その数は非常に多い。〔略〕生産者は一人に対し、消費する者が多いので、物価が高騰するのは当然の勢いだ。毎日貨幣を鋳造しこれにあてている。お金の価値が低くなって品物の価値が高くなっているので、必ず失敗するだろう」と予測した。さらに「まして技巧を凝らさないことがなく、技芸に精通しないことがなく、自然をすべて奪い尽くして、もはや〔利用する〕余地はない。外見よりこれを見ればきわめて強いが、右に述べた諸条のように、陰《ひそ》かにその情勢を察するとまた長久の術と言えないと思う」（『記游』還朝）との所感を述べている。すなわち彼はこのような日本の経済政策は失敗するだろうし、技術優先、開化の行き過ぎは資源の枯渇を招き、結局この富国策は長く続く良策ではないと見たのである。

おわりに

以上、第一次修信使の概要と、正使金綺秀の使行記録を通して彼の日本観、文明観などについて見てきたが、まとめると次のようなことが言えるであろう。

渡日前金綺秀は日本、日本人について、恐ろしく野蛮、強欲という典型的な夷狄観をもち、憎悪・軽侮していた。しかし渡日後、実際に日本人と接し観察した結果、温和で明るく勤勉で真面目であり、街や家のつくりからも綺麗好きで巧みな技をもっているという考えに及び、日本認識に大きな変化が生ずることとなった。そして天皇も容姿、人柄、行政能力すべてにおいて高く評価できるとした。

朝鮮では日本の洋化の度合いを洋服の着用で判断することが多く、華夷思想から西洋を夷狄、人倫を欠く禽獣と見るので、明治日本を洋夷に変わった（「倭洋一体」）と否定的にとらえる根拠の一つとなっていたのがこの洋装化だった。朝鮮に日本への使節派遣を勧誘する際に、外務大丞宮本小一が「貴国人我服制を観て、全国皆夷に変じたりと謂ふ者少なからずと、今や使節を派せらるるに於て、務めて異議の人を選ばれなば、我国の実形を視て会心暁解する所あるべし」［田保橋　一九三三］と言ったことがその証左になろう。金綺秀は軍服に限れば、はっきりとその利便性の点で受容に理解を示しているが、しかし朝鮮が服制を変えず、明の制度にならっているという発言には、確かに彼の小中華の文明国としての誇り、容易に旧来の制度習慣を捨てて洋化を受け入れる日本への蔑みの心情を確認できるのである。

小中華の自尊は礼の存在であり、精神と文明の実は儒教の内にあると考えるので、彼は儒教がすたれている日本社会の現状を遺憾に思った。また教育についても、儒教教育を無用なものとして、功利の学問ばかりを追い求めると批判した。ただ彼が、女子師範学校を視察して日本の女子教育へ関心を示したことは注目される。儒教的価値観に凝り固まった人物ではなかったと言える。

国王高宗が使節派遣を決定した大きな理由の一つが、日本の兵器への関心であったことを反映して、彼は日本の軍事技術、兵器、訓練の様子を詳細に記述し、その成果を驚きをもって伝えたが、しかしその受容については冷静であった。また日本の近代諸施設の視察、汽船、汽車などを直接体験することを通して視野を拡大させ、近代文明の利便性を率直に認めた。そして日本人が富国強兵策に勤勉に邁進していることも評価したが、日本の富国強兵策は結局、貿易赤字とインフレーションによる経済破綻で失敗すると考えたため、日本から勧誘された近代化推進策に大きく心を動かされることはなかったと言えよう。彼は元老院議官・井上馨ら要人たちからロシアに動兵の兆候があるので、防衛策として富国強兵化、西洋近代化を急ぐよう勧告され、帰国後政府に伝えるように要請もされたが、国王への復命時にこのことに触れていなかった。彼の国際情勢への関心の低さも、富国強兵策を朝鮮の現実的な緊要課題ととらえなかった要因の一つと考えられる。

文才で抜擢され、朝鮮使節として初めて明治日本に派遣された金綺秀は、西洋近代化に邁進する隣国日本の姿を目撃した。彼は自分が非才で近代文物を視察しそれに触れても理解不能であるとして、視察活動に消極的であったが、見聞したことについては詳しい記録を残し日本認識に影響を及ぼした。この使行記録によって、我々は当時の朝鮮における儒教的知識人の伝統的な日本観と文明観の揺らぎ、葛藤とともに、日本人が気づかず、見過ごしていた明治日本、日本人の姿をも知ることができるのである。国王は彼の出発にあたって、日本の物情を「必ず詳しく探知して来る」ことと「見聞のことは漏らさず一々記録して来る」(『朝鮮王朝実録』高宗一三年四月四日)ことを命じた。彼は記録の任務については十分に使命を果たしたと言えよう。

文献一覧

〈日本語文献〉
落合弘樹「朝鮮修信使と明治政府」『駿台史学』一二一号、二〇〇四年
北原スマ子「江華条約の締結」趙景達編『近代日朝関係史』有志舎、二〇一二年

宋敏「明治初期における朝鮮修信使の日本見聞」第一一一回日文研フォーラム、国際日本文化研究センター、二〇〇〇年
田保橋潔「丙子修信使とその意義」『青丘学叢』一三号、一九三三年（『近代日鮮関係の研究』上巻、一九四〇年に所収）
田星姫「第一次修信使のみた明治日本について」『佛教大学総合研究所紀要』五号、一九九八年
田星姫「第一次修信使の日本認識——日本による『富国強兵』勧告をめぐって」『仏教大学総合研究所紀要別冊』二〇〇〇年
河宇鳳「開港期修信使の日本認識」宮嶋博史・金容徳編『近代交流史と相互認識Ⅰ』慶應義塾大学出版会、二〇〇一年
〈韓国語文献〉
趙恒来『開港期　対日関係史研究』蛍雪出版社、一九七三年
韓哲昊「第一次修信使（一八七六）金綺秀の日本認識とその意義」『史学研究』八四号、二〇〇六年
韓哲昊「第一次修信使（一八七六）金綺秀の見聞活動とその意義」『韓国思想史学』二七輯、二〇〇六年

第2章　ある開化派官僚の日本観
――兪吉濬を通して

伊藤 俊介

はじめに

兪吉濬《ユギルジュン》（一八五六〜一九一四年、本貫は杞渓《キゲ》、字は聖武《ソンム》、号は矩堂《コダン》）は一九世紀末から韓国併合に至る二〇世紀初頭の朝鮮を生きた政治家であり思想家である。彼は若くして日本への留学を経験し、政府内では日本との外交交渉を担当したりもした。また一八九六年から一一年にわたり日本で亡命生活を送るなど、当時の朝鮮人為政者のなかでももっとも日本との関係が深かった人物である。

本章では、この兪吉濬という人物の生涯を追いながら、彼が日本という国をどのように認識し、また現実政治のなかでどのように日本と接しようとしたかを検討することで、当時の朝鮮人為政者の日本観についてアプローチしてみたい。

1 開化意識の萌芽

兪吉濬はソウルの桂洞で支配階級である両班家門の兪鎮寿《ユジンス》の次男として生まれた。彼は幼少より漢学を学び科挙の準備を進めていたが、一五歳のときに外祖父李敬植《イギョンシク》の紹介で朴珪寿《パクキュス》と会う。朴珪寿は実学者（北学派）朴趾源《パクチウォン》の孫にあたり、開化思想の始祖と称される人物である。この出会いが転機となり、以後、彼は朴珪寿のもとで勉学に励むようになった。朴珪寿の家には金玉均《キムオッキュン》・朴泳孝《パクヨンヒョ》・金允植《キムユンシク》・魚允中《オユンジュン》・金弘集《キムホンジブ》など、のちに朝鮮政府の開化政策を担う開化派人士らが集っていた。兪吉濬は彼らとの親交を深めながら、『海国図誌』など外国事情に関する書物を講読するなかで、しだいに海外への認識を広めていった。

一九世紀末の朝鮮をめぐる状況は「内憂外患」という言葉で表現される。「内憂」とは国内政治の混乱である。当時朝鮮では勢道政治と呼ばれる国王の外戚が政治運営を独占する状況が続いていた。そのため政局は不正腐敗を来し、民衆は過剰な収奪に苦しめられていた。各地では民乱が多発し、また掛書（不正をおこなった官吏などの罪状を記して公に掲示すること）も頻繁に起こるなど、勢道政治への反発は日増しに強まりを見せていた。さらに李《イ》氏の王朝が滅亡して真人（救世主）たる鄭《チョン》氏が新王朝を開くと説いた予言書『鄭鑑録』が流布するなど、政治不安から民衆の救済思想も高まっていた。一方、「外患」とは朝鮮をとりまく国際情勢の急激な変化である。それまで朝鮮は東アジアの伝統的な国際秩序である冊封体制のもと、宗主国の清国とは事大政策を、隣国の日本とは交隣政策を展開していた。ところが一九世紀に入ると欧米列強の要求に清国と日本があいついで開国を余儀なくされ、唯一鎖国政策を維持していた朝鮮にもアメリカやフランスが軍艦を率いて通商を迫るようになった。兪吉濬はまさにこうした国内政治の混乱と国際情勢の急激な変化という二つの大きな現実問題のなかで自らの思想を形成していくのである。

折しも一八七五年九月、朝鮮に開国を迫ろうと日本が砲艦外交を展開した江華島事件が起こった。事件後、日朝両国は江華島で交渉を続けていたが、このとき兪吉濬は開化派の訳官呉慶錫《オギョンソク》に連れられ同地を訪れた。そこで彼は、西洋式の軍服に身を包み強圧的に開国を要求する日本と、それに狼狽する朝鮮の様子を目の当たりにして衝撃を受け、朝鮮のおかれた現実に危機感を強めることになる［金鳳烈　一九九八］。そして、これを機に彼は形骸化した科挙の準備を完全に放棄し、朝鮮の直面する課題を解決するための新たな学問を追求する決意を固めたのである。彼が二〇歳のときだった。

2　朝鮮最初の海外留学生

一八七六年に日朝修好条規が結ばれると、朝鮮政府は欧米への開国と開化政策の採用を決め、つぎつぎと改革に着手していく。そしてそうした取り組みは、兪吉濬にも海外留学という大きな機会をもたらすことになる。

一八八一年、明治維新後より文明開化を進める日本の制度文物を調査する目的で朝鮮政府は総勢六〇名からなる使節（朝士視察団）を日本に派遣した。このとき兪吉濬は大蔵省視察グループの随員となったが、政府の計らいで福沢諭吉の経営する慶應義塾に入学した。当時、慶應義塾は欧米の新しい学問に接することのできる日本でも有数の教育機関だった。兪吉濬は福沢の家に住み込みで日夜勉学に励み、欧米の政治思想や哲学、さらには国際情勢などに関する知識を吸収していった。しかし一八八二年に起こった壬午軍乱（新設軍隊の別技軍との差別待遇に激憤した旧式軍の兵士らが起こした兵乱。開国後に朝鮮に居留していた日本人に対する不満や、日本の影響下に進められた開化政策への反発などが背景にある）を機に、朝鮮への支配権をめぐり日本と清国とのあいだに緊張が高まると、海外事情に通じた兪吉濬を外交担当に任じようと考えた朝鮮政府の命令で帰国することになる。

帰国後、兪吉濬は統理交渉通商事務衙門（政府内に新設された外交・通商を統轄する官庁）の主事となり、また当時漢城府判尹（首都ソウルの行政長官）だった朴泳孝の要請を受けて新聞『漢城旬報』の発刊にも積極的に携わった。しかし壬午軍乱後、朝鮮に対する清国の影響力が強まるなかで、閔《ミン》氏政権（国王高宗《コジョン》の王妃一族である驪興《ヨフン》閔《ミン》氏による勢道政権）は清国との伝統的な宗属関係を重視する政治運営を展開していた。それに伴い開化派も、清国との協調のもと漸次的な改革を唱える金弘集・金允植・魚允中ら穏健開化派と、対清独立と日本をモデルにした早急な改革を主張する金玉均・朴泳孝ら急進開化派とに分裂した。はたして急進開化派は閔氏政権としだいに対立を深め、新聞発刊事業も頓挫してしまう。志半ばで挫折を余儀なくされた兪吉濬は失意のうちに統理交渉通商事務衙門の主事職を辞任する。

そんな彼に再び好機が訪れる。一八八二年にアメリカと国交を結んだ朝鮮は答礼使節の派遣を決めるが、その随員に選ばれたのである。一行は一八八三年九月から二か月間の公式日程を終えて帰国の途に着くが、兪吉濬だけはそのままアメリカでの留学が許された。彼は日本で面識のあった生物学者モース（Edward Sylvester Morse）のもとで英語や進化論を学んだのち、南バーフィールドにあるダンマー学院（Governor Dummer Academy）に入り、大学進学に向けて勉学に励んだ。成績も優秀で、国際法を学ぶためにハーバード大学の法学部をめざしていた［李光麟　一九九九］。だが一八八四年一二月、朝鮮では急進開化派が閔氏政権の打倒と対清独立を掲げてクーデタを起こしたが失敗し（甲申政変）、多くの開化派人士が処罰された。政変の顚末と朝鮮政府の召還命令を受けた兪吉濬は苦悩のすえ帰国を決断し、ヨーロッパから東南アジア、日本を経由して一八八五年の暮れに朝鮮に戻った。しかし閔氏政権に政変への関与を疑われて帰国直後に逮捕され、以後数年にわたる軟禁生活を強いられることになる。

3　兪吉濬の日本観

以上のような青年期を送るなかで兪吉濬の思想は形成されたわけだが、それでは彼は日本という国をどのように認識していたのだろうか。軟禁生活中に自らの留学経験をもとに書きまとめた啓蒙書『西遊見聞』（兪吉濬全書編纂委員会編『兪吉濬全書』Ⅰ、一潮閣、一九七九年）の序文を見ると、

日本はヨーロッパのオランダと交わりを通じること二〇〇年余りが過ぎたが、彼らを夷狄と見做して辺境での関市を許しただけだった。しかし欧米諸国と条約を締結して以来、関係が親密になるにつれて時代の変化を察し、彼らの長所を取って諸制度を踏襲することで、三〇年間でここまで富強となる

に至った（傍点は引用者による）。

と、開国後の日本が欧米諸国の制度文物にならって文明開化を進めたことが肯定的に述べられている。短期間で急速に近代化した日本への強い関心がうかがわれる。

しかし、そもそも兪吉濬が初めて日本に接したのは江華島事件だったという点を看過してはならない。次にあげるのは、彼が呉慶錫とともに江華島を訪れた一八七六年につくられた「弾丸子」（「矩堂遺稿」『兪吉濬全書』V）という詩の一節である。

弾丸弾黄雀　　弾丸が黄色い雀を撃った
誤中梧上鳳　　誤って梧桐の木の上の鳳凰に当たった
鳳飛傷一足　　鳳凰は片足を傷つけて飛び立ち
帰去丹穴洞　　赤い洞穴に帰って行った
鳳兮胡為出　　鳳凰よ、なぜ出てきたのか
我見久不怡　　私は見てからずっと心が安らかではない
寄語弾丸子　　弾丸子に告ぐ
慎勿弾丸為　　弾丸を撃つのを慎め
弾丸非好事　　弾丸は好いことではない
鳳兮我心悲　　鳳凰よ、私の心は悲しい（以下略）

天下泰平と平和をもたらす東アジアの伝説上の鳥「鳳凰」が「弾丸子」に撃たれ傷ついてしまう。ここで「鳳凰」は伝統的な東アジア秩序を、「弾丸子」は日本を表している［許聖一　二〇〇〇］。冊封体制下にあった朝鮮の眼前に突如現れた近代武装した日本。「私は見てからずっと心が安らかではない」とは日朝交渉の現実を目撃した兪吉濬自身の心中そのものであり、「弾丸は好いことではない」と日本を非難する。だが朝鮮は開国を迫られ、「私は悲しい」と嘆くよりほかない。伝統的な東アジア秩序から欧米列強を中心とした近代国際法の論理に朝鮮が改編を強いられる過程で感じた彼の不安や危機感こそは日本の砲艦外交によってもたらされたのであり、彼にとって日本は脅威以外の何ものでもなかったのである。

　彼の師匠である福沢諭吉との思想的相違も日本観を考えるうえで重要である。彼が慶応義塾に学び福沢から少なからぬ影響を受けたことは間違いない。たとえば、一八八三年に著した「競争論」という論文では、各国の競争が進歩につながるとして積極的に開国・通商の必要性を説くなど、新学問の影響が強く見てとれる［月脚　二〇〇九］。しかし、それでは彼が福沢の主張を全面的に受け入れたかというと、決してそうではない。それがもっとも顕著に現れている「文明」「開化」をめぐる両者の見解の違いを見てみよう。福沢は著書『文明論之概略』（『福沢諭吉全集』四、岩波書店、一九七〇年）で「いやしくも一国文明の進歩を謀るものは、欧羅巴の文明を目的として議論の本位を定め、この本位に拠て事物の利害損得を談ぜざるべらず」と述べているように、文明は一国独立のための「術」であり、それには現在もっとも勢力のある西欧列強の文明を絶対化して全面的に受け入れなければならないという西欧至上主義的な主張を展開している。一方、兪吉濬は『西遊見聞』のなかで、

　およそ開化とは人間の千事万物が至善極美な境域に至ることをいう。故に開化の境域は限定すること

ができない。人民の才力の分数によりその等級の高低があり、人民の習尚と邦国の規模に随いその差異もまた生ずる。これは開化の軌程が一つではないからで、大頭脳は人の為不為に在る（傍点は引用者による）。

と述べている。福沢と違って開化を洋の東西を超越した普遍的なものととらえ、その方法も各国の事情により異なると説くのである。こうした理解の背景には彼の伝統的な東洋文明に対する自負心［金鳳珍　二〇〇四］に加え、閔氏政権や急進開化派が進めた急激な日本式の開化政策への違和感があったものと考えられる。

さらにアメリカ留学以降の経験は彼が日本観を形成するうえで決定的な影響を及ぼした。モースから進化論を学ぶなかで、彼は帝国主義的な世界情勢への認識を深めていった。そんなさなかに起こった甲申政変は、朝鮮に対する清国の影響力排除を画策する日本の支援のもとにおこなわれたものであり、福沢諭吉も武器調達や諜報活動などさまざまなかたちで大きく関与していた。だが政変失敗後、日本政府は亡命した急進開化派らを冷遇する一方で来るべき清国との戦争に向け軍備増強を進め、福沢もまた『脱亜論』を著して日本のアジア侵略肯定論を展開しだす。政変の詳報に接するにつれ兪吉濬は、こうした日本の帝国主義的な対朝鮮政策の本質を認識していったものと思われる。それは帰国の際にヨーロッパや東南アジアを周遊し植民地の現実を目の当たりにするなかで、いっそう強固なものとなったはずである。さらに彼は、その日本と結んで甲申政変を起こした急進開化派を痛烈に批判する。帰国時に日本に立ち寄った際、彼は亡命中の金玉均と面会したが、日本にとどまるよう求める金玉均の説得を斥け、あくまで帰国の道を選ん

だ。そして『西遊見聞』でも「開化党」(＝急進開化派)を、

> 何の分別もなく外国ならすべて「良い」といい、自国のものなら何でも「悪い」という。甚だしくは外国の景況を称賛するあまり自国を蔑視する弊害まである。これを開化党というが、彼らがどうして開化党なものか。その実は開化の罪人である(傍点は引用者による)。

と厳しく糾弾し、彼らとの決別を誓うのである[李光麟　一九七九]。

以上のような経験のもと、日本に対する兪吉濬の危機意識や警戒感はいっそう強まった。甲申政変直後の一八八五年に書かれた「中立論」という論文(『兪吉濬全書』Ⅳ)で彼は、「日本もまた、かつて我が邦を侵略する意図がなかったわけではないが、その形勢の足りないところがあり、力がまだ及ばなかった」と述べ、清との戦争に向けて軍備増強に邁進する日本の本質を的確に突いている。さらに甲申政変に際して「中国の兵が二〇〇里の外に駐在しているのに、日本の兵が遠くまで駆けつけて入城し、傍若無人に振る舞ったが、これはただ我が邦を軽んじるだけでなく、日本にはほしいままに中国を軽んじる意があることがわかる」と述べている。冊封体制に基づく東アジアの伝統的な国際秩序と自国の平和を日本が乱そうとしていると彼が認識していたことがわかる。

それでは、こうした状況下で兪吉濬はどのように朝鮮の自主独立を守ろうと考えたのか。同じく「中立論」で彼は次のように述べている。

> 中国を盟主とし、イギリス・フランス・日本・ロシアなどアジアの土地に関係のある諸国と会同することを乞う。そうして進んで我が邦はその間においてともにその盟約を締結する。

すなわち中国を盟主として周辺国との合意のもとに朝鮮が中立国として自主独立を保つという構想である。こうすることで彼は、中国との伝統的な冊封体制を維持しつつ日本の侵攻を阻止しようと考えたのである［趙　一九九一］。もちろん壬午軍乱後から朝鮮への内政干渉を強める清国に不信感がなかったわけではない。だが彼にとって日本は清国以上に差し迫った脅威だった。「中立論」は周囲を清国・日本・ロシアといった国々に囲まれた現実状況のなかで彼が苦心のすえに導きだした小国朝鮮のとるべき方策だったのである。

4　現実政治との狭間で

一八九四年に起こった甲午農民戦争を機に、朝鮮の支配権をめぐる日本と清国の対立は決定的なものとなった。日清開戦をもくろむ日本は内政改革の実施を口実に朝鮮王宮を占領し、閔氏政権を廃して開化派官僚を中心とする新内閣を樹立させた。このとき兪吉濬は外務衙門参議に任ぜられ、以後甲午改革と呼ばれる近代化推進運動の中枢的な役割を担うことになる。ところで日清開戦当初、日本は戦況の不明瞭性に加えて朝鮮の内政改革自体にも大きな関心はなく、改革への干渉態度は消極的なものだった。そのため甲午改革政権は比較的日本の影響を受けず自律性をもって改革に取り組むことができ［柳永益　一九九〇］、その内容も兪吉濬が『西遊見聞』で述べたように朝鮮の伝統や国内の現実に則した漸進的なものだった［伊藤　二〇〇三］。

ところが平壌会戦で日本軍が勝利すると、日本政府はそれまでの消極的な干渉態度から積極的なそれへと方針を転換、大鳥圭介にかわり井上馨を駐韓公使に据え、さらには日本に亡命中だった急進開化派の朴泳孝を政界復帰させ、日本の対朝鮮政策の推進に都合のよい改革を断行しようと画策した［森山 一九八七］。このため朝鮮政府内には改革の方向性や主導権をめぐる対立が表面化する。こうした状況に兪吉濬は強い憤りを抱いていた。外務大臣陸奥宗光に宛てた手紙（「外務大臣陸奥宗光問答」『兪吉濬全書』Ⅳ）のなかで、

> 私は朝鮮人として三恥がある。私のいわゆる三恥とは、自ら改革を行うことができず、貴国の勧迫を受けていることである。それゆえ、第一に、本国の人民に対して恥じる。第二に、世界万国に対して恥じる。第三に、天下、後世に対して恥じる（傍点は引用者による）。

と、日本の干渉下に改革を進めなければならない現状への鬱憤を吐露している。しかし政府内の対立は王権の強化をもくろむ王室を巻き込んだ権力闘争へと発展し、朝鮮政府はもはや分裂を避けられない状態になってしまう［伊藤 二〇一〇］。こうした混乱状況のなかで乙未事変（日本軍による閔妃《ミンビ》殺害事件）が起こると、朝鮮国内では日本と甲午改革政権への反発が高まり、各地で義兵闘争が展開された。そして一八九六年二月に国王高宗がロシア公使館に避難したことで（露館播遷）甲午改革政権は崩壊し、兪吉濬は日本への亡命を余儀なくされる。

亡命中の一九〇二年、日本に留学していた青年将校らの組織する革命一心会と接触して政界復帰を画策したが、計画が露見して警視庁に逮捕され八丈島に流配される。以後、彼は五年にわたる幽閉生活を強い

られるが、その間、日本は朝鮮を保護国化して伊藤博文を初代統監とする統監政治を敷いた。一九〇七年、高宗はオランダのハーグで開かれた第二回万国平和会議に密使を派遣して日本の不当性を訴えようとしたが（ハーグ密使事件）、これを口実に伊藤は統監政治に抵抗する高宗を強制的に退位させる。そして息子の純宗《スンジョン》が即位すると、その恩赦により兪吉濬は帰国を許されるが、一一年ぶりに戻った祖国は今にも日本に呑み込まれようとしていた。

日本によって組織された傀儡政権の李完用《イワニョン》内閣は兪吉濬を特進官に迎え入れようとするが、彼は統監政治と高宗の退位を許した現内閣を厳しく批判してこれを拒絶し、在野での活動に身を投じる。日本の支配が日増しに強化される現状下において朝鮮の自主独立を保つためには、国民の教育と啓蒙を進めて実力を養成し、日本の信頼を得る以外にもはや方法はないと考えた。そしてそれらを実践すべく保護国という状況のもとでさまざまに奔走した［尹炳喜　一九九八］。彼は「国民皆士」を掲げて興士団という団体を設立し、教科書の編纂や実業教育の振興などに邁進し、自らも隆熙学校を設立して教育の推進に努めた。またソウルの自治機関として漢城府民会を組織し、地方自治の整備もめざした。しかし財政難に加えて統監府の圧力や親日団体の一進会の妨害などもあり、これらの事業は思うようには進まなかった。そして一九一〇年、韓国併合により自主独立の希望は完全に絶たれてしまう。彼は併合の成立に激憤を禁じえず、一進会の事務所に殴り込んで看板を破壊し幹部を殴打したという［金泳鎬　一九七七］。懐柔策として日本から授与された男爵位も断固拒否し、のちに返上している。

韓国併合後、漢城府民会は解散させられ、隆熙学校も朝鮮総督府の進める学校統廃合によりなくなってしまう。祖国の植民地化という失意のもと、晩年は幽閉生活の頃から患っていた腎臓炎の悪化に苦しみ、一九一四年、ソウルの自宅で家族に看取られながら五九年の生涯を閉じる。

おわりに

兪吉濬は近代朝鮮において日本ともっとも深く接した人物であり、青年期に日本から受けた影響もまた大きかった。だが彼が日本を認識し始めるのは江華島事件からであり、海外留学や政治実務を経験するなかで形成された日本観は、近代化への憧憬以上に、朝鮮への侵略可能性に対する危機感と警戒心が強いものだった。しかし、そうした日本観とは裏腹に現実政治のなかで彼は、その日本の圧力のもとで甲午改革や保護国期の啓蒙活動に従事せざるをえないという苦悩と葛藤を経験する。こうした苦悩や葛藤は程度の差こそあれ当時の朝鮮人為政者に共通するものだったのではないか。そして、そうした彼らの内なる思いに目を向けてこそ、近代朝鮮の歩んだ痛みと朝鮮人為政者の日本への眼差しを明らかにすることができるのではないかと筆者は考える。

文献一覧

〈日本語文献〉
伊藤俊介「朝鮮における近代警察制度の導入過程——甲午改革の評価に対する一考察」『朝鮮史研究会論文集』四一集、

二〇〇三年
伊藤俊介「甲午改革と王権構想」『歴史学研究』八六四号、二〇一〇年
金鳳珍『東アジア「開明」知識人の思惟空間――鄭観応・福沢諭吉・兪吉濬の比較研究』九州大学出版会、二〇〇四年
金泳鎬「兪吉濬の開化思想」『韓』六四号、一九七七年
趙景達「朝鮮近代のナショナリズムと文明」『思想』八〇八号、一九九一年
月脚達彦『朝鮮開化思想とナショナリズム――近代朝鮮の形成』東京大学出版会、二〇〇九年
許聖一「漢詩文集に表れた兪吉濬の開化意識」『佛教大学総合研究所紀要』別冊、二〇〇〇年
森山茂徳『近代日韓関係史研究――朝鮮植民地化と国際関係』東京大学出版会、一九八七年
〈韓国語文献〉
金鳳烈『兪吉濬 開化思想・研究』慶南大学校出版部、一九九八年
柳永益『甲午更張研究』一潮閣、一九九〇年（秋月望・広瀬貞二訳『日清戦争期の韓国改革運動――甲午更張研究』法政大学出版局、二〇〇五年）
尹炳喜『兪吉濬研究』国学資料院、一九九八年
李光麟『韓国開化思想研究』一潮閣、一九七九年
李光麟『韓国近現代史論攷』一潮閣、一九九九年

第3章　伝統的知識人の日本観

——崔益鉉と開化派人士の同時代的考察

愼　蒼宇

はじめに

日本は、丙子修好〔一八七六年の江華島条約＝日朝修好条規〕以来、十余次にわたる金石のような誓約をし、「朝鮮の独立を保全しないことは絶対にない。血盟である」としてきたが、その舌の根もかわかないうちに、公的な条約を破棄した。韓国統治に関しては、専ら武力弾圧をしながら、世界に対しては「韓人は日本の統治によろこんで服従している」とあざむき、韓族の富力を吸い上げ、日本人の生活に供給した。しかも虚飾の統計数字をならべたて、韓族産業の発達なるものを誇張して宣伝した。

およそ韓族社会で指導者として尊敬されすぐれた人物とみなされているものは、確実に迫害され芟《さん》除《じょ》された。いっぽう、無頼輩として排斥され、悪人として指弾されている者は、きまって日本の支持と推薦を受け、官吏に任用された。人格高潔で名望の高い者は、確実に不良鮮人として目をつけられ、そのあげく強盗殺人などの破廉恥罪の罪名を着せられて処刑された。韓族と日本族は、道徳や正義の基準に関しても、まったく正反対の、奇現象を呈したのである（白巖朴殷植《ペガムパクウンシク》先生全集編集委員会編『白巖朴殷植全集』二巻、東方メディア、ソウル、一四四頁）。

これは、植民地期の代表的な民族主義者であった朴殷植によって、一九二〇年に書かれた『韓国独立運動之血史』（以下、『血史』と略記）にある一文である。ほかにも、『血史』は、日本と朝鮮とのあいだには乗り越えがたい「国民性の氷炭（齟齬）」（同上、一四一〜一四四頁）があると述べている。一つは日本民族の野蛮な風習に対する「軽蔑」（裸同然のふんどし姿、男女間の風紀紊乱、国家・財産を狡猾に詐欺と暴力で奪うことなど）、であり、もう一つは、日本の侵略に対する「怨念」（古代／倭寇／豊臣秀吉／清日戦争／露日戦争／強制保護国化と義兵虐殺／三一独立運動など）である。

日本の好戦性と残忍性への警戒感や、混浴などの風俗を野蛮と見る日本観は、すでに第三次朝鮮通信使の姜弘集《カンホンジプ》『東槎録』などにおいて見られていたものである〔琴秉洞 二〇〇二：四五〕。『血史』に見られる日本観は、姜弘集の時代から三〇〇年を経て、明治維新後の書契問題と「征韓論」の高まり、一八七六年の日朝修好条規締結から日清・日露戦争、韓国保護国化、「韓国併合」へと至る日本の朝鮮侵略へのリアクションとして、多くの知識人と民衆に新たな要素を加えつつ共有されたものと言えるだろう。

朝鮮の知識人はこの時期、西洋的な国際関係や国民国家の受容をめぐり、それ以前の伝統的な国際関係観・支配秩序観とのあいだで深い葛藤に直面した。その葛藤のありようにそくして、近代朝鮮知識人は、西洋（あるいは日本）からの価値の受容を説く「開化派」（急進開化派／穏健開化派）と、攘夷を説く伝統的知識人たる「衛正斥邪派《えいせいせきじゃ》」に分けられてきた。

とはいえ、いずれの立場にも儒教的思考の規制力は強くのしかかっている。近世東アジア三国において思考を規定した「共通分母」は儒教的思考様式であり〔深谷　二〇一二〕、近代に直面した知識人が西洋を理解したり、自国の富強策を構想したりする際に、こうした文化的共通基盤が重要な機能を果たした〔村田　二〇一三：四頁〕。二分類される知識人は、こうした点を前提としつつ、日本の朝鮮侵略が深化していくにつれて、思想的にも現実政治においても複雑な協調・対立関係を作り出していった。

本章で求められているのは、上述した日本の朝鮮侵略過程の時期における朝鮮知識人の日本観の一端を浮き彫りにすることである。とはいっても、開化派、衛正斥邪派とされる知識人のすべてを取り上げることはできない。そこで、「衛正斥邪派」の中心的存在であった儒生の崔益鉉《チェイッキョン》（一八三三〜一九〇六年）の日本観を中心に取り上げたい。崔益鉉は書契問題の発生・日朝修好条規締結の時代から一九〇六年に抗日蜂起をするまでの三〇年にわたり、一貫して日本を批判的に論じた最も著名な伝統的知識人の一人だからである。

さらに、崔益鉉と対立した同時代の開化派知識人の日本観もそれとの対比でいくつか取り上げることで、①「衛正斥邪派」「開化派」の日本観の違いと日本の侵略の進化に伴うその変容、②現実の政治における日本との関係の取り方の違い、を浮き彫りにしたい。

1 「斥邪」か「開化」か——開国前後の崔益鉉の日本観

一九世紀の中盤から後半にかけて、欧米列強は主権国家・条約体制への朝鮮王朝の参入を軍事的脅威のもとで迫るようになった。そのなか、正学（朱子学）を衛り邪学（キリスト教・仏教など）を斥けることを主張して、西洋や日本に対し激しい抵抗を試みた儒者たちのことを「衛正斥邪派」という。

その代表的な朱子学者が大院君の鎖国攘夷政策を理論的に支えた李恒老《イハンノ》であった。「衛正斥邪派」の源流となっているのは、清による明の滅亡（丁卯・丙子胡乱）以降、もはや中華は存在せず、正統な継承者は小中華たる朝鮮であるという宋時烈《ソンショル》の思想であった［山内 二〇〇三］。「衛正斥邪派」にとって、暴力的な侵略を繰り返す西洋諸国は「夷狄」ですらなく、危険な禽獣として排除すべき存在であった。李恒老の門下生には、崔益鉉・柳麟錫《ユインソク》・柳重教《ユジュンギョ》・金平黙《キムピョンムク》などがおり、彼らはこの後も「衛正斥邪派」の流れをくむ伝統的知識人として抗日義兵闘争の中心的役割を担っていった。

他方、「開化派」の源流と評されるのが朴珪壽《パクキュス》である。いわゆる「実学」の巨匠朴趾源の孫である朴珪壽は、正学である儒教、中華の文明を普遍的なものと考え、西洋人が秀でたものはあくまで「器」の世界にとどまるとする「東道正器論」に立つ。朴珪壽は、一八六六年のシャーマン号事件（アメリカの武装商船ゼネラル・シャーマン号が大同江で朝鮮人の官民と衝突した事件）の際、平安監司としてシャーマン号の焼打ちを指揮するなどして大院君に評価されたが、その後、清を通じて外国の情勢や動向を知るとともに、自主的「開国」論へと転じ、日朝修好条規締結の際には、西洋と一体化している日本（倭）の書啓受け取りを拒否するべきでないという主張をして、「衛正斥邪派」からの批判を浴びることとなった。

ただし、朴珪壽の開国論は、決して日本を評価してのものではなかった。朴珪壽の立場は、強か弱かは道理の曲直にかかわるのであって、外交において礼があり道理が正しければ、弱であるようでも必ず強であるという儒教の道理を普遍とする論理に基づき、書啓の拒否が侵略の意図をもった日本や西洋にかえって口実を与えることになる［山内　二〇一三：七九］という、対外的危機意識の強さに立った開国論であった。

朴珪壽は「開化派」と呼ばれる多くの弟子を輩出する。師に近い「東道正器論」に立ち中国との伝統的宗属関係を基本に万国公法体制との両立を図ろうとした金允植《キムユンシク》（一八三五〜一九二二年、「穏健開化派」）、福沢諭吉と接近して甲申政変を主導した金玉均《キムオッキュン》（「急進開化派」）が代表的である。

他方、崔益鉉は、「衛正斥邪派」を代表する人物として、その後の民族運動に計り知れない影響を与えた巨人である。それは、日本批判という点において、一貫した姿勢を保持し続けたからであるが、その端緒となったのが江華島事件であった。朝鮮政府は、大院君時代の対日政策を清算して、国交回復に取り組む意思を示していたが、日本側が書契に相変わらず「大日本」「皇上」の文字を使用し、使節歓迎式では森山茂理事官が前例のない洋式大礼服を着用したことで交渉は難航した［北原　二〇一二：一二六〜一二九］。その後、江華島水道で日本の軍艦雲揚号が侵入して朝鮮側と砲火を交え、日本が威圧的な砲艦外交を展開するなかで、日朝修好条規が締結されようとしていた。

崔益鉉は一八七六年二月一七日、五〇名の同士とともに「持斧伏闕斥和議疏」(華西学会・勉菴学会共編『勉庵集《ミョンアム》』一巻、青陽郡、二〇〇六年、二五九〜二七六頁)、すなわち斧を所持して王城門の前で日本との講和を斥けることを訴える上疏をおこなった。受け入れられないときには首をはねよという決死の抗議であった。崔益鉉は高宗《コジョン》が日本に対し、彼らは倭であり洋ではない、彼らが言っているのは旧好の履修であると楽観的に考えていることに異議を唱えた。その根拠は「倭洋一体論」にあった。

崔益鉉にとって、かつて日本は交隣関係の隣国であったが、今の日本は「いたずらに(財)貨と色を知ってまた少しも人倫の理を判別することがなければ、これは真に禽獣であるのみ」(同上、二六五頁)で、人倫をもたない禽獣たる洋賊(西洋諸国)の前導者になって、倭と洋は一体であった。その論拠に、「今回来た倭人は洋服を着、洋砲を使い、洋船に乗っており、これはみな倭洋一体の明証」(同上、二七〇〜二七一頁)といった点をあげた。崔益鉉が高宗に求めた日本に対すべき覚悟は、上疏の文頭に、宣祖時代の儒学者で豊臣秀吉の朝鮮侵略に対して義兵を組織し壮絶な戦死を遂げた趙憲《チョホン》の事例をあげていることからもうかがい知ることができる。

崔益鉉は日本と国交を結ぶことの弊害を五つの点から述べている。旗田巍の整理を参考にまとめると、①日本の武力的威嚇に屈しての条約締結による和には永続性がない、②日本との貿易の危険で国土は荒廃する、③キリスト教の書や天主の像の流入によって、人倫道徳が破壊される、④日本人が朝鮮に往来することで、朝鮮人の財産や婦人を略奪される、⑤夷狄(清)は人であるからつきあえるが、禽獣(日本)とつきあうのは危険である[旗田 一九六九:二七五]、という五点である。

さらに、崔益鉉は日本に対し、「貴国が今から、もし幡然と痛改し、厳に洋賊を絶ち、好悪の正を神明に質することができれば、昔にのっとって前日の交好の隣国となり、ふたたび乱賊の党助とはならないだろう。しかる後に初めて貴国は我国に修好の説を講定することができる」(『勉庵集』一巻、二七三〜二七四頁)と高宗に宣言するよう訴えた。このような「倭洋一体論」に基づいた主張は、その後も、朝鮮との交隣の信義を裏切るような外交を日本が積み重ねるほど、より強くなされていくようになる。

2 日清戦争期の崔益鉉の日本観——公法・公理に基づく日本批判

一八七六年二月二六日に締結された日朝修好条規の第一款には「朝鮮国は自主の邦にして日本国と平等の権を保有せり」とある。この条項にこだわった日本の意図は、清国と朝鮮との宗属関係を否定し、日本の朝鮮進出を容易にしようとするものであった。

一八七六年から日清戦争までは、朝鮮にとって、「不平等条約締結と半植民地化の危機」[朴宗根 一九八二]の時代であった。琉球処分とフランスのベトナム侵略を背景に、清が朝鮮への宗主権を強化するようになり、他方で、朝鮮は米英独伊露仏といった国々と立て続けに不平等条約を締結することで、大国同士の「陰謀の大海に朝鮮を浮遊させる」国際環境のなかにおかれたのである[長田 二〇一三：二六]。

朝鮮の知識人は、こうしたなかで、近代国家としての自国のあり方を構想(内政・外交)する必要性に迫られた。その中心となったのは「開化派」官僚たちであった。その開化派が分裂する契機となったのは、壬午軍乱（一八八二年）の際に、「穏健開化派」の金允植と魚允中《オユンジュン》が清国の軍事介入を求めたことであった。一八八一年に領選使を務め、北洋派官僚との結びつきを強めていた金允植は、清との関係、すなわち伝統的な東アジア秩序を対外政策の基軸に、国家の独立における「信義」を重視し、「万国公法」を遵守すべき立場をとりながら、富国策の優先と強兵策の猶予、民力養成を提唱する「小国主義」的な「自強」国家を進めようとする立場であった［趙　一九八五、一九八九］。金允植にとって、日本は従来、朝鮮、中国から文物の影響を受けてきたにもかかわらず、突然に洋夷に転じたとして評価は高くなかった［吉野　二〇一三：一四二～一四三］。

それに対し、「急進開化派」の金玉均（一八五一～一八九四年）は、日本視察ののち、日本をモデルとして「アジアのフランス」をめざし、富国強兵の国民国家を志向した。そうした金玉均にとって、金允植らのおこないは、国権を清に売る行為であった。「急進開化派」はこの後、日本の援助をあてに甲申政変（一八八四年）を起こすに至ったが、政変は民衆の支持を得られず、清軍に鎮圧された。金玉均は日本に亡命するが、日本政府の冷たい仕打ちに合うなかで日本への不信感を強めた。金玉均は、朝鮮国王に向けた上疏文で、広く欧米諸国と「信義」によって親交しながら内政改革をおこなうことを訴え［長谷川　二〇一二：二三一～二三二］、李鴻章に送ろうとした書簡では、朝鮮の中立化を提議し、小国主義的発想を明示していた［趙　一九八五］。金玉均も亡命後、儒教的思考様式を基盤とした近代国家構想の精神を見せるようになったのである。

日清戦争は、日本軍による朝鮮王宮攻撃から開始され、「穏健開化派」を中心とする金弘集《キムホンジプ》政権が樹立された。政権は当初東学農民軍の提示した弊政改革案を軍国機務処が主導するかたちでおこない（身分制・科挙制の廃止／国家的賑恤強化など）、君主を頂点とする「国民国家」をめざしていた。

しかし、東学農民軍に対する日本軍の苛酷な虐殺、朝鮮のエジプト化を模索する井上馨公使の干渉下での甲午改革に対し、民衆のみならず地方官吏も新政に反感を募らせていった〔愼　二〇〇八〕。とりわけ、軍制・警察制度の改編に対する反発は強かった〔伊藤　二〇一〇〕。さらに、閔妃《ミンビ》虐殺事件が起こると金弘集政権は三浦梧楼公使の責任隠蔽工作に加担し、断髪令施行を強行した。その結果、朝鮮各地で日本の侵略と甲午改革に対する反対運動（初期義兵運動）が発生していった。

崔益鉉は、そのような危機のなかで再び政治の表舞台に登場した。崔はまず甲午改革に反対して一八九五年八月に「請討逆復衣制疏（逆賊を討ち衣制を復すことを請う疏）」という上疏を呈した。趣旨は、甲午改革とそれを遂行する官僚への批判であったが、そこには、一八七六年の持斧上疏の際とは異質な論理が登場していた。有事に乗じて朝鮮の内政に干渉した日本の行動の「違法背約」の罪を数えて諸同盟国（列強）に諭し、日本政府を国際的に包囲・孤立させてから、問罪の兵を起こせば、日本を敗北させることも可能であるという「万国公法」論を援用した日本問罪論が登場してくるのである〔糟谷　一九七九：二三六〕。

その後、初期義兵運動の際に、朝鮮政府は義兵を鎮めるために崔益鉉を「各府郡民人等宣諭大員」に任命した。しかし、崔益鉉はそれを辞退する目的で「宣諭大員命下後陳懐待罪疏（宣諭大員の命が下されたのち、懐を陳べ罪を待つ疏）」（一八九六年二月二五日）を呈した。この上疏は閔妃虐殺を引き起こし、断髪令を施行した「逆賊」を処断することを求めたうえで、以下のように日本の罪を問いただした。

臣の聞くところ、各国は通和し、いわゆる公法というものもあり、さらに条約というものもあります。臣は未だこの公法、この条約に、はたして隣国の逆賊を助けて、君主を脅かし、国母〔閔妃のこと〕を殺してよいという文字があるのかを知りません。このような理はないでしょう。もしそうでないのならば、そのような法や条約というものは、いかなる文字を用いるべきでありましょうか。すでに公法は樹立され、条約は設けられています。そうであるならば、倭の罪を数えて諸各国に伝え、問罪の師を起こし、憤嫉の大義を同じくするべきではないでしょうか。今はそうではなく、我が国はすでに倭を恐れてあえて口を開かず、各国もまたそれを当然のように見ています（『勉庵集』一、三〇一～三〇三頁）。

ここで崔益鉉は、普遍主義的な公理・公法をもとに日本の犯した罪を問いただして諸国に伝え、日本の罪を問う挙兵を起こすのが大義であると述べるとともに、そうであるにもかかわらず、朝鮮政府や欧米諸国（帝国主義列強）が日本を非難しないことに批判を加えている。崔益鉉の公法観には、西洋諸国の二重基準的な公法運用とは異なり（西洋は「未開」「半開」とみなした地域には国際法の基準を適用しようとしなかった）、「力」の強弱ではなく道理の曲直を前提とした普遍主義が貫かれていた。

朝鮮では、一八七〇年代後半以降、西欧の「万国公法」を受容するなかで、現実主義者の公法観と、儒学者の「道理、仁義、信、理」を基盤とする王道的な公法観がせめぎあいながらも、国際法の普遍主義的な側面を重視し、武力による威圧が蔓延する状況においてこそ、あえてその普遍性・規範性を追求する外交、国内法の整備が進行してきた〔康成銀　二〇〇五：一八三～一八五〕。こうした朝鮮知識人の公法・公理観から見れば、日本の「力」による諸条約の強要や朝鮮侵略・諸利権の侵奪は、弱肉強食の「力」を受容していく現実主義的な開化派系譜の知識人を除き、許されるものではなかったはずである。

しかし、日清戦争における日本の内政干渉や閔妃殺害に対し、「開化派」のなかで万国公法を援用して日本の「力」による横暴と違法性を堂々と問罪する者はほとんどいなかった。「穏健開化派」が保持してきた公法観とは裏腹に、彼らの多くはむしろ、朝鮮を半植民地化の危機に導きかねない「逆賊」(「親日派」)としての行為を働く結果に陥ったのである。

また、初期義兵将の代表的存在である柳麟錫の檄文「檄告八道列邑」「檄告内外百官」(『昭義新編』)を見ると、従来のような「倭洋一体論」に基づく日本批判はあっても、公理・公法に基づいて日本を批判する論理は見られない。すなわち、崔益鉉の日本批判論は、衛正斥邪派のなかでも当時は先駆的であり、公理・公法に基づき日本の侵略・加害行為の責任を追及した近代朝鮮知識人の原初であると言えるのではないだろうか。

3　抗日蜂起における日本問罪論

大韓帝国が成立した一八九七年から日露戦争の前までの時期は、主体的な独立と「一君万民」型の専制国家の地盤固めが可能であった時代のように見えるが、他方でロシアへの依存と、米英仏への鉄道・金鉱採掘権付与、日本による京釜鉄道敷設契約・京義線建設への借款や日本人地主による土地集積、日露による三八度線の用兵地域の設定など、半植民地化の危機がさらに進行した時代でもある。大韓帝国は列強間の勢力均衡を図らなければ朝鮮中立化構想を実現することが難しい苛酷な国際環境におかれたのである。「穏健開化派」の外交策は、両載体制の均衡のうえに小国朝鮮の生きる道を模索することであった。日清戦争によって伝統的国際秩序が破壊されると、こうした「小国主義」の基盤も成り立たなくなる。そうした状況のなかで、高宗の側近であった李容翊は、帝国主義列強の勢力均衡の狭間で中立化を模索し、日本の侵略を牽制して国家の独立保持に苦心した［三ツ井　二〇一三］。

しかし、日露戦争以降、日本による朝鮮植民地化が進行すると、独立保持外交も成立しなくなり、国権回復をめざす愛国啓蒙運動と義兵闘争（戦争）が展開されるようになった。愛国啓蒙運動は、都市部の開化派系譜の元官僚・知識人や大地主などを基盤として起こった、教育振興や殖産興業をスローガンに国権回復のための実力を養成しようとした運動である。運動団体は、のちに「韓国併合」の際、解散の憂き目にあうが、この運動は「先実力養成・後独立論」という妥協的運動であったため、日本帝国主義批判の論理を構築しきれなかったという限界があった［金度亨　一九九四、朴賛勝　一九九四］。

その原因の一端は彼らの日本観のなかにもあった。乙巳保護条約締結直後、『皇城新聞』に「是日也放声大哭」（一九〇五年一一月二〇日）という名文を書いた張志淵も、一九〇六年四月に結成された啓蒙団体である大韓自強会の顧問大垣丈夫を正義の人物として感謝するなど、儒教的思惟と西洋思想のはざまで煩悶しながらも、日本帝国主義の批判には限定的な役割しか果たせなかった［井上　二〇一三］。さらに、日本で一八八〇年代以降興隆しだしたアジア主義（日本を盟主ととらえる小国連合観。当時の朝鮮では「東洋主義」

と呼ばれた）を受け入れ、日本の庇護のもとで朝鮮の独立維持・領土保全をなしうることを期待した者もいた。

たとえば、大韓自強会の会長である尹致昊《ユンチホ》は、日清戦争当時から、「野蛮」な清国よりは「近代的」な日本の支配を選ぶべきと主張し、日露戦争時には、「白人国家」ロシアよりは「黄色人国家」日本による支配を良しとするなど〔張寅性　二〇〇二：一三三〕、日本の指導・「良心」のもとでの朝鮮の実力養成を提唱していた〔趙　一九八九〕。大韓協会の会長尹孝定《ユンヒョジョン》は、保護国論からのちに合邦論に傾き、親日団体である一進会と、大韓協会・西北学会によるいわゆる三派連合を組もうとするに至った。彼らは、この後、植民地下においても一部は「親日派」知識人への道を歩むようになる〔趙　二〇〇七：七二〜七六〕。

こうした開化派人士の動きとは対照的に、崔益鉉は抗日蜂起への道を進んだ。乙巳保護条約の締結後、当時、七二歳であった崔益鉉は次々と国権回復のための上疏を呈した。その最初が、一九〇五年一一月二九日に呈した上疏「請討五賊疏」（『勉庵集』一巻、四三三〜四三八頁）である。すでに日露戦争時から、「隣敵猶併呑の術を行い」（「四疏」同上、四二九頁）、日本の韓国「併呑」の詐術を看破していた崔益鉉は、この上疏でも、「盟を破り約を壊すことを長技とし、同文の大義を念わず、各国の公論を顧みず、専ら他国を侵略せんと欲し恣行憚《はばか》るところがない」（同上、四三五頁）、「かの馬関〔下関〕条約・日俄〔露〕宣戦書以来、我が国の独立及領土を保全すると云うこと幾次、それは我国の利益を占奪することであり、韓日両国の交誼いよいよ密であると常に称することもまた幾次、その欺詐・侮弄は測りがたいものである」（同上、四三六頁）と、日本の詐欺的手法を厳しく批判した。さらに、「契約の書、幸にも陛下の準許・参政の認可が出ていなければ、彼〔日本〕の持つ所のものは諸賊勒調の虚約に過ぎない」（同上、四三六頁）と、無効の条約を破棄し、急ぎ各国の公使館に照会して、日本が力でそれを強要した罪を万国の公論に訴えるべきと明確に主張した。

この後、崔益鉉はついに自ら義兵蜂起を決意するに至り、その際に、日本政府に宛てた「日本政府に寄せる書」（『勉庵集』三巻、四一七〜四三〇頁）を発表した。

この檄文が注目されてきたのは、「天下の大勢はすでに古とは異なり、東漸の四勢は独りでおさえることはできない。必ず韓清日三国は互いに輔車唇歯〔互いに助け合うこと〕となり、東洋大局を全うすることが必要なのは、智者を待たずして知るべきことである」（『勉庵集』三巻、四一八頁）とあるように、欧米列強に対抗するため東アジア三国連帯を説いた部分である。確かに従来とは異なる論理であり、崔益鉉は中国古典（春秋戦国時代）の小国連合を想起しながら東洋併存論を説いた。

ただし、これは日本が儒教文明圏に回帰することを期待したものではない。崔益鉉は「忠国愛人は性にして、守信明義は道である。人にして此の性が無ければすなわち人は必ず死に、国に此の道が無ければすなわち国は必ず亡ぶ。〔中略〕開化競争の列国と雖《いえど》も此れを捨てれば恐らく亦世界のあいだに自立することはできない」（『勉庵集』三巻、四一八頁）と言うように、弱肉強食の「力」の時代においても、道義の国家に対する優位性を主張し、特に日本には十六の罪＝「棄信背義十六罪」があると批判した。

その内容について、旗田巍の要約を引用すると、①一八八四年竹添進一郎はわが皇上〔高宗〕を強制して移し、宰相を殺した、②一八九四年大島圭介は宮闕を焼き、財物を奪い、典章をこわした、③三浦悟楼は母后（閔妃）を殺した、④林権助・長谷川好道は鉄道を敷き、各種利権を奪った、⑤軍事上と称して土地を取り、人民を虐げた、⑥日露戦争後も鉄道・土地を占領、軍律を施行している、⑦韓日議定書をつくり、我が国権を衰えさせた、⑧国王へ疏陳する愛国の士をとらえ殺し、忠言をおさえた、⑨東学土匪の末流を一進会と名づけ手先として利用し、儒者の団体を弾圧した、⑩役夫を徴集して虐使し、愚民を集めてメキシコに売った、⑪電信・電話の通信機関を奪った、⑫各部の顧問官をいれ、財政を支配、軍人・警官を削減した、⑬借款を強制し、貨幣制度を改悪し、我が財富を取り上げた、⑭伊藤博文・林権助・長谷川好道等は兵を率いて宮中に入り、政府を脅迫して条約を調印、我が外交を奪い、統監をおき、我が国の独立・自主の権を喪失させた、⑮はじめは外交の監督と言いながら、ついに一国の政事を支配した、⑯移民条令をつくり人種をかえる悪計をおこなった、というものであった〔旗田　一九六九：二九〇〜二九二〕。

崔益鉉は、さらに日本に対し、「十六罪を悔い改め、統監を罷免し顧問および司令官を召還し、さらに忠信の人を公使として派遣して各国に謝罪して、我独立自主の権を侵害してはならない」（『勉庵集』三巻、四三〇頁）と主張した。これは日本による朝鮮侵略の諸犯罪を問いただした問罪論、すなわち植民地支配責任論の原型であり〔愼　二〇一五〕、日本の「悔い改め」を前提とした、信義による「東洋全局の平和・交誼」の再生構想であった〔愼　二〇一三〕。

崔益鉉は蜂起ののち、一二名とともに逮捕され対馬に幽閉され監禁三年の刑が下された。崔益鉉は対馬で絶食し、遺疏を高宗に進呈するよう林炳瓚《イムビョンチャン》に伝えた。「遺疏」は、「惜しむらくは、ただ、逆賊を討つことができず、寇讎《こうしゅう》〔日本〕を滅ぼせず、国権は未だ復せず、疆土が未だに還らないことのみです。〔中略〕

臣がひそかに思料するところ、倭賊は必亡の形勢にあり、遠くても四、五年に過ぎません。ただ我らがこれに応じることを恐れるのみです」（『勉庵集』一、四五〇頁）と日本の滅亡を予測し、以下のように高宗に訴えた。

〔陛下は〕忍ぶべきでないことを忍ばず、恃むべきでないことを恃まず、虚威に怯え過ぎることなく、諛説《ゆせつ》〔へつらいのことば〕を甘聴しないことです。ますます自主の謀を固めて依頼の心を永断し、ますます臥薪嘗胆の志を堅くして尽《ことごと》く自ら修める方途をよくし、英俊を招納し、軍民を撫養して、四方の便りをうかがい本国において物事を取り行われれば、その結果、これ民は固《もと》より皆君を尊び国を愛する心を有し、また皆先王五百年の威徳にあまねく浴し、よくこの恩恵を受けることができるでしょう（『勉庵集』一巻、四五〇〜四五二頁）。

崔益鉉の「遺疏」にはもはや東洋三国併存論はなく、皇帝に徹底した自主の道、英俊の採用、軍民の撫養を説いたのである。一九〇七年一月、崔益鉉は七四歳で対馬の地に没した。

まとめ

梶村秀樹は闘争すべき対象としての日本像を最も早く鮮明にしたのは崔益鉉であり、その東アジア的観点は、安重根《アンジュングン》や三・一独立宣言書の「東洋平和論」に継承されたと指摘した〔梶村　一九九三〕。

しかし、崔益鉉の日本観がもつ意味はそれにとどまらない。これまで「衛正斥邪派」については、欧米近代に適応できない「守旧派」という観点に立った近視眼的な評価が多かった。しかし、こうした見方は、当時の弱肉強食の時代状況を当然とした歴史評価であって、植民地主義に対する批判的思考が欠如しており、崔益鉉の思想や行動が日本・朝鮮や東アジア、世界に問いかけるものは何かを長期的視野のもとで受けとめる思考も欠いている。

崔益鉉の日本観が問いかけるものは、公理・公法に基づいた日本の植民地支配責任への厳格な提起が、早くて日清戦争ののち、本格的には日露戦争から乙巳保護条約締結以降、「衛正斥邪派」の系譜から、侵略者の日本と公法をゆるがせにしている強権の世界に向かってなされたということである。朴殷植の冒頭の日本観に見られるような、日本の朝鮮支配不法論の論理と、「親日派」への批判は、崔益鉉以降、民族運動の指導者のあいだで確実に継承されていっているように見える。

「戦後七〇年」の現在、いまだ日本と朝鮮のあいだで植民地支配責任の確立に基づいた新たな関係の構築はなされておらず、「親日派」の系譜に立つ現代韓国政治の問題も残存し、植民地期の朝鮮人が望んだ民族解放も未完である。つまり、崔益鉉の死から一一〇年たった現在も、崔益鉉の問いはなお解きあかすべき課題であるということを私たちにつきつけるのである。

文献一覧

〈日本語文献〉

伊藤俊介「甲午改革期地方警察制度の実施と各地での抵抗」久留島浩・趙景達編『国民国家の比較史』有志舎、二〇一〇

年
井上厚史「愛国啓蒙運動と張志淵」趙景達ほか編『講座　東アジアの知識人2　近代国家の形成』有志舎、二〇一三年
梶村秀樹『梶村秀樹著作集二　朝鮮史の方法』明石書店、一九九三年
北原スマ子「江華条約の締結」趙景達編『近代日朝関係史』有志舎、二〇一二年
琴秉洞『朝鮮人の日本観――歴史認識の共有は可能か』総和社、二〇〇二年
康成銀『一九〇五年韓国保護条約と植民地支配責任――歴史学と国際法学との対話』創史社、二〇〇五年
愼蒼宇「近代朝鮮における国民国家構想と民衆運動」久留島浩・趙景達編『アジアの国民国家構想――近代への投企と葛藤』青木書店、二〇〇八年
愼蒼宇「崔益鉉――東洋の平和と自主独立を目指した抗日知識人」趙景達ほか編『講座　東アジアの知識人1　文明と伝統社会』有志舎、二〇一三年
愼蒼宇「朝鮮から見た日本の戦争観・植民地認識の問題」『人権と生活』四一号、二〇一五年一二月
張寅性（秋月望訳）「近代朝鮮の日本観の構造と性格――自己・他者・状況の関数的表象としての日本観」宮嶋博史・金容徳編著『日韓共同研究叢書2（近代交流史と相互認識1）』慶応義塾大学出版会、二〇〇一年
趙景達「朝鮮における大国主義と小国主義の相克――初期開化派の思想」『朝鮮史研究会論文集』二二集、一九八五年
趙景達「朝鮮近代のナショナリズムと東アジア――初期開化派の『万国公法』観を中心に」『中国――社会と文化』四、一九八九年
趙景達『朝鮮民衆運動の展開』岩波書店、二〇〇二年
趙景達「日本／朝鮮におけるアジア主義の葛藤」『情況』二〇〇七年三・四月号
中嶋久人「甲申政変と日本」趙景達編『近代日朝関係史』有志舎、二〇一二年
長田彰文『世界史の中の近代日韓関係』慶應義塾大学出版会、二〇一三年
朴宗根『日清戦争と朝鮮』青木書店、一九八二年

長谷川直子「朝鮮中立化構想と日本」趙景達編『近代日朝関係史』有志舎、二〇一二年
旗田巍『日本人の朝鮮観』勁草書房、一九六九年
深谷克己『東アジア法文明圏の中の日本史』岩波書店、二〇一二年
三ツ井崇「李容翊――時代の矛盾を体現した政治家」趙景達ほか編『講座　東アジアの知識人2』有志舎、二〇一三年
村田雄二郎「総論　文明と伝統社会」趙景達ほか編『講座　東アジアの知識人1』有志舎、二〇一三年
山内弘一『朝鮮から見た華夷思想』山川出版社、二〇〇三年
山内弘一「朴珪壽――『実学』から『開化』へ」趙景達ほか編『講座　東アジアの知識人1』有志舎、二〇一三年
吉野誠「金允植と金玉均」趙景達ほか編『講座　東アジアの知識人1』有志舎、二〇一三年
〈韓国語文献〉
鄭玉子編『本当に知らなければならないわれわれのソンビ』현암사、ソウル、二〇〇二年
金度亨『大韓帝国期の政治思想研究』知識産業社、ソウル、一九九四年
朴賛勝『韓国近代政治思想研究』一潮閣、ソウル、一九九四年

第4章　朝鮮民族運動家の日本観

——一九一〇～二〇年代を中心に

加藤　圭木

本章の課題は、一九一〇～二〇年代の民族運動家を取り上げて、その日本観を検討することである。本章で対象とするのは、日本の植民地支配に屈することなく、民族運動を展開し続けた人びとである。まず、第1節では、植民地化に抵抗して義兵運動を展開した柳麟錫《ユインソク》を取り上げる。伝統的な朱子学の世界観のもとで生きていた民族運動家が「韓国併合」という現実を前にして、支配者たる日本に対してどのような認識をもったのかを考えてみたい。これに対して第2・3節では、近代文明を受容したうえで、日本批判を展開した人物として、呂運亨《ヨウニョン》と申采浩《シンチェホ》を取り上げる。朝鮮知識人のなかには、日本をアジアの近代化の先駆者として肯定的にとらえる者もいたが、呂と申はこうした認識とは異なり、ラディカルな日本帝国主義批判を打ち出した人物であった。なお、呂と申は日本社会・民衆に対して若干ではあるが異なる認識をもっていたので、この点についても考えてみたい。

本章で考察するのは、朝鮮民族運動家による徹底した日本批判である。今日まで日本社会ではこうした日本観が十分に検討されてきたとは言い難い。これらと正面から向き合うことで、日本の朝鮮侵略や植民地支配の問題を考えるきっかけとしたい。なお、本章では主として漢文や朝鮮語史料を利用する。引用に際しては筆者が日本語訳した。史料の引用にあたっては、適宜新字体に改め、句読点を補った。

1　植民地化後の衛正斥邪派・柳麟錫の日本観

柳麟錫（一八四二～一九一五年）は、朝鮮王朝末期から植民地期を生きた衛正斥邪《えいせいせきじゃ》派（「正学」としての朱子学を衛りそれ以外の「邪教」を斥けるという思想を基盤として、欧米諸国を「夷狄《いてき》」として全面的に排斥し、朱子学に支えられた旧来の体制を維持しようとした勢力）を代表する人物の一人であり、義兵将である。一八七六年に江華島条約（日朝修好条規）が結ばれると、柳は儒生たちによるこれへの反対運動に加わった。さらに、柳らは、日本公使・守備隊らによる閔妃《ミンビ》殺害事件、そして開化派政権（開化派とは近代的改革をめざした勢力のこと）による断髪令が出されると、これに反対して義兵運動を起こした。このとき柳が出した檄文を見ると、断髪令などの開化政策や閔妃殺害事件は、朝鮮を禽獣の域（鳥やけだものの世界）である「小日本」へと化するものであると主張していた［糟谷　一九七七］。柳にとって、日本とは朝鮮の儒教的な伝統を破壊するものであり、禽獣にほかならなかったのである。さらに、柳ら義兵は、日本による朝鮮侵略が深化するなかでも闘争を続けたが、日本の過酷な義兵弾圧によって朝鮮国内での活動が難しくなると、柳らの義兵部隊は活動拠点を国外(沿海州、のち中国)へと移した。そうしたなかで「韓国併合」が断行された(柳の思想については、金度亨[一九七九]など参照)。本節では、「併合」という現実を前にして、柳がいかなる日本観をもったのかを検討したい。使用史料は、柳の「宇宙問答」(『毅菴集』京仁文化社、一九七三年、原文は漢文)であり、本節の引用はすべて同史料からである。同史料の成立は、亡命中の一九一三年二月(陰暦)であるが、一四年に中国・天津で八〇〇部ほど印刷・発刊され、その後も中国で刊行が続けられたという。国外で民族運動を継続する人びとに影響を与えたと考えられる。「宇宙問答」の内容は、中国で辛亥革命が起こり、共和制が施行されたことに反対し、その論理を朱子学的な宇宙運営の原理から説明したものである[柳漢喆 一九七九]。日本観はそれに付随して論じられている。

まず、柳は、朝鮮が日本に植民地化された理由について「西法によるのである。〔中略〕日本が国を奪ったのは西法によってである。朝鮮が国を失ったのは、西法によってである」としたうえで、「天下において、酷く西法の禍を被ったのは朝鮮である」と述べている。「西法」とは、「西洋のやり方」「西洋の文明」「西洋的近代化」といった意味であろう。日本が朝鮮の国を奪ったのも、朝鮮が国を失ったのも「西法」によるというのである。そして、柳は次のように日本を批判する。

日本が国を奪うのは、西法によって始まりこれに終わる。〔日本は〕先に〔西法に〕慕悦する者の心を得て開化をおこない、開化をおこなうと独立させると言い、独立すると保護すると言い、保護すると合邦をすると言った。はじめから利となるとしてこれを誘って、ついには威力をもって強制したと思われる。外には西法の名をかりて、内にはきわまりのない欲を行使したのである。我〔朝鮮〕の経験した禍は、世界においてはなかったことである。

日本は「西法」にあこがれる者、すなわち開化派の信頼を得て、外見的には「西法」をおこなうと装うことで、ついには「朝鮮を合邦」したというのである。「開化」・「独立」と聞こえのいい言葉を並べ立て、結局は「保護国化」と「韓国併合」を断行した日本の姿が批判的にとらえられている。なお、この文章からは開化派への批判も読み取れるが、柳はこの史料の別の箇所でも開化派を非難している。今や「併合」がなされ、開化派の誤りが白日のもとにさらされたというのが、柳の意識だったと言えよう。以上のように、柳は「西法」こそが朝鮮植民地化の元凶であると見ていたのである。

それでは、「西法」と日本の関係について、柳はどう考えていたのだろうか。柳は「日本は西法を用いて強くなった」、つまり、西洋化・近代化を進めることで「強く」なったと主張する。この点に関して、柳は次のようにも述べている。

日本は自国の国たること、自心の心たるを守り、他の長ずる所を取り、利用し、ゆえに強さを得たのである〔中略〕。それ〔日本〕は中国の文のもつ道理を究明することはできなかったが、〔中略〕今なおこれを力《つと》めて使っており、兵卒に至るまでも字を知らないものは少ない。これは〔日本は他の長ずるところの〕利用ゆえにその強さを得たのである。これはすなわち中国・朝鮮の及ばないところである。

このように、柳は日本の「強さ」や、それを可能とした他の文明の「利用」の姿勢について、認めている。だが、ここで重要なのは、柳が次のように日本の「西法」受容の浅はかさ、そして日本の行く末を見ていたことである。

しかし、西〔法〕を用いることで、どうしてついに利を得ることができようか。強さを得たとはいえ、どうしてついに頼りにすることができようか。財は底をつき、民は困り、人心は乖激し、貴族と民族〔民衆〕は互いに拮抗する。政府・民党は、互いに対立するようになる。すでに本法〔従来のあり方〕を変更して立憲とした。また立憲を共和と変えることになるだろう。そして、共和となれば、すなわち数千年一姓なる君主は去ることになり、数十代繁栄した族は滅びるだろう。民が主となって、頭〔君主〕がなくなってしまえば、どうして振るうことができようか。その必ず利とならないことは、このようである。強さを得て驕り、驕る者は必ず敗れる。列強の憎しみを増し、必らずや数度の伐を受けるだろう。隣〔国〕に恨みを抱かせ、争いが生じ、助けを受けられなくなるだろう。

「西法」を受容しても、いずれ行き詰まるという柳は、さらに次のように述べる。

日本は、知が不足し、欲だけは急であるため、このようになったのである。計略を誤ってまた誤る。どうして彼〔日本〕は幸せを得ようか。〔中略〕今の日本の不法は、むしろ〔かつて楚を滅ぼした〕秦を過ぎている。朝鮮のうらみは、〔秦に滅ぼされた〕楚よりもさらに深い。〔中略〕日本は一海島に位置し、外は強盛のようであるが、内はきわめて虚弱である。多くの強国にあまねく逆らっているので、国〔日本〕は必ず数度にわたって戦伐されるだろう。〔中略〕朝鮮は一心にうらみを蓄えている。何日何時であれ、これをおこなう〔うらみをはらす〕機会をねらっている。〔中略〕そのときになれば、日本は滅ばないだろうか〔いや、亡びる〕。

日本の行為は、不法にほかならず、それを朝鮮は心の底からうらんでいる。日本は外見こそ強そうであるが、内側はきわめて弱く、このままでは自ら滅びゆくというのである。

一方、柳は本来であれば日本と朝鮮は協力しあえる関係であることを主張したり、日本が朝鮮に謝罪すればよい関係を築き直すことも不可能ではないと主張していた。次の二つの文章を見てみよう。

三国〔中国・朝鮮・日本〕は互いに愛し、互いに憂い、互いに勧め、互いに助け、一つにならなければならない。そのようにはできず自ら破り滅ぼし、素よりきわめて孤独で危機のなかにあったのに、さらに自ら孤独と危機を速めていることは、惜しいことである。〔中略〕日本が近日東洋のやや強者となり、信義が少なく悍暴《かんぼう》〔荒々しく凶暴なさま〕が多く急利を貪り遠慮を忘れ、極めて不当なことをし、東洋の禍根を生み出していることは、惜しいことである。

朝鮮は日本にこの世に生かしておけないほどのうらみがあるといっても、その謝罪を得れば、また時勢を顧みて、これ〔日本〕とよい関係を結んで互いに責勉する。

こうした呼びかけにもかかわらず、日本はその後も方向を転換せず、柳の主張は裏切られ続けていったのである。

2　三・一独立運動前後の呂運亨の日本観

一九一〇年を前後する時期において、朝鮮の民族運動は、妥協的潮流と非妥協的潮流の二つに分化し始めた。非妥協的潮流は完全な独立に向けて闘争を展開した。柳らの国外での闘争もそれに属する。一方、妥協的潮流は、近代文明を至上と認識する立場から、アジアでいち早く近代化を推進する日本への批判が鈍っていた。それどころか、日本に「アジアの盟主」の役割を期待する者まで現れた。そして、この妥協的潮流は、朝鮮が近代化の面で後れをとっているとしたうえで、民族の実力の養成がまず先決で、独立はその後に達成するという方針をとることになった。事実上の独立運動からの撤退である［康　一九八九］。第2・3節では、こうした妥協的な立場とは異なり、日本に屈することなく抵抗を続けた民族運動家として、呂運亨と申采浩の二人の日本観を検討したい。対象とするのは、こうした思想が確立される一九一九年の三・一独立運動前後の時期である。衛正斥邪派はそもそも最初から西洋文明を認めない立場であったが、この二人の場合は、西洋文明をいったんは受けとめたうえで、日本批判の論理を展開していった。

本節では呂運亨（一八八六〜一九四七年）の日本観を検討する。呂は、キリスト教の伝道師であり啓蒙運動家であったが、「韓国併合」後に上海を拠点に独立運動を展開した。第一次世界大戦後には新韓青年党（上海で組織された青年独立団体）を組織し、三・一独立運動後に上海に成立した大韓民国臨時政府の外務次長となった。その後も、上海で民族運動を展開するとともに、一九二二年にモスクワで開かれた極東民族大会に議長団として出席した。二九年には日本の官憲に治安維持法等違反の容疑で逮捕されたが、三二年釈放された。その後、国内で独立運動を継続し、四四年には朝鮮建国同盟を組織した。そして、解放直後には建国準備委員会を組織した（呂の生涯については姜［二〇〇二、二〇〇五］）。

最初に検討したいのは、一九一八年一一月に新韓青年党がアメリカ大統領ウィルソンに対して送った独立請願書の一節である。同年一月にウィルソンが民族自決の原則を発表したことを受けての行動である。

この請願書は「新韓青年党代表呂運亨」の名で発されており、呂の認識が反映されていると見てよいだろう(関連論文として金喜坤〔一九八六〕)。

日本ハ二千五百年ノ歴史ヲ有シ、宗教・道徳・算術・工芸等ノ諸文明ハ朝鮮ヨリ輸入シタルコトハ日本自身モ認定スル所ニシテ、日本ハ元文人カ政権ヲ執リシタルモ、漸次武人ニ遷リ、所謂武断政治ハ一千余年ニ亘レリ。其ノ後五十年ノ間、明治維新ニ至ル迄軍閥専横ノ下ニ生活シタル日本国民性ハ如何ナルモノナルヤ。専制主義・軍閥主義・官僚主義ニ慣習サレ、現代ノ自由主義・人道主義・平和主義ノ如キ高尚ナル思想ハ彼等ノ頭脳ニ容ルルノ余地ナク、尚且国際連盟ノ如キ神聖ナル機関ヲ理解スルヲ得ンヤ。日本ハ立憲政治ナルニ拘ハラス、皇帝ヲ確信シテ疑ハス。彼等ハ世界ニ最発達シタル文明国民ヲ以テ自任スルモ、露日戦前ニハ日本ノ実情ヲ世界ハ知ラサリシナリ。日本人ハ只花ト美トヲ崇拝スル以外ニ亜細亜ノスパルタ人ニシテ、即チ好戦国民ナリ。彼等ノ目的ハ那邊ニ在ルヤト云ヘハ、亜細亜ノ覇主ト自称シテ唯支那本都ニ日章旗ヲ高ク掲揚セントスルニアリ(JACAR(アジア歴史資料センター)Ref.C06031146900、「独立請願書提出ニ関スル件」陸軍省『朝鮮騒擾事件関係書類』防衛省防衛研究所)。

世界的潮流としての自由主義・人道主義・平和主義を評価したうえで、それらを日本は到底理解できないとしている。そして、今日の日本のあり方を規定したのが、長く武人による政権が続いたこと、近代の「軍閥専横」であるとしている点は、興味深い。さらに、日本が自らを「最発達シタル文明国民」だと自任していることについても、実態はそれとかけ離れていると述べている点は重要である。

これに関連して、少々後の時期になるが、一九二九年に逮捕された際の尋問における呂の発言に注目したい。この時期の呂は共産主義とも接近していたのであるが、呂は日本の「赤化」の方法について問われて、次のように答えている。

私ノ考ヘトシテハ先ツ日本軍隊ノ赤化ヲ計ルコトカ、第一ニ必要タト思エマス。何故ト云フニ、日本軍隊ハ国家ニ対シ余リ忠実ニシテ、命令一下ニ何事テモ勇敢ニ為シ遂クルト云フ強烈ナル観念ヲ有シ居レバ、軍隊内ノ赤化ヲ計ルニ非サレバ日本ノ赤化ハ望ミナシ。故ニ軍隊内ニ主義ノ宣伝ヲ為シ、之レヨリ烽火ヲ挙ケル事ガ最良ノ策テアルガ、其実行ハ容易ノ業ニ非ラサルヲ以テ、先ツ農村ニ喰ヒ入リ農村青少年ヲ階級意識的ニ訓練シ、之等青少年カ軍隊ニ漸次入営スルノ時期ニ非ラサレバ、軍隊内ノ赤化ハ不可能ニシテ、日本ノ赤化モ又此ノ時期ニ到達スル迄ハ不可能ナリト思惟スルモ他ニ良策ナシ(「呂運亨調書I」金俊燁ほか『韓国共産主義運動史〈資料編I〉』一九七九年)。

呂は、日本社会が共産主義化するには国家に忠実な軍隊が変わるしかなく、軍隊を変えるには、階級意識を教育された次代の農村青少年の入隊を待つしかない、とその変革がきわめて困難なことを指摘する。

呂は、こうした日本批判を直接に日本社会に投げかけていったという点で希有な存在であった。三・一独立運動後、日本政府は朝鮮人のなかで影響力のある者を懐柔しようとし、そのターゲットとして当時大韓民国臨時政府の外務次長であった呂を選んだ。一九一九年一二月、呂を東京へと招待し、古賀廉造拓殖局長官や田中義一陸軍大臣など政府要人と会談を設定した。だが、呂はこの機会を利用して、朝鮮独立を訴える活動を展開し、その発言が新聞などでセンセーショナルに取り上げられたため、日本政府の面目は丸つぶれとなった。ここでは古賀との会談時の呂の発言を見てみよう。

歴史上から見れば、日本は朝鮮に対し、文化の債務者である。日本は文学、美術、工芸その他種々の文明は、みな朝鮮から学び得たものではないか。ところが、日本は時として、兵役で回謝〔お礼〕した。また日本は、日清・日露の両役を、朝鮮独立のためであると称し、さらに朝鮮独立を保障することを世界に声明した。しかし、その結果は、詐欺で朝鮮を合併したではないか。私たち二千万人が耐えきれぬほど痛い怨恨をいだいたことはもちろん、世界各国もまた、みな日本の信義が無いことを唾罵《だば》し猜忌《さいき》した（『独立新聞』一九二〇年一月一日付、原文朝鮮語）。

ここに示された、呂の日本観は明確である。日本は朝鮮の恩を仇で返したのであり、日本には信義がなく、朝鮮のみならず世界各国も日本をうらみ罵《ののし》っているというのである。

3　三・一独立運動前後の申采浩の日本観

申采浩（一八八〇〜一九三六年）は、朝鮮王朝の最高学府であった成均館で学んだのち、一九〇五年の「保護国化」後に高揚した愛国啓蒙運動に参加し、『大韓毎日申報』の主筆となった。また、数多くの歴史書を執筆したことでも知られる。愛国啓蒙運動とは、言論・出版、教育と実業の振興などをとおして、国権の回復と民族意識の高揚をめざした運動であり、西洋近代文明の受容・普及を重視する路線に立っていた。愛国啓蒙運動に参加した時代から三・一独立運動までにかけての申の思想は、国権の強化を訴えるものであった。申から見たとき、西洋を中心とする近代文明というのは、軍事力がものを言う弱肉強食の世界であった。そして、申は近代文明を否定するのではなく、そうした世界で独立を確保していくために、むしろ国権の強化を肯定し、自らも「強権」となることが必要だと考えていたのである。強烈な国家主義である。そうであるがゆえに、申は、日本に対する徹底的な批判の論理を必ずしも獲得しえなかった。申にとって日本は、「強権」そのものだったからである。しかし、このような認識は、三・一独立運動を前後する時期から変化しはじめる。申は当初大韓民国臨時政府に参加したが、路線対立により離脱し、その後、無政府主義に接近するなかで、抵抗主体・革命主体としての民衆を発見し、国家主義を相対化していくのである（以上は趙［一九九六］を参考とした）。本節では、この三・一独立運動を前後する時期の申の思想に注目し、必ずしも徹底した日本批判の論理を獲得していなかった申が、いかに日本への批判的認識を打ち立てていくのかに迫ってみたい。なお、申は前述の呂の日本訪問を「妥協主義」と糾弾していた［姜 二〇〇二］。呂とは異なる民族運動の道を模索していたのである。

まず、この時期の申の文明観を確認したい。申は一九二一年一月の「日本の罪悪有りて功徳なきを論ず」（『改訂版丹齋申采浩全集』別巻、一九七七年、原文は漢文）で、次のように述べる。「人類の人類たるゆえんは、その破壊ができることにあるのではなく、その創造ができることにある。創造ゆえに文明が有り、創造ゆえに進歩がある」。だが、「日本にこれまでに文明と呼べるだけのものがあっただろうか？」と申は問いかける。「文明とは、そのよく創造をすることを言う。そのよく自由であることを言う。そのよく諸人類に貢献することを言う。そして、澤流〔恩恵〕が無限であることを言う」。そして、「日本によく文明があるというのは、直ちに偽の言葉である」と結論づける。さらに、申は「野蛮性というものは、文明の民族とは異なっており、その到るところ必ずその文明を破壊する。日本もまたその一つである」と指摘する。

ここで確認したいのは、申が「文明」という言葉に、普遍的な価値（たとえば、「創造」「進歩」）を見出していることである。この申の「文明」観は、弱肉強食で軍事力がものを言う西洋中心の近代文明とは異なる。むしろ、そうした西洋文明を否定する論理として「文明」という概念は設定されているのである。つまり、申は「強権」を求めていた以前の思想を克服し、新たな地平から日本に対する批判を展開しているのである［趙　一九九六］。「日本の罪悪有りて功徳なきを論ず」は次のようにも論じている。

太陽を崇拝し、旗標の模様に用いるのは、大昔の野蛮の習わしである。しかし、彼〔日本人〕はいまだにこれを国旗としている。〔中略〕彼はこれ〔神道〕を国教とし、いまだにあらためていない。一系の君を尊敬して奉っているのは、二千年に至っている。〔中略〕その国民の奴隷根性は、恥ずべきである。しかし、彼はなお、得意のさまで、「万世〔一〕系は世界列国で未だに存在しないものである」と言っている。豊臣秀吉は、隣邦に攻め入って財貨などを奪い取り、麻を掃くかのように殺人し、人道と言うべきものはなかった。〔中略〕この国民性は、排外と破壊に偏っており、創作や改革が不能であることは明確である。

重要なのは、日本人が「得意のさま」で万世一系の天皇制を自慢している様子が皮肉られていることである。おそらく申はこうした日本人による自画自賛の言説――天皇制だけではなく、日の丸や神道についても同様であったのだろう――にたびたび接することがあったのであろう。こうした日本人側のありようを根底から否定し、その「国民性」が「排外と破壊」に偏っていると痛烈に批判するのである。日本の宗教や旗の模様を、「野蛮」だとする見方に対しては、違和感をもつ人もいるかもしれないが、ここで考えたいのは、侵略者である日本の象徴として日の丸があり、神道があり、天皇制があるということである。

こうした申の主張を集大成したものが一九二三年一月の「朝鮮革命宣言」(『改訂版丹齋申采浩全集』下、一九七七年、原文は朝鮮語)である。申は、このなかで、「私たちは日本の強盗政治すなわち異族統治が、私たち朝鮮民族の生存の敵であることを宣言すると同時に、私たちは革命手段として、私たちの生存の敵である強盗日本を殺伐することが、すなわち、私たちの正当な手段であることを宣言する」と述べる。

さて、以上のような、普遍的な意味での「文明」がない、「強盗」「生存の敵」としての日本の行く末をどう見ていたのだろうか。申は「日本帝国主義の末運は将《まさ》に至らんとす」(前掲『改訂版丹齋申采浩全集』別巻、原文は漢文)で、日本が行き詰まっていくであろうことを二つに分けて述べている。第一に、国際環境に関連しての指摘である。申によれば、日本は長らく「大陸政策」を夢見てきたが、列強に牽制されて思うようにはできなかった。しかし、第一次世界大戦によって列強がアジアを顧みる余裕がなくなると、日本はこれを「千載一遇の大機会」ととらえて、「野心」を試して、青島占領や二十一箇条要求、さらにはシベリア出兵などをおこなった。これらは世界各国から問題視され、日本は追い詰められている。そして、「日本のいわゆる政治家・外交家・軍閥家の挙動は、天下の同情を傷つけざるをえないのであり、自国の滅亡を促しているだけなのである」と述べるのである。

第二に、日本の国内矛盾が高まっていくとする。申によれば、シベリア出兵における日本軍の多くは、

「過激化」し、「危険思想」を抱いており、「天皇もまた人である。どうして神聖であろうか」と言う者まで現れたという。さらに三・一独立運動の際も「〔ソウルの〕龍山にある日本軍司令部の一部の軍隊が共和万歳と唱えることがあった」。ここで記されている日本軍内部の反抗は事実とは言えないだろうが、申は「帝国主義をうらみねたんでいるのは、ひとり平民のみではなく皆そうである。帝国主義を直接実行する軍人に、まさに裏切る勢力が現れようとしているのである」と指摘する。さらに、申は次のように述べる。

日本は、もとより取るに足らない小島であり、もとより生産に言うべきものはない。そして、兵をくるしめ、武力を濫用する執政者は、人民を顧みず、年々軍をおこし、費用がかさみ、人民への課税を増加せざるをえない。これを弥縫しようとしても、人民の生産は有限であり、負担する課税がいよいよ重く、生計はあやうくなっており、既に極度に達している。軽はずみで浅はかな島国根性の国民であるとはいえ、どうして反動の挙動をしないだろうか。〔中略〕日本国民はもとより奴隷根性が豊富〔植え付けられている〕であり、万世一系の王統を奉り、一姓支配〔天皇による支配〕の権力を受け、すでに二千年余りが過ぎており、いまだかつて革命挙動の出現を聞かない。〔中略〕欧戦〔第一次世界大戦〕が終わり、人道・正義・自由・平等の論調は、いよいよ唱えられいよいよ高まり、全地球でわき立っている。それだけではなく、多数の人の脳根は社会主義に染められている。ようやく不能の勢を破ることを欲しており、彼の倭民も亦ようやく民治の精神をさとり、国民の幸福をなそうとしている。世界潮流に応じて、騒々しく行動を起こし、軍閥派の政治を倒すことを思っている。これに従っていくと、侵略主義者の政策は、〔中略〕自家の反乱の患いもまた禁抑して防ぐことができない。

「日本国民」も、ついに政治を変革しようとしていると言うのである。日本内部で矛盾が高まっていくこと自体はそのとおりであるとしても、全体として申の認識はやや現実離れしているようにも思われる。こうした申の認識は、世界的潮流の影響もなく、赤化させるのも困難だとする呂の認識と対照的と言えよう。申は、前述のように無政府主義に接近しており、民衆こそが革命の原動力と考えるに至っていた。そのため「日本国民」にもまた変化の兆しを読み取ろうとしたと考えられる。とはいえ、申が「日本国民」の「奴隷根性」や、「革命」が起きてこなかったことを強調している点を見逃してはならないだろう。呂と比較すれば、たしかに申は日本の変化の兆しを論じているのであるが、その認識の根底には容易に変化しない日本という見方があったのである。

おわりに

本章は、三人の異なる思想と個性をもつ民族運動家を取り上げてきたが、三人の日本観には少なからぬ共通性が確認できる。まず、信義を軽んじる日本という認識は、柳と呂に共通して見られたし、それは「強盗日本」という申の告発とも重なるところがあるだろう。自ら何ら文化を生み出していない、普遍的な意味での文明に反している、西洋にならって近代化しているが表面的なものにすぎない、「好戦的」「野蛮」であるといった日本観についても同様である。そして、日本は容易には変化しないという見方も、三者ともに認識の根底に見られた。なお、申は「日本国民」に変化の兆しを読み取っており、この点は呂などの認識とは若干異なっている。ただし、申の「日本国民」認識は多分に無政府主義の立場での民衆への期待から生じたものであると思われるし、根底には「日本国民」は「奴隷根性」が植え付けられているという認識が存在した。

以上の日本観の背景には、侵略と植民地支配へのうらみと怒りがある。民族運動家の日本観は日本のあり方への問いかけにほかならない。民族運動家たちが生きた時代の日本と、今日の日本は、はたしてどれほど変化しているのだろうか。民族運動家たちの問いかけを受けとめ、日本社会のあり方を考え直す責任は、今日に生きる私たちにある。

文献一覧

〈日本語文献〉

糟谷憲一「初期義兵運動について」『朝鮮史研究会論文集』一四集、一九七七年

康成銀「三・一運動における『民族代表』の活動に関する一考察」『朝鮮学報』一三〇号、一九八九年

姜徳相『呂運亨評伝　1・2』新幹社、二〇〇二・二〇〇五年

趙景達「金玉均から申采浩へ――朝鮮における国家主義の形成と転回」歴史学研究会編『講座世界史7　「近代」を人はどう考えてきたか』東京大学出版会、一九九六年

〈韓国語文献〉

金度亨「毅菴柳麟錫の政治思想研究」『韓国史研究』二五号、一九七九年

金喜坤「新韓青年党の結成と活動」『韓国民族運動史研究』一号、一九八六年

柳漢喆「一九一〇年代柳麟錫の思想変化と性格」『韓国独立運動史研究』九号、一九七九年

第5章　朝鮮民衆の日本観

宋　連　玉

はじめに

植民地支配を受けていた朝鮮の民衆は、近代における民衆がそうであった以上に、自らの記録を残す機会は与えられていなかった。朝鮮民衆の日本観を知る文書資料はバイアスのかかった官憲資料以外に残されているものは乏しい限りである。その理由として、まずは朝鮮民衆が日々の生活に追われていたことがあげられるが、それ以外にも帝国の言語政策により言葉を奪われていたこと、率直な思いを吐露すること自体が身の危険を伴ったこと、などがある。しかし朝鮮民衆が支配言語に完全に精通していなかったという現実は言語の二重構造を生み、ゲットーに囲い込まれた民族語の世界において独自の精神世界を守り、意思疎通を図るといったアイロニカルな状況も招いた。

皇国臣民化が積極的に進められた総動員体制期を経ても、このような現実は変えられず、朝鮮民衆の日常生活や生活文化にまで帝国主義は浸透しえなかった。

歴史学においては、抗日闘争に対する弾圧がもっとも厳しかった総動員体制期に国の内外を問わず侵略戦争に動員される朝鮮人が増加し、民族運動の暗黒期ととらえる視点が支配的である。しかし朝鮮民衆は強まる統制と支配に対し、順応し、屈服し、沈黙を守るだけだったのか、抵抗する術をもたない民衆のぎりぎりの思いとは何だったのかを、生活のレベルからすくいだそうとするのが本章のねらいである。

1　身近な民衆の日本観

私にとっての身近な朝鮮民衆とは、とりもなおさず両親や親族になる。私の父、宋必俊《ソンピルチュン》（一九一八〜一九九〇年）は慶尚北道、洛東江に近い農村で四男として生まれ、郷里で普通学校（四年制）を出た。春窮期に実っていない麦を食べたから消化器官の病を得たと述懐していた父は、学歴、職歴、貧窮度からして植民地期を体験した平均的な朝鮮の民衆と言えるだろう。一九四二年一月に、すでに東大阪に在留していた兄弟たちを頼って来日した。それは父と祖母との永遠の別離の始まりだった。まもなく父は徴用で宮崎県に送られ、そこでトラックの下敷きになる事故にあい、生涯腰痛に苦しめられた。

一九四五年、民族解放を迎えた後は、生野区に本社を構えていた金属工業会社の工場現場で働いたが、厚生年金の加入年数を満たせないまま退職したので、晩年は無年金生活に甘んじた。掛けた年金は取り戻せなかったが、無権利な状態に慣らされていたので不条理な現実でも不承不承受け入れた。しかしそんな父も子どもが宗主国・日本で民族差別を受けることには心を痛め、差別の風から子どもを守る防風林となろうと父なりに努めたようだ。

尹学準《ユンハクチュン》の『オンドル夜話』によると、慶尚北道の山奥の学校に通った著者は建ったばかりの「皇国臣民誓詞塔」に「皇国臣民の誓い」を書いて埋めたり、体操の時間には銃剣術の訓練を受けたりしたそうだが、学校教育とはあまり縁がなかった父は、皇国臣民思想の影響も受けなかった。父がよく話題にした昔話に、外叔夫が三・一独立運動に参加した際に警察で受けた拷問で健康を害したこと、一九三六年のベルリンオリンピック・マラソン部門で孫基禎《ソンギジョン》が金メダルを獲得したときの喜び、などがある。また、朝鮮人への差別発言を憚《はばか》らない日本の公人への反発、入試判定の際に民族差別をするだろう日本の学校教育への不信感なども、家のなかで日常的な話題にのぼっていた。

死後は故郷の共同墓地に埋葬してほしいと希望したが、子どもたちが墓参できないという理由で、大阪郊外の日本寺に墓地を設けた。同族コミュニティのなかだけで生きる母と違って、父は日本社会の朝鮮人差別に敏感だった。差別されまいとする心理からか日本語は流暢だったが、だからといって面従腹背といった屈折した心理の持ち主でもなかった。

要するに素朴な郷土愛、宗族愛が父の思想の核をなしていたと言えよう。仕事以外の時間は、近所に住む親族との交流を重んじたが、親しく交流する日本人の友人は一人もいなかった。

母、司空甫《サゴンポ》（一九二三～二〇一三年）は家長同士が決めた縁談で父と結婚することになり、郷里で結婚式をあげた後に父について日本へ渡ってきたが、それまで日本人を一度も見かけたことがなかったそうだ。

兄嫁から教わったハングルが母の唯一の識字で、ハングルで書かれた物語本の類は女性のあいだで回し読みして楽しんだそうだ。

両親ともに天下、国家を論ずるほどの教養もなく、日本の政治に対し批判的な話題を口にすることもなかったが、母は近所の日本人男性が夏場にステテコ姿で往来に出る様子には眉をひそめていた。我が家では、日本国籍への「帰化」が現実問題になったことはなかった。宗族の長老にも礼を尽くした母は長老の決定なら「帰化」も受け入れたかもしれないが、父にとってそれは決してありえない選択だった。

父の長兄は一時期、経済犯として九州の刑務所に収監されていたそうだが、釈放された後は宗族の跡取りということもあって、民族解放前に郷里に戻った。父が一九四五年八月の時点で朝鮮へ戻ろうとしなかったのは、帰国に必要な条件が整っていなかったからだという。それというのも帰郷するために下関に向かった父の従弟が、結局船便を確保できないまま下関にとどまらざるをえなかったからだ。

郷里に戻った伯父は日本での体験からか、国家権力に対しては冷めたまなざしをもち続け、朴正熙《パクチョンヒ》が音頭をとったセマウル（新しい村）運動に追随することもなく、終始野党的な立場を堅持した。戦争末期に学生だった遠縁にあたる宋甲憲《ソンカッポン》（一九二四年〜）は、仲間内では日本の敗戦を確信していたという。

身近な親族に皇国臣民思想の優等生がいないのは、忠よりも孝を重んじる儒教意識に支えられた郷土愛がそれを妨げたからではないだろうか。一九五九年から朝鮮民主主義人民共和国への帰還事業が始まるが、親族で知る限り、帰還を選んだ人はいない。社会主義に憧れるほどの知識もなく朝鮮半島の北部にもなじみがなかった。故郷が南部にあるという単純な理由からであろう。

植民地期に日本の外務官僚を務め、解放後は反民族行為者特別調査委員会の尋問も受けたことのある金《キム》雨英《ウヨン》（羅蕙錫《ナヘソク》の夫）は満州での独立運動は卵で岩を粉砕する行為に等しいし、独立は神の思し召しだ、日本の官庁で仕事をするのは口に糊するためだけで、面従腹背なのだと語っていた。また、「歳月に勝てる人はいない。歳月の前では無力だ。またそうするためには歳月に従うしかない」と虚無的な姿勢を示した［金ジン　二〇〇九］。

そこからすると私の身近な朝鮮の民衆は、政治思想や歴史認識などといったものから縁遠いところに生きながら、シンプルな郷土愛や儒教道徳などが行動や選択の支え、ブレーキとなっていたようだ。

2　歌謡に見る民衆意識

大部分の朝鮮人民衆にとって、山口県下関は日本という宗主国の玄関口である。口に糊するために虎穴に入る多くの民衆にとっては、下関上陸は単に外国へ来たという緊張感以上のプレッシャーを与えたであろう。

在日朝鮮人の口承歌謡に、「連絡船を降りたとたんにイノムセキ（この野郎）と言われるなんてどうしたことか！　列車に乗って神戸に来たら、サンノム（常人野郎）と言われるなんてどうしたことか！」と歌ったものがある。下関が「イノムセキ」、兵庫県の三ノ宮が「サンノム」と聞こえたということから、ここに朝鮮人の日本への不信感と警戒心が端的に表れているが、このような心理は朝鮮に渡った日本人とは真逆であったろう。

この口承歌謡のメロディは새야 새야 파랑새야（鳥よ鳥よ、青い鳥よ）[1]と同じ三拍子の旋律で、スローテンポの一二分の四、あるいは八分の六拍子である。同様のメロディに乗せてさまざまな替え歌が植民地下の朝鮮民衆の喜怒哀楽を表現したが、民衆の心をとらえた貴重な歌は人びとの記憶としてあるだけで、その多くは記録されていない。日本は民衆の情緒の源泉となっている口承歌謡새야 새야 파랑새야を日本の鉄道唱歌メロディへとすり替えようと試みる。しかしながら大衆歌謡においては日本のものは、レ・ソを抜いたヨナ抜き節で、二拍子、四拍子であるために、朝鮮ではそれらがもつ生硬さが敬遠され、伝統音楽の三拍子が一九三〇年代前半まで優勢であり、朝鮮人の心情にマッチしなかった［イ・ヨンミ 二〇〇六］。

一九三〇年代半ばにようやく朝鮮に定着した日本製ヨナ抜き短音階のトロット形式には「木浦の涙」「涙に濡れた豆満江」もあげられるが、これらが朝鮮人の心をとらえたのは、植民地民衆の心情を詠った歌詞と、旋律を立体的に震わせる唱法からであった。大衆歌謡の歌詞には植民地民衆の現実に妥協しながら心底から納得できない二律背反が表現されている。失郷と放浪を哀愁こめて歌ったものとして、ほかに「ナグネソルム（旅人の悲哀）」（一九四〇年）、「不幸者は泣きます」（一九四〇年）、「他郷暮らし」[2]（一九三四年）などがあるが、これらも八方塞がりの状況にある民衆の悲哀をよく表現している。

しかしトロットが愛唱されたのは植民地都市に限られた。農村では新民謡と呼ばれるラドレミソを基本音階にするジャンルが受容され、アリランを含め、日本でも在日朝鮮人のあいだで知られる「ノドゥル川辺」（一九三四年）などがある。新民謡受容の背景には農村経済の破綻と、それに伴う大々的な人口移動があり、それまでの各地方の労働民謡と異なり、朝鮮全土で愛唱されたところにその特徴がある。

日本の侵略戦争が進むと、軍歌を連想させる行進曲調の長調トロットが主流になり、ラ・ミが多用される短調的な長調性向をもち、哀調を帯びた曲なのに場違いな希望や節制を求める歌詞が多かった。

日本で完成したヨナ抜き短音階は、一九三〇年代半ば以降に宗主国日本と植民地朝鮮の文化的同質性確保に一定の役割を果たすが、結果的には朝鮮民衆の心をとらえきれず、一九八〇年の時点では消滅している。

3　帝国日本の生活文化と朝鮮民衆

女性の名前から見る民衆の日本観

日本は明治期から夫婦同姓を進めたが、朝鮮では夫婦別姓を維持した。しかし親日派官僚のなかには日本にならって夫婦同姓にした者もいる。たとえば李鈺卿《イオクキョン》は、夫の李址鎔《イジヨン》が日本への特派大使になり、それに随行したことで日本の社交界から文化的影響を強く受け、本名の洪教賢《ホンギョヒョン》と夫の姓を合わせて、李洪・卿と名乗った。その後は折衷したかたちで李・鈺卿に収まった。

西洋の影響で夫婦同姓を名乗ったのは、車美理士《チャミソサ》（一八七九～一九五五年）[3]である。一九歳で寡婦となるが、夫の姓に従って一九三六年まで金美理士《キムミソサ》と名乗り、のちに本名に戻した。

女性の名前は、男性の命名ルールの決まりに従わない場合が多く、時代の変化の影響を受けやすい。植民地期の女性団体の代表者名を見ると、「〜子」という名前は一九〇七年に結成された慈善婦人会会長・閔貞子《ミンジョンジャ》、発起人・金石子《キムソクチャ》だけである［梨花女子大学校　一九七二］。

次に三・一独立運動に参加した女性の名前を見ると、一〇七人中、二名（恵子、壽子）だけである［三・一女性同志会　一九八〇］。むしろキリスト教の洗礼名の影響を受けた、たとえばマリ、エイラ、エスタ、マリア、エラのような名前のほうが多く見られる。また名前が表記されず、李氏、金氏というのも二名いる。総動員体制期に中国へ渡った女性の名前を『在支半島人名録』（昭和一七年版、白川洋行）をもとに見ると、上海在留の朝鮮人実業家一〇五八人中、女性は四二人だが、もともと「〜子」を名乗る女性は二人（寧子、貞子）で、創氏改名後に本名以外に通称名として作名したと思われる女性は二三人である。上海という日本の占領地、戦時期という時空間の特殊事情が朝鮮人女性の名前を日本化したのであろう。それに対し、江蘇省常州在留の朝鮮人は、慰安所に関係した業者と業者が率いた女性だと思われるが、「慰安婦」は本名以外にいわゆる源氏名として宮子、澄子、若松、花子、桃子、八千代、吉子、玉子と名乗らされている。また「慰安婦」被害を証言した女性たちの記録によると、三三人中、春子、舞子（仮名）、の二人が「〜子」の名をもっている［韓国挺身隊問題対策協議会・挺身隊研究会編　一九九三］。

解放直後の一九四五年一二月に結成された朝鮮婦女総同盟のメンバーで見ると［民主主義民族戦線編　一九四六］、九三人中六人が明子、景子、熙子、喜子、春子、恵子の名をもつが、これは全体の六％にあたる。

女児の名前の末尾に「〜子」と命名するのは、開化期から日露戦争にかけて権力層に近い階層から始まり、学校教育を受けた「新女性」に広まるが、その比率は五%にも満たなかった。広がりを見せるのは、総動員体制期の創氏改名が契機となる。それまで日本の文化が及ばなかった底辺層の女性にも日本式命名が実現するのは、皮肉なことに「慰安婦」として駆り出され、源氏名を強要された女性たちである。朝鮮人がたとえ「~子」を名乗っても、朝鮮人がそれまで女児に多用してきた漢字、すなわち貞、淑、姫、福、富、英、恵、順などとの組み合わせであるが、源氏名の場合は組み合わせに使われた漢字は朝鮮人には馴染みのないものである。

しかしながら、夫婦同姓、「~子」という日本式命名もトロットと同じく、今日ではほぼ韓国社会で姿を消した帝国の文化である。

食文化

一九二四年に出された方信栄『修正　増補　朝鮮料理製法』(朝鮮図書株式会社)には朝鮮料理法はもとより、付録として日本料理、西洋料理、「支那《ママ》料理」までつくり方が紹介されている。

筆者の母は、前述のように慶尚北道の農村で成人し、日本文化になじむ機会をもたなかったために、日本生まれの筆者ですら小学校の修学旅行に行くまで日本料理を口にすることはなかった。要するに、料理書で紹介されていた日本料理も一部の都市富裕層に影響を与えたものの、民族の大部分を占める農民の食生活には影響を及ぼすことはなかった。

現在、韓国で定着しているものとしては、海苔巻、いなりずし、ざるそば、おでん、タクワン、いりこだし、羊羹があるが、海苔巻きやおでんは韓国式に変化している。タクワンはジャージャー麺の付け合わせに使うが、一般家庭では常食しない。日本式醬油を韓国では現在でもウェ〔倭〕カンジャンと呼ぶほど、統治四〇年でも味覚を変えることはなかった。

在留朝鮮人がもっとも多く集住していた大阪府では一九三七年『大阪府内鮮融和対策十ケ年計画綱要』を発表し、朝鮮式の冠婚葬祭や獣肉・にんにく食用まで禁止した。公権力を使って食生活まで改変しようとしたが、キムチは連綿と民衆の生活の中心にあった。

言葉

「ロームシャ」、「バカヤロー」という日本語がインドネシアの高齢者のあいだで記憶されているという。残存する言葉が支配・被支配の関係を映し出すが、朝鮮においては以下のような言葉が残されてきた。

①日本経由で入った「近代」にかかわる言葉、たとえば洋服、労働

ベントー〔弁当―賃労働と関係する〕、ヨーイドン〔近代教育と体育会〕、ノガダ〔土方〕、マホービョン〔保温瓶〕、メッキ、ブンパイ、ソデナシ、シダ〔補助、助手〕、アダリ〔的中〕、エリ〔襟〕、エンコ〔品切れ〕、ウラ〔裏生地〕、チラシ、チョッキ、ズボン、アカチンキ、ヒヤシ、クチベニ、キス〔傷―不良品〕、シタバリ〔パシリ〕、ゆどり〔ゆとり〕、ケントウ〔見当〕、ナラビ、ダンドリ、カド〔角〕、シマイ、イッパイ〔一杯〕、フカシ、オーライ、ナジオ〔ラジオ〕

②異文化としての日本文化、日本的表現〔擬態語〕
アッサリ、ワリバシ、テンプラ、カケウドン、タデギ〔たたき―刻んだ薬味〕、タンス、モチ〔日本の餅〕、サラ〔皿〕、ワサビ、ヨージ〔爪楊枝〕、チャンポン〔ごちゃまぜ〕、サルマダ〔猿股〕、ジャブトン〔ザブトン〕、アンコ、タライ、

③支配・被支配を示す言葉
オヤブン・コボ（ブ）ン、バカヤロー、サクラ、ワイロ、コンジョー〔根性―悪い意味で使用〕、テンカン〔ごり押し〕、ムデッポー〔無鉄砲〕、モンペ〔戦時下で女性労働力を動員するために着用を強要した〕

解放後には植民地支配とともに流入した言葉の見直しをするために、一九四七年に国語浄化促進運動が展開され、翌年にハングル専用法を制定する。さらに朴正熙のもとで一九七六年、文教部国語審議会で国語純化文科委員会が組織された。

階層によって日本語や日本料理の影響度は異なり、富裕な親日的家庭、ソウルや釜山などの都市の住民が相対的に影響を受けたと言えるだろう。しかし民衆にとっての日本語は、たとえば「時は今か」という講談の一節が朝鮮人には「斧はひたいか（トッキワイマカ）」と聞こえ、野蛮な民族迫害を連想させたように、過酷な政治を想起させるものとしてあったために、国語浄化促進運動は民衆からは歓迎される政策として進められたのである。

4　戦時下の植民地統治への民衆の抵抗

戦時期の収奪と統制と動員により、朝鮮民衆は過酷な生活を強いられ、この時期を民族運動の暗黒期と見るのが支配的な見解だ。しかし最近の研究によれば、戦時ファシズム期はもっとも民衆弾圧の苛烈な時代でありながら、支配者たちの意表を突いた、さまざまな反ファシズムの闘いが展開されていた〔ビョン・ウンジン　二〇一三〕。

治安維持体制は「思想犯」に対する監視・統制・転向強要、「思想犯」を生み出す地域社会や家族に対する統制、「流言飛語」の取り締まりといった三重の円環構造にあった〔水野　二〇〇六〕とされるが、このなかで民衆にかかわるものは流言飛語だと言えるだろう。

流言飛語に対する警戒は日中戦争開戦から強化され、一九三七年七月一四日に警務局は流言飛語、出版物の取り締まりを治安確保の主眼点として各道知事に通達した。これを受けて『東亜日報』（一九三七年八月八日付）は「言葉を慎め　下手すると禁錮三年」という社説を掲載している。朝鮮中央情報委員会では同年八月一二日に妓生、女給が流言飛語の震源地だとして緘口令を敷き、一般接客業者にも注意を喚起している（『東亜日報』一九三七年八月一四日付）。鎮南浦（現在の平安南道南浦特級市）では簡易生命保険払込金が国防義金に充てられ、加入者には一銭も払い戻されないという流言が広まり、都市に住む富裕層の不安を浮かび上がらせる（「都会地付近で流言飛語盛行」『東亜日報』一九三七年九月一二日付）。

「慰安婦」動員を警戒する流言も一九三七年末には流されていたが[5]、これらの流言は身近な場から発生した被害に基づいていた。当時の朝鮮人家父長が娘を早婚させたのも「挺身隊」や「報国隊」として語られた「白昼の暴力」を警戒したからにほかならない。この類の流言は一九三八年五月頃から都市から農村へと広まっていった。

また宗教団体に対しても「邪教」「類似宗教」と称し、流言飛語の元凶として弾圧を強めていった。日本の大本教への大弾圧後に、大本教と普天教（車京石が創始した甑山教系列の新宗教）を同一視し、弾圧する口実に使うだけでなく、流言飛語の嫌疑も利用した[6]。このような土俗的な新宗教に心のよりどころを求めていた一般民衆は、教団への弾圧を通し、日本への反感を強めていった。

流言以外にも、落書きに対する取り締まりも厳重になされた。京城地方検事局『思想に関する情報綴4』（一九三九年一〇月三日）によると、金元成《キムウォンソン》という職工はハングルで「吾等朝鮮同胞等よ、もう少し目覚めよ」と落書きしたことで、拘留二九日を受けている。

「不穏」な落書き・ビラ増加の背景には戦時期の物資不足と深刻な食糧難、食糧配給における民族差別があった。それに並行して経済犯罪が増加していった（「調査　内地に於ける朝鮮人の経済犯罪状況（一九四四・八）」赤沢史郎ほか編『資料日本現代史』一三、大月書店、一九八五年）。統制の裏をかくような朝鮮人の経済犯罪は、当人に自覚はなくても、日本の侵略戦争遂行を経済面で阻止する、皇国臣民思想とは真逆にある行為であったと言えるだろう。

戦争末期の経済統制策が米穀供出制、金属収奪などの強制供出に及び、先祖の祭祀に必要な鍮器までも供出させたことへの反発は大きく、創氏改名にも増してアイデンティティを否定される政策だととらえる民衆も多かった。

おわりに

日本人女性が書いた引き揚げ体験記に描かれる朝鮮人の多くは、オモニと呼ばれた家事使用人である。その雇われ朝鮮人は日本の敗戦を契機に主人である日本人への態度を一変させたというのが体験記に共通する内容である。そこから信用できない朝鮮人の民族性という結論に飛躍する。

朝鮮人にとって本音を見せることは命取りになるから、生きる知恵として面従腹背したのである。植民者はそれを読み取れないほど支配・被支配関係の暴力性に鈍感だった。

植民地期に多くの朝鮮人家庭では、むずかる子どもをおとなしくさせるのに、「泣いたら巡査が来るぞ」と言ったそうだ。このエピソードは、帝国日本は大部分の朝鮮の民衆を苦しめるものでしかなかったことを物語る。それに対し、民衆の側では、圧倒的な権力を前に手をこまねいていただけではない。民衆は屋内でこっそりとさまざまな語りを創作して、差別に傷ついた家族の心を癒し、怒りを鎮めてきた。

植民地支配の決算は、解放後の数日間に神社がすべて破壊されつくしたことに表れている。人びとは神社参拝や神棚設置を強要され、行政機関からは各家庭で奉るようにと神札も配布されたが、これをすぐに廃棄したり、飯粒や押しピンで無造作に壁に貼ったりした。一九四四年秋、御用団体の国民総力朝鮮連盟で忠南地方の農家を対象に実態調査した結果、住民たちの大部分は神札を「倭奴の鬼神」「日本の鬼神」と言って、別の用途で使ったり、放置したりしていた。

筆者の父親のような民衆は抗日闘争とは無縁なところで生きたが、状況に応じて戦争協力や植民地支配のお先棒を担ぐかもしれない、いわゆるグレーゾーンにいたわけではない。父のような民衆は、決して親日派になることはなかっただろう。なぜなら、植民地支配の目的とは、資源と労働力の収奪にあったからで、大部分の民衆は経済的不利益を被るばかりか、自分自身と宗族、郷里の自尊の心が否定されるからである。その悔しさは家のなかで語り継がれ、新たな抵抗の源泉となりうる。

民衆は、一握りの親日派が享受したかもしれない既得権益とは無縁で、「近代」の恩恵から隔離された民衆の「非近代」的な生活態度や価値意識を積極的に評価すべきであろう。

しかし日本政府は一貫して朝鮮民衆のぬぐいがたい悔しさをほぐす努力を怠ってきた。ヘイトスピーチは伏流してきた日本人の朝鮮観を表すものであるが、皮肉にもあのような罵詈雑言を浴びる現実そのものが植民地支配なのだということを教えてくれる。これに対し植民地期の苦い記憶を蘇らせる朝鮮の民衆も決して少なくはないだろう。

注

(1) 東学農民革命を率いた全琫準《チョンボンジュン》は小柄な体格から緑豆将軍と言われた。「鳥よ、鳥よ」は農民軍が鎮圧されたことを悲しんで歌ったと言われる伝来歌謡。歌詞の内容は以下のとおりである。〈一節〉鳥よ、鳥よ、緑豆畑に降り立つな。

緑豆の花が落ちたら、緑豆豆腐売りが泣いて行く。〈二節〉江華の海、大海原、一八七六年に泣いた海、侵略者に踏みにじられた肥沃な地、痛恨に泣いた海。――以下、八節まで続く。

（2）歌詞訳「1．他郷暮らしは何年になったか、指折り数えたら、故郷を後にした十余年に青春だけが老いていく。2．浮草のような私の人生が自分でも心寒い。窓を開けて眺めたら空は向こうに。3．故郷の前の柳、今春も青々と芽吹いているだろうが、枝を折って笛吹いたあの頃はもう昔。4．他郷といっても情が移れば故郷にもなろうが、いかんせんいつまでも他郷」（筆者訳）。

（3）一九〇一年中国に渡り、蘇州中西女塾で学び、一九〇五年に米国サンフランシスコに渡る。一二年に帰国し、三・一独立運動で中心的役割を果たす。一九年、朝鮮女子教育会を設立し、女子教育のために活躍する。解放後は金九《キムグ》たちと共に統一運動に奔走する。

（4）序列を重んじる伝統的な親族関係では行列字という世代共通の一字を決め、それを命名に組み入れ、世代関係を確認する。一般的には五行の金水木火土、十干の甲乙丙丁戊己庚辛壬癸などの文字を使う。

（5）「全北霊光郡法聖面鎮内里の金五順が少女を集め中日戦争に関して流言をしたとして逮捕される」（『東亜日報』一九三七年一二月一日付）。

（6）「人民戦線の弾圧　内地に呼応して強調されん　邪教征伐にも更に拍車」（『朝鮮新聞』一九三六年九月一一日付）には「半島における邪教はさきの大本教の弾圧を契機として相当改善されている」と書かれている。

文献一覧

〈日本語文献〉
韓国挺身隊問題対策協議会・挺身隊研究会編『証言――強制連行された朝鮮人軍慰安婦たち』明石書店、一九九三年
水野直樹「戦時期朝鮮の治安維持体制」倉沢愛子ほか編『岩波講座　アジア・太平洋戦争7　支配と暴力』岩波書店、二〇〇六年

〈韓国語文献〉
琴乗洞『朝鮮人の日本観——歴史認識の共有は可能か?』総和社、二〇〇二年
民主主義民族戦線編『朝鮮解放年報』一九四六年
梨花女子大学校韓国女性史編纂委員会『韓国女性史　附録』梨大出版部、一九七二年
三・一女性同志会『韓国女性独立運動史』同会、一九八〇年
ビョン・ウンジン『파시즘적 근대체험과 조선민중의 현실인식(ファシズム期の近代体験と朝鮮民衆の現実認識)』선인、二〇一三年
イ・ヨンミ『韓国大衆歌謡史』民俗社(ソウル)、二〇〇六年
金ジン『그 땐 그 길이 왜 그리 좁았던고(あの時あの道はなぜあんなに狭かりし)』해누리、二〇〇九年

第6章　「親日派」の日本観

――「親日／対日協力」の論理・動機を手がかりとして

宮本 正明

1 「親日派」問題とは何か

日本社会のなかで、「親日派」という言葉には、日本・日本人・日本文化などに対して友好的な思いや親しみをもつ人たち、というイメージがあるかもしれない。しかし、朝鮮・韓国の近現代史においては、そのような意味で用いられることはない。日本の統治を受けた朝鮮・韓国で「親日派」とは、「民族反逆者」や「附日協力者」などと同列に連なる用語である。

「親日派」自体、日本の朝鮮統治の当時からすでに用いられていた言葉であった。「普通親日派といふのは売国的日本の走狗鮮人《ママ》のこと」（鄭然圭《チョンヨンギュ》「『内地』なる用語」『朝鮮統治評論』創刊号、一九二九年七月）であり、「日本の植民地統治擁護者」（鄭然圭「拓務省反対運動評」前掲『朝鮮統治評論』）として受けとめられている。一方、「親日派」は同時代的な言葉であるとともに、日本の朝鮮統治が瓦解した後にも使われた。アメリカの軍政下におかれた南部朝鮮では諸団体が「親日派」の排斥を主張しており、たとえば左派系列の民主主義民族戦線（一九四六年二月結成）が公表した「親日派規定案」（一九四六年二月）では、「親日派」を「日本帝国主義に意識的に協力した者の総称」と定義している。また、こうした「親日派」の法的処断の試みとして、南朝鮮過渡立法議院（一九四六年一二月開設）で「民族反逆者・附日協力者・奸商輩〔日本敗戦後の混乱に乗じて経済を攪乱したり暴利を得た者〕に対する特別条例」が通過している（一九四七年七月。発効せず）が、ここでは「民族反逆者」とは「日本またはその他の外国と通謀ないし迎合協調し、国家と民族に禍害を及ぼしたり独立運動を妨害したりした者」、「附日協力者」とは「日政時代に日本勢力に阿附し悪質行為により同胞に害を加えた者」と規定されている〔板垣 二〇〇五：三〇三、三〇五〕。

ソビエト連邦の占領下におかれた北部朝鮮では、政治的主導権を握った社会主義勢力が「親日派」の法的処断に務めた。これに対し、南部朝鮮・大韓民国では、朝鮮総督府や日本軍に身をおいていた人びとが、南部朝鮮を占領したアメリカ軍や大韓民国の行政・軍事の権力構造にくいこんだ。日本の敗戦直後、「親日派」に対する法的処断の試みは一九四七年・四八年の二度あったが、いずれも不十分なかたちで終わった。朝鮮総督府の旧官吏・日本軍の旧将校や戦争協力経験をもつ民間人も含め、政治・経済・社会・文化の諸領域で一定の勢力を保持し続け、その後の大韓民国の独裁・軍事政権を支えた人びとも少なくない。「親日派」に関し「問題」として社会に喚起することもままならない状況が続くが、一九八〇～九〇年代にわたる民主化の進展のなかで、「日帝残滓」の清算が公然と提起されるようになる。そして盧武鉉《ノムヒョン》政権（二〇〇三～〇八年）のもとで、政府による「過去事」清算事業の一環として「親日・反民族行為」に関する調査も位置づけられ、国家機関として「親日・反民族行為真相糾明委員会」が設置された（二〇〇五年）ほか、民間団体による「親日派」辞典の編纂・刊行もなされている（民族問題研究所『親日人名辞典』全三巻、二〇〇九年）。「親日派」問題は、とりわけ韓国ではすでに過ぎ去ったこととして決して突き放すことのできない問題、常に問い直される問題としてあり続けている。

「親日派」を主題とする本章で取り上げる朝鮮人には、朝鮮総督府の官吏として終始した人や一貫して日本への協力姿勢をとった人もいれば、当初は民族運動に参加していたのがアジア・太平洋戦争のなかで戦争協力に傾斜していく人もいる。史料についても、日本統治期のものと日本敗戦以降のものを交えている。「親日派」と言っても、一人ひとりの姿勢・考え方・立場・動機はさまざまである。加えて、そこには時期的な変化もあれば、朝鮮社会に及ぼす影響力の大小もある。こうした人びとを「親日派」としてひとくくりにして論じることは難しい。

本章では、厳密なかたちで「親日派」の定義をおこなうことは避けたい。「親日派」とは固定化してとらえることはできず、流動的な性格を帯びている。ここでは、日本の統治機構に身をおいた人びとや、日本による統治や戦争に協力的な姿勢を示した人びとの言動を広く取り上げる。そして、こうした人びとが「親日／対日協力」に何を求めようとしたのか、を概括的に提示していきたい。直接的に「日本観」を抽出して整理するに至らぬまでも、「親日／対日協力」の動機や理屈づけがどのようなものだったのかを見ていくなかで、幾分なりともその課題への接近を図りたい。

2 「親日派」とは誰か

具体的にはどのような立場の人びとが「親日派」として目されていたのか。日本敗戦直後における南部朝鮮・韓国での「親日派」や「民族反逆者」「附日協力者」の規定からは、「韓国併合」に至る政治過程に関与した者や「併合」に伴う受爵者、日本の帝国議会議員、朝鮮総督府および関係官署の官吏、警察官・密偵・憲兵・憲兵補助員・軍人、地方諮問・議決機関の構成員、アジア・太平洋戦争期における各種動員組織の幹部や「皇民化」政策の推進者、軍需工業の経営者や日本軍への多額献金者などが、「親日派」として認識されていることがわかる〔板垣 二〇〇五：三〇三〜三〇六〕。日本統治期の当時も、朝鮮域外の独立運動組織や武装勢力から、朝鮮総督府に身をおく朝鮮人の官吏や警察官・密偵などは攻撃対象とされている。

「韓国併合」後、朝鮮には日本の統治機関として朝鮮総督府が設置され、初期段階では強権的な「武断政治」のもとにおかれた。それ以前の「保護国」期から日本側は朝鮮人を警察機関の末端に組み込んで〝治安維持〟に利用し、それは「併合」以降も引き継がれた。ただし、「武断政治」期は警察部門を除き、朝鮮人を協力者として利用・養成することについて朝鮮総督府のほうに政策面での積極性があまり見られない。一九一九年の三・一独立運動を契機として、懐柔対策をまじえた「文化政治」へと政策的な転換がなされるが、そこでは「親日派」や「親日団体」の支援・育成が課題の一つとなった。朝鮮総督府では、三・一独立運動で活躍した民族運動家や宗教組織に対する個別の働きかけ、学生や「親日団体」への資金援助・便宜供与のほか、各種公職機関の新設や農業政策などを通じて朝鮮人側における受益者の構造的な拡大を図っていく。ついで、「満州事変」・日中戦争からアジア・太平洋戦争へと拡大していくなか、朝鮮人を戦争体制に巻き込むかたちで「皇民化」政策が展開されるに至る。日本軍の〝連戦連勝〟のなかで、日本の敗北による日本統治の瓦解・朝鮮の独立という展望が失われるとともに、朝鮮人の結社・言論機関などの拠点も奪われ、弾圧・監視の重圧が増していく。これに伴い、社会主義・民族主義運動から「転向」・離脱する人びとも増大し、他方では「併合」以降に出生した若い世代のなかから、急進的な日本への「同化」を主張する人びとも登場してくる。「皇民化」政策期は、従来から日本統治下で既得権をもっていたり日本統治に親和的であった人びとに加え、こうした人びとが合流することによって、かつてない広範な規模で日本統治・戦争に対する協力層が形成された時期であった。

3 「親日派」は日本統治への支持・協力を通じて何を求めたのか

朝鮮を含めた東アジア・東南アジアにおける「親日派」の論理について、水野直樹は、①文明化・近代化論、②差別解消論、③反共論、④アジア解放論の四つに、大きくまとめている［水野 一九九五］。これらの四つの要素のうち、朝鮮で特に関係が深いものは、①文明化・近代化論と②差別解消論である。並木真人は、「近代」への認識のあり方が民族運動家のなかで日本統治に対する妥協と非妥協の分岐点となった側面を指摘し［並木　一九八九］、宮田節子は「皇民化」政策期の戦争協力者が「差別からの脱出」のため民族性の放棄をも辞さない先鋭的な「皇民化」路線に邁進していく姿を見出している［宮田　一九八五］。また、この後にもたびたび触れる尹致昊《ユンチホ》（一八六五〜一九四五年）という人物の「親日／対日協力」の論理について柳永烈は、①朝鮮の過去・現在・未来への悲観的認識、民族力量への不信からくる民族敗北主義、②所与の現実に対する大勢順応主義、③社会ダーウィニズムの受容に伴う弱肉強食の肯定、④国家独立に優先する民生保障、開化至上主義、⑤白色人種に対する憎悪、民族主義的意識の埋没という五つの要素を析出している［柳　一九八五］。

本章では、これらの指摘をふまえつつ、①近代・文明至上主義、②実力養成論、③格差・差別撤廃の三点にしぼって、「親日／対日協力」の論理を整理してみたい。

近代・文明至上主義

「近代化」や「文明」は日本が独自に生み出したものではない。とはいえ、朝鮮に対する勢力拡大・統治の進展のなかで日本が持ち込んだ側面はある。そのため、朝鮮人側においては、近代・文明に対する評価が日本統治への評価と連動するところがある。これは「併合」以前の時期からすでに見られた。韓国統監府開設後、国権回復運動の一つの流れとして「愛国啓蒙運動」が展開されるが、そのなかには、近代・文明を肯定的に受け入れる姿勢が日本の統治に対する一定の期待につながる向きも確認される。

「併合」以降もまた、日本が主導する近代を絶対視したり、近代化のためには異民族支配をも容認するような「積極的親日派」の存在が想定される〔並木 一九八九：一一一～一一二〕。尹致昊の場合、外村〔二〇一〇〕によれば、弱肉強食の国際社会のなかで日本が先行して欧米の文明を受容し近代化をなしとげたことに対する高い評価があった。そしてその評価は、日本人のもつ規律正しさ・勤勉さや、歴史的に戦争を恐れない「好戦性」と関連づけて導き出されていた。ただし、日本独特の生活慣例や風俗などへの関心は高いものでなく、日本のすべてを全面的に受け入れる姿勢をもっていたわけではない。それと同時に、鉄道・電信・植林・港湾・道路・灌漑設備・水道など、朝鮮でのインフラ整備が日本人の利害を優先していることに対する違和感もしばしば表明されている〔外村 二〇一〇：四一～四二〕。

他方、日本統治下の朝鮮では、崔南善《チェナムソン》（一八九〇～一九五七年）が指摘するように、こうした「近代化」と「伝統生活との磨《ママ》擦関係」だけでなく、「日本化」との関係もまた問題にならざるをえない（崔南善「朝鮮文化当面の問題（上）」『毎日申報』一九三七年二月九日付）。とりわけ、「皇民化」政策期には「日本化」の側面が肥大化し、欧米の文物への反発が強まるなかで、近代・文明の論理も揺らいでいく。

同じく「皇民化」政策期には、日本人家庭の慣習・作法などに先進性・能率性・合理性を認める（田煕福「模範とすべき内地人家庭」『総動員』一九四〇年八月号）など、「日本化」を通じて朝鮮在来の習俗からの〝解放〟を求める声も見られた。また、玄永燮《ヒョンヨンソプ》（一九〇六年～？）のように、「併合」により「一切の近代文化が朝鮮に与へられた」としたうえで、「朝鮮語や朝鮮服、朝鮮の家屋、形式的な祖先崇拝、朝鮮史」などを完全に捨て去り「自己抛棄に依つて捨て身に依つて、日本人としての一切を得よ」と、「日本化」の徹底を激しく迫る主張もなされた（玄永燮『朝鮮人の進むべき道』緑旗連盟、一九三七年。同「事変の人類史的意義と内《マ》鮮《マ》一体の東亜協同体完成への寄与」『東洋之光』一九三九年七月号)。これに対し、尹致昊のほうは「ここ三〇世紀の間に朝鮮人の魂に深く浸透してきた歴史・伝統・感情を、朝鮮人の記憶から一掃して消し去ることを朝鮮人に求めるのは賢明ではない」とも『日記』に記しており(一九四三年三月一日条)、朝鮮の独自性や民族感情の完全な放棄を望んでいたわけではなかった。

その一方で、「迷信」が根強く残る朝鮮農村社会の抜本的改編を図るという観点から「近代化」の徹底を求める議論もなされた。印貞植《インジョンシク》(一九〇七年〜?)は「農耕の技術を機械化して農民生活に科学と文明を取入れる」ことで「朝鮮農業を近代化の方向へ再編成」することを主張した(印貞植「農村の鬼神と迷信」、同『朝鮮農村襍記』東都書籍、一九四三年)。しかし、こうした主張は「米英的物質万能主義」としてかえって排斥の対象となった(大島彌修「農村生活と信仰——印氏の『農村生活と迷信』を読んで」『東洋之光』一九四四年四月号)。

日本統治の全期間を通じて見た場合、近代・文明至上主義もまた「親日/対日協力」の論理として貫徹されたわけではなく、複雑な変遷をたどっている。

実力養成論

近代・文明至上主義を支える考え方の一つとも言えるのが、実力養成論である。近代・文明を自己のものとするために教育・産業などの振興を通じて実力を養成すべきという思想は、先に触れた「愛国啓蒙運動」にも確認されるもので、「併合」以降の朝鮮民族運動を含めて広く見られた議論でもあった(朴　一九九二」。

朝鮮総督府の官吏の道を進んだ朝鮮人においてもまた、こうした実力養成論をよりどころとする面が多く見られる。任文桓《イムムナン》(一九〇七〜一九九三年)は一九二八年末当時の「過去帳」に「実力養成のみが、日本人に対抗出来る実力養成のみが、我が義務である」とし、「官吏となり、政治的に吾が民族を解放」するまでは「如何なる衝動があっても、日本人に従うのだ」という決意を記していたという〔任 一九七五:六九〕。大韓民国成立後、反民族行為処罰法(一九四八年九月成立)により検挙・取調を受けた元朝鮮総督府の官吏や関係者においても、その弁明のなかで実力養成を主張する例は少なくない。「併合」以前・以後を通じて大韓帝国・朝鮮総督府の官吏を務めた韓圭復《ハンギュボク》(一八八八〜一九六七年)、金化俊《キムファジュン》(一八九〇年〜?)は、「当面は国権が回復されることはなく、徐々に実力を養成しつつ民族を指導して機会が来るのを待つ」(韓圭復の「聴取書」一九四九年八月二九日。『裁判記録』一六巻)、あるいは「国運が不幸に陥り国家は失われてもわが民族は生き延びねばならず、また一歩進むわが民族が生きて国家を再び復興することもあるという考えから、総督治下でも□□□〔三字判読困難〕われわれの生存を保障すると同時にわれわれの実力を培養しようと考えた」(金化俊の「被疑者訊問調書」一九四九年八月二九日。『裁判記録』三巻)と証言している。なかには「職位を有していたからこそ、民族に対する福利を図ることもあった」として、朝鮮社会に対する寄与を公言する者もいた(金昌永《キムチャンヨン》の「陳述書」一九四九年五月一七日。『裁判記録』三巻)。

「親日/対日協力」につながる実力養成論の前提には、近代化・文明化に向けて朝鮮人が短期間で民族的力量を蓄積して独立を主体的につかみとるだけの能動性に乏しいという悲観的な現状認識が散見される。

尹致昊の場合、三・一独立運動の際に、朝鮮人にはまだ独立するだけの能力はないと新聞紙上で表明した（「鮮人《ママ》の為に悲しむ／自立は到底不可能だ／尹致昊氏談」『京城日報』一九一九年三月七日付）が、一九三九・四〇年段階でもなお、独立しうるだけの実力が備わったとする判断に至ることはついになかった［趙　二〇〇八：一七二］。「若し弱者が強者に対して無闇に楯を突いたら強者の怒を買ひ結局弱者を苦しむることにな」る（前掲『京城日報』記事）と断じた尹致昊にとって、朝鮮・朝鮮人は日本という先進的な大国の枠内で活路を見出していくほかないと考えていた。

また、「皇民化」政策期の金文輯《キムムンジプ》（一九〇九年〜?）の主張に、「仮に百歩を空想的に譲つて、百年後には朝鮮が日本から離れると致さう。したらその百年間をどうすると云ふのだ?その間は却つて不幸であつた方がいいと云ふ理論的、現実的乃至は哲学的な根拠があると云ふのか?」（金文輯「朝鮮文壇人へ（四）現実と朝鮮民族の問題」『京城日報』一九三九年四月六日付）というものがある。近々には実現しそうにない日本からの分離のことより、現在や当面のことを優先させるべきという姿勢もまた、日本統治を相対化して見ることを阻んでいた。

格差・差別の撤廃

日本統治下の朝鮮では、日本（日本人）と朝鮮（朝鮮人）とのあいだに法制度上の格差が設けられていた。その格差は、国籍、戸籍、法令の適用、官吏の任用・待遇、教育、参政権、兵役、日朝間の渡航、名前などに至るまで多岐にわたる。ある場合は民族、ある場合は地域を基準として異なった処遇がなされていた

〔板垣　二〇〇七：三九～四〇〕。日本人側には朝鮮人に対する差別意識・優越意識があったが、そうした意識はこれらの格差の存在によって正当化される面も見られた。

日本統治への協力姿勢をとった人びとにおいても、格差があるままの状態をよしとしていたわけではない。政治参加の面では、「新日本主義」を掲げる閔元植《ミンウォンシク》（一八八六～一九二一年）や彼が創設した国民協会（一九一九年一月設立）では、朝鮮に対する衆議院議員選挙法の施行を訴えて、帝国議会へ連年請願・建白をおこなった。閔元植もまた実力養成を主張する（閔元植「新日本主義――閔元植氏最後の演説（一）」『京城日報』一九二一年二月一九日付。ただし、あわせて「復古的論理」の主張も見られた〔松田　二〇〇四：三八〇〕）とともに、「日本国民タル自覚ヲ喚起」し「国家観念ヲ鞏固《きょうこ》ナラシムル」ためにも朝鮮人に政治参加を認めるべきだとした（「朝鮮ニ衆議院議員選挙法施行ノ陳情書」一九二〇年七月）。そのかたわら、日本の統治領域（朝鮮・台湾・関東州・南樺太・南洋群島）を統括する中央省庁として「拓殖省」の新設が議論された際（一九二九年）に国民協会は、朝鮮を台湾など他の「殖民地」と「同一視」することに強い反発を示し、朝鮮の「殖民地視」にこそ「当局者ノ眼中内鮮《ママ》ニ対スル差別的政治アリ」と見ていた（国民協会・李東雨《イドンウ》「陳情書」一九二九年四月）。

尹致昊は『日記』において、「日本人の友人」によるアメリカの「Alien（European）」と朝鮮の朝鮮人の現状の対比を紹介する形式で、朝鮮人の現況として言論・運動の自由の欠如、教育の低水準、経済面での機会均等の不備、公務就任の限定などを列挙しており（一九二〇年七月二〇日条）、日朝間の格差は自覚されていた。そして、「満州事変」以降は「日本の満州政策の成功を望む」ようになり、日本の対外膨張に

「朝鮮における朝鮮人の政治的・経済的処遇の点で多少緩和に傾くかもしれない」という期待をかけた(『日記』一九三二年二月二二日条)。他方、「皇民化」政策期に頭角を現す玄永燮は日朝間の格差について、独立運動などにより日本側の全面的な信頼を得られず、生活水準や「愛国心」の面で日本人に劣る状態にあっては、「意識的に、朝鮮人を劣等視した植民地意識からではない」「決して不自然な不平等関係又は差別的待遇を総督府や一般内地人が朝鮮人に対し行ってゐるのではない」として、格差のある現状をむしろ当然とするとらえ方を示す。そして、日本が朝鮮人に対し本国と同等の待遇を認めるまで、「権利を要求する前に、感謝し、義務を甘受」するべきとして、朝鮮人に対し「皇国臣民となる道を早める」ための一方通行的な努力を要求する(前掲『朝鮮人の進むべき道』)。

これに対し、民族運動の経験をもつ人びとにとって、「満州事変」・日中戦争へと至る日本の進撃拡大は、朝鮮の分離・独立という期待がしぼんでいく過程でもあった〔宮田 一九八五：一五七〜一五九〕。そして、日本の朝鮮統治はいつ終わるともなく続くものと映った(崔南善「自列書」一九四九年二月一二日)。かくして「真に朝鮮民衆の利益と、幸福と繁栄の為め」を真摯に考えるならば「今日朝鮮民衆の斯様な福利なるものは、たゞ帝国の忠実なる臣民としてのみ、実現され得るものだと云ふことを、明確に認識しなければならない」という覚悟がもたらされる(印貞植「内鮮《ママ》一体の必然性について」『東洋之光』一九三九年一月号)。こうした人びとのなかから、日本の統治・戦争への積極的な協力を通じて何らかの成果の獲得をめざす動きが出てくるようになる。

日本人との法制度上の同等の地位(義務教育・徴兵・参政権)、社会参加の機会均等(官界・経済界での雇用拡大）が希求され、戦争の長期化のなかで、格差の是正を求める声もまた陰に陽に現れてくる。戦況の悪化が進む一九四三年二月、海外経験のある二〇人の朝鮮人が総督府に招請され、「いかにして米英を撃滅するか」という主題で意見交換の機会が設けられた。この円卓会議の席上、趙炳玉《チョビョンオク》（一八九四～一九六〇年）は「朝鮮人はその精神を皇軍に近づけるべきである」と論じるかたわら、「政府は朝鮮人に、朝鮮人が首相や公使や大使になれるという希望を与えるべきである」、「朝鮮の青年に日本人と同等に名誉と富の伴う魅力的な地位にむけての希望が与えられるべきである」と述べた（『日記』一九四三年二月二八日・三月一日条）。この発言に同調する尹致昊は、イギリスにおけるスコットランドを念頭に、「勇壮な大日本帝国の国民体制に完全に同化すること」こそ、朝鮮人の「自己保存と将来の前進に向けて唯一の道」だと『日記』に記した（一九四三年三月一日条）。ここでの「完全」な「同化」という表現には、日本人と同等の権利・義務および社会参加の機会を保障された〝日本国民〟への統合がイメージされていると思われる。そして、『日記』の記述は「日本の聡明な指導者たちが朝鮮を日本のスコットランドとするよう、私は希望し祈る。決して決して日本のアイルランドではなくして」と続く。尹致昊にとって、「同化」の実現はあくまでも「日本の聡明な指導者」の〝賢明さ〟にひたすら期待するほかないものとしてあり続けた。

4　朝鮮総督府は「親日派」をどう見たか

前述のように「文化政治」期の朝鮮総督府では、「親日人物」や「親日団体」の確保を朝鮮統治上の課題と位置づけ、資金援助や便宜供与などをおこなったものの、そこにはしばしば不信のまなざしが見受けられた［宮本　二〇一一ａ：三二五］。「文化政治」期に懐柔工作の標的とされた崔麟《チェリン》（一八七八年～？）は「朝鮮に於ける当局が常に推疑の目を以て我等の言動に注意し」、「漫《そぞろ》に自個の推断に依つて一個の定規を作り凡て此の自己製作の定規を以て曲げて妄断」していると語ったことが伝えられている（崔麟と阿部充家の「答問覚書」）。朝鮮軍（朝鮮駐屯日本軍）司令部もまた「親日ト称シ、排日ト称スルモ五十歩百歩ニシテ、各人ノ思想ヲ窮極スレハ畢竟ハ朝鮮民族ノ独立ナリ」（朝鮮軍司令部「鮮人《ママ》問題ト其ノ対策」一九二七年五月一一日）と見ていた。

こうした不信の視線は朝鮮総督府内の朝鮮人官吏にも向けられた。朝鮮人官吏は昇進・俸給の面で日本人官吏とのあいだに格差があり、意思決定過程に加わることのできる朝鮮人は日本統治の全期間を通じてきわめて限られていた。独立運動家の検挙に尽力した警察官の金泰錫《キムテソク》（一八八二～一九五三年）ですら、日本人同僚とのあいだの給与格差に加え、職場での冷遇があった。「近来は稍減ぜしも最近迄は秘密を日本人には下級官迄に明かしたるも朝鮮人には少しも明かさず」、「同僚は私が仕事を沢山すれば憎み、少くすれば又憎みたり」といった環境のなかにおかれ、「親日をしても生くるを得ず」、「朝鮮民衆に恨を受け居れる余にして当局が又憎むことになれば私は生きて居れぬなり」と悲嘆にくれる一幕も見られた（「親日たらむか、排日たらむか、晩がけに覚りし金課長」『時代日報』一九二四年一二月二日付。『諺文新聞差押記事輯録（時代日報・中外日報）』朝鮮総督府警務局図書課、一九三二年）。他の官吏経験者においても、「官吏であったために必要以上の苦痛を感じ、官吏であったために日人から□□□圧迫を受けたのであって、その者の実際的な圧迫程度を誰よりもよく知るからこそ排日的心理が濃厚だった」（韓圭復・前掲「聴取書」）、「日本の体制は、日本人同僚と比較して甚だしい差別のぶらんこに彼を乗せておきながら、なおかつ彼を疑い続けた」〔任　一九七五：一二四〕など、同様の証言が見られる。

朝鮮人への不信はアジア・太平洋戦争期にも引き継がれた。「如何に良いことをやつても、一応警察などが色眼鏡でもつてみる」（鄭寅燮《チョンインソプ》の発言。「戦争と思想座談会」『緑旗』一九四一年四月号）というように、朝鮮人の言動を見る日本側の視線には引き続き「色眼鏡」がつきまとった。すでに触れた一九四三年二月の円卓会議でのやりとりは、格差解消の道筋を求める朝鮮人側と朝鮮総督府側の齟齬を如実に表す場となった。先の趙炳玉の言に対し、波田重一（国民総力朝鮮連盟事務総長）は「皇国臣民として我々は、自身の努力に何の見返りも決して考えることなく、義務と最善を尽くすべきだ」と応じ、波田と八木信雄（総督府警務局保安課長）に悪い印象を与えた様子だったという（『日記』一九四三年二月二八日・三月一日条）。「部外者にはなんら提言をおこなう権利もない」という尹致昊の『日記』の筆致にはやるかたない疎外感がにじんでいる（一九四三年三月一日条）〔宮本　二〇〇一：二〇三〕。

朝鮮総督府にとって、統治・戦争に協力的な朝鮮人は一方的に利用するだけの存在でしかない面があり、その言動については常に意識しつつも、警戒を怠ることはなかった。加えて、日本側では日朝間の格差撤廃に消極的であった。「内鮮《ママ》一体ハ朝鮮人指導上ノ目標ヲ指示セルモノニシテ即該直チニ総テヲ平等化セントシタルモノニ非ザルコトハ事明《ママ》」（厚生省健民局・第八四回〔一九四三年〕帝国議会参考資料）、「従来兎角一部人士に『内鮮《ママ》一体』の理念が『内鮮《ママ》平等』の観念と混同、誤解せられてゐた弊に対し、之を一掃」（朝鮮総督府官房情報課編『朝鮮統治と皇民錬成の進展』)、といったことが日本側の内外で言明されていた。

5 「親日派」問題のゆくえ

「親日／対日協力」は朝鮮民衆からも乖離していた。参政権要請を中心的活動とした国民協会は朝鮮社会での反発が強く〔松田 二〇〇四：三八二～三八三〕、大衆的な支持をもつものではなかった。一九四五年に及んで衆議院議員選挙法を朝鮮に施行する法改正が実際になされた（納税要件あり）が、「朝鮮人一般大衆層ニ在リテハ政治参与問題ニ対シテハ比較的関心稀薄ナルノミナラズ極一部層ニ於テハ本件ノ如キハ一部特権階級ノ政治的野望ヲ満足セシムル以外一般大衆ニハ何等ノ影響ナシ」という反応であった（内務省管理局長「朝鮮同胞処遇改善発表ニ伴フ反響ニ関スル件」一九四五年一月二一日）。塚﨑〔二〇一〇：四三〕が在日朝鮮人の「親日派」について「日本の権力者との『パイプ』を作り、上からの差別の『改善』を勝ち取ることに重点を置」くあまり「その改善策が実効性を持たなかったこともあって、大衆的基盤を備えるにいたらなかった」と指摘したが、それは「親日／対日協力」全般においても同様の状況があったと言える。

日本の敗戦後、作家の蔡萬植《チェマンシク》は「親日／対日協力」をめぐる葛藤をテーマに据えた小説「民族の罪人」を発表している（執筆は一九四六年五月）。そのなかに、「親日／対日協力」に擁護的な登場人物のセリフとして「自分は区長や面職員が煩くて、巡査と刑罰が恐ろしくて無理に供出したのではなく、ある朝鮮人の講演を聞いて正しいと思って、ある小説を読んで感動して、あるときの新聞を読んでよいことを書いていると思って、そうやって湧き出る気持ちから供出したと言う農民は、おそらく一万名のうちに一人も探すのが難しいことだろう」というものがある［蔡　二〇〇九：三九七］。これは、行政機構と民間の知識人とでは朝鮮民衆を戦時動員に追いやるうえでの影響力に格段の違いがあったという言い分であるが、知識人・官吏経験者のいずれも、朝鮮民衆からの遊離についての自覚が見られた。崔南善は「身を引き締めてただ沈黙すること」もできず「祖国の歴史と文化を一人で担うかのごとく憂いつつ、身分・名誉がどうなるかを観念せず、その時その時に可能なあれこれをなそう」とした挙句、日本の敗戦後に待っていたのは「私の反逆の影像を映し出す大明鏡」であったと述べ（前掲「自列書」）、任文桓は「拍手してくれる一人の観客もおらず、救助網の代りに深淵が深々と静まりかえっている真上で、孤独な曲芸を繰り返」す「曲芸師の空中ぶらんこ乗り」と朝鮮総督府在勤時代の自身を形容した［任　一九七五：一二四］。日本の朝鮮統治が瓦解した以上、官吏在任の履歴も「日帝に阿附」した結果ということでしかなくなり（韓圭復・前掲「聴取書」）、主観的には〝朝鮮民族のため〟を自任していたにせよ、「親日／対日協力」で残ったのは、朝鮮民衆に日本統治への従属を強いて物心両面にさまざまな被害をもたらしたという事跡であった。日本の敗戦直後には、末端行政・警察の朝鮮人官吏に対する襲撃があいつぎ、それは日本人官吏への襲撃件数を上回っている。

南部朝鮮では、軍・警察・行政などの各方面で日本統治期からの人的連続性が見られ、アメリカ軍政・大韓民国の権力構造にいち早くくいこみ、社会的地位を引き続き確保した。アメリカ軍政庁・李承晩《イスンマン》・右派勢力は日本統治期の官吏・警察・軍関係者などについてその知識・技能を活用することを要望したが、南部朝鮮・大韓民国は〝反共〟という名目のもとで日本統治期の経験を活かせる環境にあった。人的連続性は邑面長（町村長）・洞会長（町会長）・統班長（統・班＝洞の下位の住民組織）レベルにも及んだ（「（投書）邑面長人選は慎重に」『朝鮮日報』一九四五年一二月二六日付。「（投書）洞会長と統班長」『東亜日報』一九四九年四月一四日付）。「皇民化」政策期に各種動員政策に応じて朝鮮民衆に負担を課し「天皇陛下万歳」を叫んでいた人物が大韓民国成立後もその地位を引き継ぎ、地域住民の前で「最も熱々たる愛国者であるかのごとく意気揚揚」とふるまう姿が見られた（前掲「洞会長と統班長」）。

しかし、これらの状況に批判的な立場からすれば、日本統治期の官吏としてのキャリアは「倭政《ママ》の植民政策を公式的に遂行するしつけ」（「覆面の親日群像（二）『高文』は反族の登竜門・経験と言えば倭奴《ママ》の神道体得のみ」『朝鮮日報』一九四八年八月二四日付）であり、「搾取、掠奪の植民地官吏として抑圧と支配の権化になることのみを最高の官吏道」（「（社説）公務員法を制定せよ」『朝鮮日報』一九四八年九月三日付）とするものであり、「人民の自由と権利」を積極的に発展させる「民主国家の新政」の出立にあたってそのような経験が本当に必要なのかという問いかけがなされた。先の邑面長・洞会長・統班長に関する投書者も「民衆の不平は藉藉《せきせき》」で「解放の甲斐がどこにあるのか」（前掲「邑面長人選は慎重に」）、「憤怒を禁じ得ない」「解放後当然粛清されるべき人物が大韓民国となった今日、また再び洞民万余名の長になろうとは……」（前掲「洞会長と統班長」）と、憤り・失望を隠せなかった。このような反発にもかかわらず、北部朝鮮・朝鮮民主主義人民共和国との対峙や「愛国」の先取り競争のなか、「親日派」問題は後景に退いていく［宮本　二〇一一b：二七七〜二七九］。

日本の敗戦後も引き続き権力・利権を掌握しようとした動きがあったがために、「親日派」とは「単に過去において親日をおこなった、民族に叛逆した分子」にとどまらず、「今日自己の悪行に対して良心の呵責どころか却ってその悪行を糊塗し」「愛国者然と表面を取り繕おうとして事態を混乱させる者」としてとらえられた（「(社説) 親日派と民族叛逆者」『朝鮮日報』一九四五年一二月三日付)。また、「親日派」の処遇をめぐっては、どのようなかたちで国づくりをおこなっていくのか、そこで優先されるべきものは何か、という問いも含まれていた。「親日派」問題は日本統治〜アメリカ軍政〜大韓民国成立の流れのなかで現在進行形の事態としてあり続けるとともに、日本敗戦後の朝鮮社会に分裂・対立をもたらす大きな要因の一つとなったのである。

文献一覧

〈日本語文献〉
板垣竜太「日本人と朝鮮人は平等だったか」田中宏・板垣竜太編『日韓　新たな始まりのための20章』岩波書店、二〇〇七年
板垣竜太「植民地支配責任を定立するために」岩崎稔ほか編著『継続する植民地主義』青弓社、二〇〇五年
任文桓『愛と民族——ある韓国人の提言』同成社、一九七五年（同『日本帝国と大韓民国に仕えた官僚の回想』ちくま文庫、二〇一五年）
蔡萬植「民族の罪人」布袋敏博・熊木勉訳『太平天下』平凡社、二〇〇九年
趙景達「日本帝国の膨張と知識人」同『植民地期朝鮮の知識人と民衆』有志舎、二〇〇八年
塚﨑昌之「アジア太平洋戦争下の大阪府協和会・協和協力会・興生会の活動と朝鮮人」『東アジア研究』五四号、大阪経済

法科大学アジア研究所、二〇一〇年
外村大「植民地に生きた朝鮮人にとっての日本――民族指導者尹致昊の日記から見えてくるもの」、『日本の科学者』四五巻一二号、二〇一〇年一二月
並木真人「植民地期民族運動の近代観――その方法論的考察」『朝鮮史研究会論文集』二六集、一九八九年
松田利彦「植民地朝鮮における参政権要求団体『国民協会』について」松田利彦・浅野豊美編『植民地帝国日本の法的構造』信山社、二〇〇四年
水野直樹「親日派」梅棹忠夫監修『世界民族問題事典』平凡社、一九九五年
宮田節子「『内鮮一体』の論理」同『朝鮮民衆と「皇民化」政策』未來社、一九八五年
宮本正明「戦時期朝鮮における『文化』問題――国民総力朝鮮連盟文化部をめぐって」『年報・日本現代史』七号、二〇〇一年
宮本正明「朝鮮における『文化政治』と『協力』体制」和田春樹ほか編『岩波講座　東アジア近現代通史4　社会主義とナショナリズム』岩波書店、二〇一一年a
宮本正明「朝鮮の『解放』と日本」趙景達編『植民地朝鮮――その現実と解放への道』東京堂出版、二〇一一年b
〈韓国語・英語文献〉
朴賛勝『韓国近代政治思想史研究』歴史批評社、一九九二年
柳永烈「開化知識人の親日化過程――尹致昊の親日協力論理」同『開化期の尹致昊研究』ハンギルサ、一九八五年
『反民特委裁判記録』(『裁判記録』)三巻・一六巻、タラクパン、一九九三年
『尹致昊日記』(『日記』)八巻・一〇巻・一一巻、大韓民国文教部国史編纂委員会、一九八七・一九八八・一九八九年

第Ⅲ部

現代の相互認識

第1章　現代の日韓相互認識の深化

――三人の歴史研究者・歴史教育者の応答から

君島和彦

はじめに

現代の日本と韓国の相互認識を検討するにあたって、相互認識を深めるために努力してきた人びとに焦点をあてて考えることも意義があるだろう。その人物として、日本の加藤章、韓国の李元淳《リウォンスン》、そして李元淳の門下生鄭在貞《チョンジェジョン》の三人を取り上げてみよう。

韓国人の李元淳と鄭在貞は、日本語が堪能である。特に李元淳は、日本の植民地下での旧制中学校を卒業しており、現在の日本人より「正統派」の日本語を駆使することできる。鄭在貞も、日本の大学で修士課程を修了しただけでなく、その後も各地の大学や研究所に留学し、日本での生活も長く、日本語の能力は非常に優れている。したがって、日本語の文献も十分に読みこなし、さらに日本の事情にも詳しい。彼らは韓国のなかでも優れた知日派と評価できよう。

加藤章は、大学卒業後に高校の教員を経験し、その後、大学に転じてからも歴史教育に関心を寄せ、日本と韓国の歴史教育について、発言してきた。加藤は、李元淳などとの交流のなかで韓国に関する認識を深めていったとも言える。

この三人は、相手国に向かって発信した著書を発表している。その著書を中心に論を進めていく。彼らの著書は以下のものである。

李元淳『韓国から見た日本の歴史教育』(青木書店、一九九四年)。
加藤章『戦後歴史教育史論——日本から韓国へ』(東京書籍、二〇一三年)。
鄭在貞『日韓〈歴史対立〉と〈歴史対話〉』(坂井俊樹監訳、新泉社、二〇一五年)。

これらの著書は、タイトルからも、相互認識をめざしたものであることがわかる。そして、相互認識を考えるにあたって、歴史教育または歴史教科書に焦点をあてる。彼ら三人が歴史教育や歴史教科書に深い関心をもっており、さらにそこには各政府の意図や教科書を執筆する歴史研究者、歴史教育者の意図が見えるからである。

1　加藤章と李元淳

加藤章と李元淳は一九七六年に出会っている。日韓基本条約締結後、日韓の交流が可能になって以降、歴史教育交流に積極的だったのは、韓国の歴史教育研究会だったと加藤は言う。一九七六年八月、韓国で日朝修好条規による開港一〇〇年を記念する行事として「江華島条約締結百周年記念セミナー」が開催され、日本でも東京韓国研究院の主催した「開港百年シンポジウム」がおこなわれた。この韓国研究院でのシンポジウムで講演したのが歴史教育研究会会長の李元淳であった。講演「日本史教科書にみられる韓国史関係記述について」が、李元淳［一九九四］のⅠである。

また、同年一〇月、韓国のソウルで歴史教育研究会主催の「民族と歴史・歴史教育」というシンポジウムが開催された。このシンポジウムに参加し、「日本の歴史教育における韓国史」と題する講演をおこなったのが、当時、NHK高校講座「日本史」を担当していた加藤章であった。シンポジウムの司会を担当したのが李元淳であり、加藤章と李元淳の交流はこのときから始まった［加藤　二〇一三：第Ⅲ部第1章］。

一九七〇年代、日本の歴史教科書の韓国史記述では何が問題だったのか。李元淳の一九七六年の講演と論文、および一九八四年の発表［李　一九九四：Ⅰ、Ⅱ、Ⅲ］を通して見てみよう。李元淳は当時の日本の中学校と高等学校の日本史と世界史の教科書五三冊を読んで批評している。李元淳は家永三郎の提起した教科書裁判に関心をもっており、日本の検定が相当「きついところがある」と考えていたようであるが、検定に合格した教科書を見ると、その記述内容に相当な振幅や差異があり、非常に豊富な内容であることに「びっくり」している。そのうえで、日本史の採択率上位五位までの教科書を取り上げて論述している［李　一九九四：Ⅰ］。

李元淳のⅢ論文は、一九八二年の日本による教科書問題、「日本教科書波動」を経ることによって、李元淳の視点がよりいっそう明確になり、日本での歴史教科書の歪曲を「集中的に論じ」ている［加藤　二〇一三：第Ⅲ部第7章］。

李元淳［一九九四：Ⅲ］は、最初に「歴史の歪曲」とは何かを定義している。「歴史の歪曲」とは、「何らかの目的によって意図的に歴史の真実を無視し、不実なものに組み替えること」であり、「自己の利益のために歴史的事実を造作する不道徳的な行為」であると言う。この定義について、加藤は、これまで、韓国の研究者の言う「歪曲」という用語に「少なからぬ違和感をもって」いたと言い、自分たちは歪曲を「正しい事実をゆがめ曲げてわるくすること」（広辞苑）という理解が一般的で、文字通り客観的な「事実を歪曲する」意味に解してきたが、韓国側の用法はもっと突っ込んで「歪曲」をとらえ強調していたことを理解できたと言う。そして、日本の教科書執筆者が「意図的に歴史の真実を無視」し「組み替え」「造作する」というイメージを韓国側が抱いていたことが、「教科書論争を通じて少なからずすれ違いを生じた一つの原因でもあった」と評している［加藤　二〇一三：第Ⅲ部第7章］。「韓国史を歪曲する」ことを厳密に規程した李元淳と、その理解の違いが相互認識に大きな壁であったと理解した加藤の読みは重要である。

そのうえで李元淳は、日本の歴史教科書での韓国史の内容に自らが言及する理由を、「帝国主義史家たちによって歪曲され、捏造された韓国史観に基づいた歴史教育を清算し、それが真の歴史意識に基づいた歴史教育の本来の軌道に乗るとき、はじめて韓日間の新しい歴史が創造される」［李　一九九四：Ⅱ］のであり、したがって、歴史歪曲の是正を求めることは、「決して日本の教育の主権を犯すのもではない。それはわれわれを正しく理解させたいという当然の希望であり、再び侵略される悲劇に陥ることを避けるための当然な要求である」。さらに、「歪曲された歴史」は、日本人に「望ましくない閉鎖的な民族意識と共に、誤導された歴史認識をもたらすこととなり、日本の国民のためにも不幸なことである」と述べる。「アジアの諸国民は、日本の国民に対して、真実を直視できる望ましい歴史認識をもつ次世代国民を教育し、世界史の発展に寄与する歴史教育をすることを熱烈に要求する」[李 一九九四：Ⅲ]と提言している。加藤章は、この発言は、李元淳の「信念であり、その迫力に圧倒された」[加藤 二〇一三：第Ⅲ部第7章]と応答している。

このように述べたうえで、李元淳は、日本の教科書での一四項目の歴史歪曲の事実を指摘している。ここで注目すべきは、韓国史の正統性に関する指摘が多いことである。第一は、日本の教科書に最初に登場する韓国史が「漢四郡」である点、第二は、古代の朝鮮半島から日本列島への先進文化の流れに関して、朝鮮半島を大陸から流れる文化の橋梁であるとしている点、第三は、神功皇后《じんぐう》の「三韓征伐」や「任那日本府」などを完全に批判していない点、第四に、日本古代の飛鳥文化と白鳳文化などへの百済や新羅、中国南朝からの影響を無視している点、第五に、統一新羅に関する記述が「白村江の戦い」だけになっている点、などをあげている[李 一九九四：Ⅲ]。

これら古代史に関する指摘は、いずれも韓国史、「韓半島」での「韓民族」の正統な歴史を把握できなくさせていると批判している。この意見を韓国のナショナリズムと言ってしまっては李元淳の提起を理解できない。加藤は、これらの指摘を受けて、全般的に見れば李元淳が指摘する問題点はまだ広く残存するだろうと言う。日本では、経済的発展と国際化のなかで新たに生まれてきた自国中心主義の世界観が浸透し、振り返って自国史の光の部分のみならず影の部分まで肯定的に見てしまうようなムードが生じているように思われるからである。一九九〇年代初期におこなわれた日韓合同歴史教科書研究会においてさえも、韓国側の発言をあまりに民族主義的な考えではないかと受けとめた人びとがかなりいたことも事実であるとも述べている［加藤　二〇一三：第Ⅲ部7章］。

それでは、韓国で民族主義が強調されるのはなぜか。李元淳は、韓国には民族主義を強調しなければならない個別史的必要があると言う。まず、「主権を失うことによって、異民族の抑圧におかれた不幸がどのようなものかを歴史を通じて実証的に教え、独立と主権の大切さを確認させることによって、再び歴史的過誤をくりかえさない心構えを固める民族的必要からの教育的配慮」である。さらに、韓国では、「植民地生活から解放されたとはいえ、いまだに南北に民族が分かれており」、そのために韓民族は、「統一の原理として民族を強調せざるをえない。南と北に裂かれた韓民族は民族的同質性に訴え、その確認によって統一国家の意志を固める必要がある。〔中略〕韓国の歴史教育において民族を強調することは、韓民族としては『歴史的当為』でもある」と言う［李　一九九四：Ⅴ］。

以上のように主張する李元淳は、韓国の歴史教育が「国粋主義的民族感情に陥り閉鎖的な排外意識」に流される危険を認めたうえで、「開放された民族主義」を提唱している。すなわち、「世界史的普遍性と調和しうる民族史的個別性を追求する努力」を強調している。たとえば、「歴史教育で日本の植民地支配の真相を扱う場合、それを告発し、非難することによって、日本人に対する敵愾心を植えつけることになってはならない。近代化の努力がどのように阻まれ、主権を守れなかった歴史の過誤から歴史的教訓を学び、再びそのような過誤をくりかえさないという決意と実践の意志を固めるものとするべきである」と言う

［李　一九九四：V］。

加藤章は、このように主張する李元淳を、「春秋の筆法でいえば、現代の日韓関係においても、まずは日本側の誠意と熱意が過去の歴史への謝罪につながるであろう。そのときこそ歴史の認識を共有することも可能となるに違いない」と言い、「私には李元淳氏が現代の通信使に見えることがある。学者として、時には有能なる政治家、外交官としてその人間的魅力が交流の道を開いていくからである」［加藤　二〇一三：第Ⅲ部第7章］とも述べる。

2　鄭在貞の歴史認識

ここで取り上げる鄭［二〇一五］は、鄭在貞が、これまで「三〇年あまり、日本の歴史認識と教科書問題に対し積極的に意見を述べ、また日本をはじめとする諸外国との歴史対話にも頻繁に参加」する過程で得た「情報と知識」に基づいて執筆したものである。そして、鄭在貞は、「互いに憎悪し険悪な雰囲気が広まった韓国と日本の両国の各界各層に広く本書が読まれ、両国が抱いている歴史認識の対立の本質と歴史対話の意義を正確に把握し、信頼と尊重の相互関係が構築されることを願っている」と述べている［鄭二〇一五：はじめに］。

鄭在貞の認識で注目すべきは、「日本政府高官の不適切発言」を批判しつつ、そのような不適切発言がまかり通っている事情を、「天皇の戦争責任が連合国軍の占領政策および憲法制定と連動して不問に付せられた」ので、「その後の日本人たちが侵略という加害事実を直視するのに大きな障害になってきた」と述べている点である［鄭　二〇一五：第1章］。戦後日本の歴史認識の根本問題を鋭く指摘していると言える。戦後日本の平和憲法体制と天皇の温存がセットになっているという指摘は近年の憲法研究とも符合する。

そのうえで、一九八〇年代に入って、日本と韓国で変化があった。日本でも、「進歩的知識人が『韓国併合』に対して反省と謝罪を促す研究と声明を発表して、左派野党である社会党がこれを政策」として受容し、「冷戦体制の崩壊に直面した保守自民党政権」も、「アジア各国の信頼と支持が必要」になった。そのためには「過去の侵略と支配」、「歴史問題に対する謝罪と反省が必要」となった。また韓国では、「経済発展が持続し、民主主義の熱気が高潮」することによって、韓国政府と日本政府の間で「歴史認識と過去の歴史処理」が「懸案として浮上する」ようになったことに注目している［鄭　二〇一五：第1章］。

このような情況をふまえ、鄭在貞は日本の歴代首相の発言に注目している［鄭　二〇一五：第1章］。一九八三年一月、米韓日の保守・反共の共同戦線をめざして、中曾根康弘首相が就任後初めての外国訪問先に韓国を選んだ。中曾根は晩餐会の挨拶で過去に「不幸な歴史のあった」ことを認めた。さらに、一九八四年九月の全斗煥《チョンドゥファン》大統領の訪日の際の午餐会で中曾根首相は、日本が「韓国と韓国国民に多大な苦難を与えたことに対して、深く遺憾の意を嚙みしめ、将来にこうしたことがないように堅く決意するという意思」と表明した。この中曾根首相の認識はその後の自民党の歴代首相に継承された。

一九九〇年五月の盧泰愚《ノテウ》大統領の訪日の際にも、海部俊樹首相は「反省し率直に謝罪する」と述べた。

さらに、一九九二年一月に宮沢喜一首相は、訪韓の際の晩餐会の挨拶で「反省と謝罪の意」を伝えた。その後、一九九三年に韓国を訪問した非自民連立政権の細川護熙首相は、「近代日本の戦争を侵略」と明確に定義し、「植民地支配に対して、はるかに強く高い謝罪の意志」を表明した。これらの発言に対し、韓国歴代の大統領は、「日本の首相の発言を好意的に評価して、過去から抜け出し前に進もうという意向」を表明した。このように、細川首相と金泳三《キムヨンサム》大統領のときに「最高潮」に達した。そして、戦後五〇年の一九九五年、社会党を中心にした村山富市連立政権は「歴史を教訓に平和への決意を新しくする決議（戦後五〇年国会決議）」を採択し、八月一五日には「戦後五〇周年終戦記念日を迎えて」という首相談話を発表した。閣議決定の「村山談話」に対し鄭在貞は、「日本が近隣諸国を侵略し、支配して損害と苦痛を与えた事実を明確に認めた」点、「すべての犠牲者に哀悼の意を捧げた」点で、「歴代首相の所信表明より内容と形式が大きく進展した」と評価した。

鄭在貞はこのように日本政府の反省と謝罪の深まりを分析した。そして、「村山談話」は「東アジアにおける歴史認識の公共財的な性格の文書」としての位置を確立したと評価する。さらに、韓国を特定して日本の植民地支配について反省と謝罪を表明した文書として、一九九八年一〇月の金大中《キムデジュン》大統領と小渕恵三首相による「日韓共同宣言（日韓パートナーシップ宣言）」を評価し、「日韓条約を補完する」ものと紹介している。そのうえで、二〇〇二年九月の小泉純一郎首相と金正日《キムジョンイル》国防委員長の「平壌宣言」を「日韓パートナーシップ宣言」と同様に評価している。

鄭在貞は、このような歴史認識は、一九六五年の日韓基本条約締結時から見れば、大きく進展していると評価している。さらに、日本の首相および政府が『韓国併合』条約自体が不法で不当」であるとまで受け入れれば、「韓国との歴史和解を達成するための大きな転機になる」と述べている。鄭在貞は、ドイツと近隣諸国の関係改善で政府の果たす役割が大きかったことに学ぼうとしているのだと言えよう。

以上のような認識は、鄭［二〇一五］での第一期と第二期の「日韓歴史共同研究委員会」の評価（第6・7章）にも現れている。この委員会は、二〇〇一年四月に中学校用『新しい歴史教科書』（扶桑社）が検定に合格し、日本国内ばかりでなく、韓国や中国から激しい批判の声が上がったことに対し、一〇月の金大中大統領と小泉首相による首脳会談で、日韓関係史に関する共同研究会を設立すること、両国間の歴史関連事業を実施するために官民で構成する合同支援委員会を設置することを合意したことに始まる。すなわち、「歴史紛争」の壁を越える方法の一つとしてスタートしたものである。

以下、鄭［二〇一五：第6章］によって、韓国での委員の選任や活動を紹介しよう。韓国では、この計画を推進するために支援委員会と研究委員会が発足した。支援委員会は外交通商部（日本の外務省にあたる）、研究委員会は教育人的資源部（日本の文科省にあたる）が、人選と運営を担当した。研究委員会の委員は、「歴史学界の世論をとりまとめ、推薦を受けるなどの準備作業」を経て、教育人的資源部が一〇人を任命した。この研究者は、第一分科（古代）三人、第二分科（中近世）三人、第三分科（近現代）四人であった。そして、各分科で検討する韓日の共同研究テーマに関する研究を促進させるために、韓国内での共同研究員を委嘱した。古代史に二〇人、中近世史に二五人、近現代史に四六人である。

他方、日本での委員の人選は、韓国のように歴史学界に意見を聞くことはなかった。たとえば、研究者の国会とも言われる日本学術会議や、日本にある歴史研究学会の連合体である日本歴史学協会など、日本の歴史学界を代表する組織に意見を聞くということもしていない［君島　二〇〇九：第二章］。鄭在貞は人選の方式を「日本も同じ」と記しているが、この点は誤りである。また、日本では、研究委員以外には「研究協力者」がいたが、この人びとは論文執筆などで委員と同じ仕事をする人であって、韓国の共同研究員とは性格が異なる。研究協力者の人選も委員の人選と同じく、どこにも意見の聴取をしていない。つまり、日本の場合、人選がどのようにおこなわれたか、公表されていない。

鄭在貞は、学界等の推薦を受けて、第一期と第二期の日韓歴史共同研究委員会の委員を経験している。したがって、当事者としての意見、経験が記されている。その点では貴重な論考ではあるが、報告書を作成し、インターネットで公開したことなどを「成果」としており、歴史認識の対立についても、評価が甘いと言えよう［君島　二〇〇九：第二章］。

しかし、鄭在貞が「成果」を強調した理由を見ると、日本とは異なる「成果」を韓国ではあげていた［鄭　二〇一五：第6章］。多くの共同研究員が参加し、結果的に「研究人材の育成や研究分野の拡張などで大きく寄与した」。また、公的な報告書とは別に、日韓関係史の争点に関する詳細な研究成果である『日韓関係史研究論集』一〇冊を発刊した。これ以外に第三分科では『対日過去清算訴訟資料集』（全一〇冊）、『日露戦争前後韓国関連ロシア新聞記事資料集』（一九〇〇～一九〇六年）、『近現代韓日関係年表』を発刊し、各大学、研究機関などに配布した。さらに、韓国の委員は、第一期の日韓歴史共同研究委員会がまったく触れなかった（触れることを日本の委員が拒否した）歴史教科書に関して、「歴史教科書の執筆基準」（教育部告示、歴史科改正教育課程、二〇〇七年二月二八日）を作成するのに参照できるように「報告書」に基づいてまとめて提出した。教科書問題から発足しながら、歴史教科書にまったく関与できなかった日韓歴史共同研究委員会の「報告書」を、韓国で独自に歴史教科書作成に利用できるような成果にまとめたのである。このような成果が、鄭在貞の評価に関連しているのであろう。

この点をふまえてみると、第二期の日韓歴史共同研究委員会では、韓国の委員では、第一分科（会）第二分科（会）の責任者が継続して委員を務めているが、日本の委員ではそのようになっていないという点も、特筆に値すると言えよう。

第二期の日韓歴史共同研究委員会では、「教科書小グループ」ができて、歴史教科書・歴史教育が扱われたが、この委員会がもっとも難航した。鄭在貞は、総幹事という事実上の責任者の地位にあり、「教科書小グループ」に属していたが、「小グループ」での苦渋は大変なものであった。にもかかわらず、鄭在貞は「それでも望まれる会の継続」と記し、歴史問題の解決には、「政治から歴史を分離し、歴史はそれを専業とする研究者・教育者にまかせる」共同研究が必要だと訴えている〔鄭　二〇一五：第7章〕。難しい問題だからこそ、持続的な検討が必要だという。民間の歴史共通教材作成などにも深く関与し、日本と韓国をよく知るからこその発言と言えよう。

3　李元淳の歴史認識の深まり

李元淳は、一九二六年に、植民地下朝鮮の平壌に生まれ、神社参拝に反対して廃校になった平壌の崇実中学校の後身である平壌第三中学校に入学して、日本語の授業を受けた。平壌三中の同窓会誌ではあるが、李元淳の自叙伝とも言うべき『平壌三中　学窓の追遠史』(李元淳代表執筆)には、大変な苦痛のなかでの植民地下の学生生活が描かれている。植民地支配下の過酷な中学生体験をもつ李元淳の日本認識の深化を、教科書裁判に言及した李［一九九四］の「序章『家永教科書裁判』と韓国の一知識人」で見てみよう。

李元淳と家永三郎との出会いは、「数次奇縁を結んできた」ものだという。最初は一九六五年である。ユネスコの呼びかけで、日本と韓国のあいだで歴史認識の和解を求める日韓歴史教育協議会が開かれることになった。しかし、この年、家永教科書裁判が提訴され、日本側で代表団を構成できなくなり、この協議会は開かれなくなった。韓国側代表団の一人であった李元淳は、このときから家永教科書裁判に関心をもつようになった。

次は一九八〇年八月のブカレストでの国際歴史学会議である。共産圏での開催に、韓国政府から特別許可が出て、李元淳は参加した。このとき、歴史教育の分科会で高橋磌一(本人は病欠で代読)が、家永教科書裁判に関して報告した。李元淳は、「日本国内の教育問題を国家権力による国民の自由の侵害問題として普遍化し世界的な問題とする日本学者の認識と、彼らが連帯闘争を訴えることに感銘を受けた」。ここで家永教科書裁判問題の深刻性をもう一度感じ、深く関心をもつようになった。

その後、一九八二年の夏、日本の歴史教科書歪曲問題があり、李元淳の関心は、検定制度の運営による歴史教育の偏向問題にそそがれ、教科書裁判の資料などを見ていなかった。

一九八九年一〇月、第三次訴訟の東京地裁で加藤判決が出る。加藤判決は、「肩すかし判決」と評されたもので、家永教科書記述の妥当性を認めながら、検定意見は「合理的根拠を欠き社会通念上著しく不当」[家永教科書訴訟弁護団編 一九九八]とは言えないという結論であった。李元淳は、教科書検定で調査官が冷酷かつ気ままに歴史教科書に干渉することに驚き、加藤判決を入手して検討した。そして日本政府の「社会通念」に対する恣意的解釈と司法府の権威で歴史の歪曲が是認されたことに驚き、危機意識さえももった。一九八二年の歴史教科書問題の頃、李元淳は、歴史教科書の歪曲は教科書執筆者の問題であると考えていた。しかし、加藤判決に接して、行政府のみならず司法府までもが歴史歪曲の合理化を助けていることを認識し、痛憤を禁じえなかった。そこでこの事実をソウル大学の『大学新聞』に投稿した。

一九九三年三月に第一次訴訟の最高裁判決(可部判決)があり、一〇月には第三次訴訟の高裁判決が出ると聞いて、これを日本の問題だけでなく、「韓国の人びとの問題でもある」と考え、歴史歪曲の法的根拠を確認する必要があると考え、「比較歴史教育研究会」で家永教科書裁判を検討することにした。このとき、「教科書検定訴訟を支援する全国連絡会」のメンバーが訪韓した。ここで日韓の学術交流ができた。研究会では、浪本勝年団長が挨拶し、大森典子弁護士が報告した。韓国側からは鄭在貞が家永教科書の問題点を報告した。そのうえで、教科書検定での国権の乱用と検定を通じての歴史の歪曲を制止しなければならないことを合意した。その後、一九九三年一〇月の第三次訴訟高裁川上判決では「草莽隊」に加え「南京大虐殺」「南京での婦女への暴行」での検定の違法を認め一歩前進した。

一九九三年に執筆された李元淳の論文は、ここまでで終わっている。しかし、最後に、教科書裁判に注目する理由を、「現代日本が過去をどう認識し、また教育し、未来の新しい関係を考えているのかに強い関心を持っているから」であり、「韓国史をどのように認識し、どのように教育しているか関心を持っているからである」と言う。そして、「原告家永三郎教授の根強い執念と推進力に感嘆した」。「彼は、長い間自分の信念と良心に基づいて闘争してきた」のであり、「彼の闘いに参加し彼を支援した各界各層の市民たちの組織的な支援活動も、未来への希望を感じさせる」と言う。「教科書歪曲を座視できないとする日本人もあり、過去の歴史を冷徹に反省しそれから歴史の指標を追求する市民勢力が存在することにも感銘を受けた」とも言う。

李元淳は、当初、教科書裁判の提訴によって中止になった韓日歴史教育協議会が開催されていれば、「相当早くから韓日の間には歴史的理解が蓄積されたであろう」と述べていた。しかし、数度の「奇縁」によって教科書裁判への理解を深めていくなかで、原告家永三郎のみならず、裁判を支援する市民への理解を深めていった。相互理解とは、まずは理解から始まり、認識を深めていく過程が重要なのであろう。

おわりに

本稿では、加藤章、李元淳、鄭在貞の三人に注目して、日本と韓国の相互認識のあり方を見てきた。論考の新旧もあって、必ずしも「現代の」ではなかったかもしれない。しかし、一九七六年の李元淳、加藤章の出会いは、日韓の歴史認識の「対立と和解」の始まりであった。李元淳は、日韓を「近くて遠い関係」から「近いから近い関係」にするために、歴史研究者・歴史教育者の話し合う機会の必要性を訴え、常に前向きに思考し行動した。加藤は李元淳のこの努力を正面から受けとめ、日本内での組織づくりや運営に奔走した。その結果、加藤の在職した上越教育大学をはじめ、李元淳の留学した筑波大学などで交流が活発になり、現在は、非常に多くの交流がおこなわれている。李元淳と加藤は、民間の交流にも積極的であった。鄭在貞の在職しているソウル市立大学校と筆者の勤務校であった東京学芸大学を中心とした「日韓歴史教科書シンポジウム」に積極的に参加し助言した二人の力は大きかった。二〇〇七年に『日韓交流の歴史』を刊行したときに、日韓の共通歴史認識による通史教材ができたことを最も喜んだのも、李元淳と加藤章であった。このような成果は、自分たちのときには対立や葛藤が優先し、つくることができなかったのだと回顧した。二人の最初の回合から三〇年の歴史がそれを可能にしたことを思えば、長い歴史でもあり、まだまだ共通の相互認識に到達するには課題が残っていることを思えば、短い期間でもあった。

このように見れば、彼らは「現代」であり、日本と韓国の相互認識を考えるに際して、彼らの業績を正当に評価できるかどうかも「現代」の課題であろう。

（本稿執筆中の二〇一六年二月六日、加藤章氏が逝去された。ご冥福をお祈りします）

文献一覧

李元淳『韓国から見た日本の歴史教育』青木書店、一九九四年
家永教科書訴訟弁護団編『家永教科書裁判――三三年にわたる弁護団活動の総括』日本評論社、一九九八年
加藤章『戦後歴史教育史論――日本から韓国へ』東京書籍、二〇一三年
君島和彦『日韓歴史教科書の軌跡――歴史の共通認識を求めて』すずさわ書店、二〇〇九年
鄭在貞『日韓〈歴史対立〉と〈歴史対話〉――「歴史認識問題」和解の道を考える』坂井俊樹監訳、新泉社、二〇一五年
平壌第三公立中学校同窓会校史編纂委員会編『平壌第三中　学窓の追遠史――朝鮮植民地時代末期の中学校の教育記録』君島和彦監訳、明石書店、二〇一〇年
歴史教育研究会編『日韓歴史共通教材　日韓交流の歴史――先史から現代まで』明石書店、二〇〇七年

第2章　戦後在日朝鮮人の「日本観」

金　鉉洙

はじめに

今日、ヘイトスピーチに象徴されるようなレイシズムや排外主義が日本社会で蔓延している。とりわけ在日朝鮮人に向けられている言説の多くは、在日朝鮮人社会に対する無知や没理解、偏見に基づいている場合が数多く見られる。たとえば、ネット上で「在日特権」として流布されている「税金を納めなくてよい」、「医療がタダ」、「働かず年六〇〇万円貰って遊んで暮らす」などのような言説は、事実とはかけ離れた根拠のないものである。こういう言説の背景には、日本社会の底辺に広がっている歴史修正主義的な考え方があり、それは侵略や暴力に対する加害認識を薄め、在日朝鮮人に対する暴力の再生産につながっている。一方、戦後の在日朝鮮人の「日本観」は、戦前の経験に加えて、戦後日本国家や社会において再生産された在日朝鮮人に対する差別や暴力に抵抗するかたちで形成されたと言えよう。戦前から戦後を貫く日本国家や社会に対する在日朝鮮人の「日本観」は、「同化」「抑圧」「差別」という三つのキーワードで整理できるだろう。言うまでもなく、在日朝鮮人に対する「同化」「抑圧」「差別」に関する研究の蓄積は数多く存在する。

本章では、戦前から戦後にかけての在日朝鮮人社会における「日本観」を戦後日本における在日朝鮮人運動をリードし、多くの在日朝鮮人に支持されていた左派系の運動を通して振り返ってみることにしたい。

1 日本における在日朝鮮人社会の形成

日本における在日朝鮮人社会は、おおよそ一九二〇年代から三〇年代にかけて形成されたというのが一般的な認識である［外村 二〇一二］。一九一〇年の「韓国併合」以降、日本「内地」（以下、内地とする）に居住していた朝鮮人の人口は増加傾向にあった。一九一〇年の二六〇〇人にすぎなかった朝鮮人居住者は、一九二〇年には四万七七五五人、一九三〇年には四一万九〇〇九人、一九四〇年には一二四万一三一五人、そして一九四五年には約二〇〇万人を超えていたと見られる。

なぜこれほど多くの朝鮮人が植民地朝鮮から離れ、内地に移動するようになったのか。そもそも戦争末期になると、朝鮮全人口の五分の一にあたる約五〇〇万人が国外に移動していたと言われるが、それにはいくつかの理由がある。一九一〇年、約一三〇〇万人であった朝鮮人人口は一九四二年には約二二〇〇万を超えるほど急激に増加した。特に朝鮮南部の人口増加は激しかったが、人口の増加に見合う食糧の確保は困難であった。なお、朝鮮総督府による一九一〇年代の土地調査事業によって従来の小農社会は崩壊しつつあり、一九二〇年代の産米増殖計画は米の生産量を増加させたものの内地への米移出が増加したために、植民地朝鮮内の食糧難をより深化させ、植民地朝鮮を離れる者が増大し続けた。朝鮮総督府が朝鮮北部への移住や満州移住を政策的に奨励したことも国外への移動を促す一つの要因となった。

内地への朝鮮人の移動は、一九一〇年代には企業による募集への応募が主流であったが、一九二〇年代から三〇年代においては生活の窮乏化から内地での生活を自ら望む人びとが増えていた。しかしながら同じ帝国内における移動は自由ではなく、朝鮮総督府による渡航管理がおこなわれていた。朝鮮外に旅行する際には居住地管轄警察署、警察官駐在所にその目的と旅行地を届けた渡航証明を出さなければならず、朝鮮内に帰る際も前記証明書を提示しなければならなかった。朝鮮総督府では就職先の確実ではない者については渡航阻止策をとっていたが、この政策の背景には、朝鮮人に対する治安対策上の不信や、自由労働者の無秩序な流入が日本の労働市場に与える混乱に対する危惧のほか、人びとの無秩序な流出により朝鮮の基幹産業である農業の担い手が減少することや、朝鮮内部でも拡大していた工業での労働者不足に対する危機感があった。このように朝鮮人の渡航は基本的には日本政府の認めた範囲内でおこなわれた。にもかかわらず、内地への渡航を求めた者たちは地縁や血縁などを利用して、先に内地に渡っていた人びとが就職先を保証することにより、渡航証明を取得した。この時期は男性を中心とした単身労働移住だけでなく、女性や子どもを伴う移住の比率も高まっていたことが明らかになっている。つまり、はじめに男性労働者が内地に渡り、生活の基盤を整え、その後に家族を呼び寄せたのである。一九四〇年代に入ると、いわゆる官斡旋による「強制連行」などによって内地に渡ってきた人が多くを占め、わずか四〜五年で約一〇〇万人も増加した。

内地における朝鮮人人口の増加とともに、朝鮮人密集地域が各地に形成されていった。移住した朝鮮人たちは、当時内地社会における住宅不足問題と家主が朝鮮人には家を貸さなかったこともあり、各地の工業中心都市に自力で家を立てることが多かった。そこは水道、電気、下水の設備が整えられてないところが多く、日本人の居住地域とは区分されていた。こうして形成された朝鮮人密集地域においては、朝鮮語が通用し、民族的な食文化や衣服などの伝統が守られるなど、朝鮮人同士の相互扶助や情報交換、職の斡旋などがおこなわれていた。彼らはおもに炭鉱、鉱山、工場、土建、日雇い労働などの単純労働に従事する者が多く、収入は日本人都市居住労働者の平均給与の半分以下であった。

内地に居住する朝鮮人の職業、人数、居住地確認などの事務は警察が担当し、一九四〇年の創氏改名の際にもその窓口は警察署であった。日本人同様に市町村が在日朝鮮人の行政の窓口になるのは朝鮮人の徴兵実施が必要となった一九四三年からである。一九一九年朝鮮の三・一独立運動の後には内鮮融和を掲げる相愛会が組織され、また一九二三年関東大震災の後になると戦時下の在日朝鮮人の治安対策と皇民化を目的として特高警察が中核となる協和会が設立された。協和会は在日朝鮮人に「協和会手帳」(現在の在留カード)を発行し、在日朝鮮人を管理、統制していた。

2　在日朝鮮人はなぜ帰らなかったのか

日本の敗戦後、多くの在日朝鮮人は帰国の道を選んだ。公式的な行政当局による帰還事業は、一九五〇年一一月一九日をもって終了した。しかし、事実上同年六月の朝鮮戦争勃発以降は運航が停止されており、帰還希望者の多くは一九四六年春頃までに帰還したと見られる。行政当局による帰還者数は一〇万四六七九人（南：一〇万四三二八人、北：三五一人）にすぎないが［法務研修所編　一九五五］、実際の帰還者数は一四〇万以上になる。彼らは敗戦直後、自力で帰国したのである。帰国を急いだのはいわゆる「強制連行」によって内地に来ざるをえなかった人びとが多いと思われる。では、残りの約六〇万に近い在日朝鮮人はなぜ帰国の道を選ばなかったのか。その理由はさまざまであるが、主として解放後における朝鮮半島の政治社会的な混乱や日本への再入国が基本的に禁止されていたことなどから、しばらく日本で生活を続けることを選択したというものである。また、戦後闇市で商売をしていた金補純《キムボスン》は、「一九四七年の秋まで商売をしましたが、一〇〇万円ぐらいは儲かったと思います。このお金を持って二人で朝鮮に帰ろうと、汽車に乗り函館まで行って、連絡船に乗ろうとすると、水上取締まりがありました。警察が『朝鮮に帰るときは、持出し制限でお金は一人二万円しか持って行けない』というのです。日本の銀行に預けろといわれましたが、せっかく稼いだお金を持って帰れないなんてそんな馬鹿なことがあるかと思い、二人で相談して朝鮮に帰るのをやめました」［小熊・姜編　二〇〇八］と証言しているが、この証言からうかがえるように、帰国を断念した人びとの多くはすでに日本に生活基盤をもっていた場合が多く、帰国時の財産の持ち帰り制限も帰国を断念した一つの要因であった。

日本に残る道を選んだ在日朝鮮人に対する日本政府の認識は、マッカーサー宛の吉田茂の書簡によく現れている。一九四九年八月から九月初旬頃に送ったと考えられるこの書簡において吉田は以下のように記している。在日朝鮮人の「ほぼ半数は不法入国者」であり、アメリカが援助した食糧の一部が「在日朝鮮人を食べさせるために用いられて」おり、「朝鮮人のために生じた分まで、将来の世代に負わしむるのは、公正なこととは思えません」。「日本経済の再建に貢献」しておらず、犯罪を犯す割合が高く、共産主義者かその同調者であり、すべての在日朝鮮人の送還を希望するという内容であった［袖井編訳　二〇〇〇］。このような認識は当時の日本社会の一般的な認識とも言えるが、とりわけ朝鮮植民地支配という歴史的な経緯を無視し、在日朝鮮人問題をあくまでも治安問題としてとらえていたことがうかがえる。

3　敗戦と解放――「歓喜」と「恐怖」の時空間

一九四五年八月一五日、日本の敗戦は植民地朝鮮の解放を意味した。多くの朝鮮人にとっての解放は「歓喜」そのものであった。しかしながら、内地で解放を迎えた在日朝鮮人にとってそれは「歓喜」と「恐怖」が交差する時空間でもあった。

敗戦時、在日朝鮮人社会においては数多くの噂が流布されていた。おばが長野県に居住していたとする尹乙植《ユンウルシク》は、「もっと田舎の方では、日本人がみんな朝鮮人を殺すというデマがすごく出たらしい。それで、おばの一家が長野にいたんだけれど、長野県はよけいに団体（民族団体）がなかったでしょう。それで部落で全部朝鮮に帰ると言って船に乗って帰る途中、船が沈んでしまって、おばの一家、全部亡くなった」と証言している［生活史聞き書き・編集委員会編　二〇〇九］。

栃木にいた李粉炸《イブンチャク》の証言からも同様の事実が確認できる。「戦争が終わって、朝鮮は解放されたけど、引き揚げの日本人が朝鮮でたいへんな目にあったというので、日本にいる朝鮮人にやり返すとか、朝鮮人をなぐり殺すとか、いろんなうわさが聞こえるんだ。その当時、うちの家族は疎開で栃木の田舎にいたんだけれど、田舎では怖くていられない。川崎にいればウリサラム（同国人、つまり朝鮮人のこと）が大勢いるから平気だけど。その田舎では、当時、ウリサラムは七軒しかいなかった。それで、みんなで川崎に出てくることになった。あの時は、日本人が鎌を持っているだけでも怖かった。それで刺されるんじゃないかってね」［生活史聞き書き・編集委員会編　二〇〇九］。

このような敗戦直後における「恐怖」の対象としての「日本観」は、一九二三年の関東大震災時の朝鮮人虐殺の経験が生々しく記憶に残っていたことに起因する。高淳日《コスンイル》は、「一九四五年八月一五日。日本敗戦の日、多くの人が虚脱状態にありました。父は、関東大震災を体験していたので、『早く故郷《くに》に帰ろう』といっていました。日本人が戦争に負けた逆恨みで、また朝鮮人を虐殺するかもしれないと思っていたのです。身内の親戚の間では震災のあと、上野公園に朝鮮人の死体が重なっていたとか、惨憺《さんたん》たる状況が語られていました」［小熊・姜　二〇〇八］という証言はその事実を物語っている。

このような噂が現実化されたこともある。一九四五年八月一七日、三重県桑名市の防空壕で朝鮮人労働者が元日本軍将校に殺され、一八日にはサハリン上敷香《かみしすか》の警察署の留置場で朝鮮人労働者が銃殺され死体を焼かれるなどの事件が発生し、沖縄、千葉、京都などでも警察官や軍人たちによって朝鮮人が殺される事件があいついで起こっていたのである〔張　一九八九〕。

4　「変革」の対象としての日本、「連帯」の対象としての日本人

日本の敗戦直後における「恐怖」の対象としての「日本観」は、自力で帰国を急ぐ者の増加や朝鮮人集住地域への移動を促す一つの要因となった。また、自らの生命、財産を守るために全国各地で自発的な民族団体の結成が始まった。一時期、三〇〇を超えていたとも言われる在日朝鮮人の組織は地域的に統合されつつ、一つの全国的な組織に再編されていった。早くも一九四五年一〇月になると、全国組織としての民族団体である在日本朝鮮人連盟（以下、朝連）が結成される。朝連の結成大会においては、「われわれは総力をつくして新朝鮮の建設に努力するであろうし、関係各当局との緊密な連絡のもとにわれわれの当面する日本国民との友誼保全、在留同胞の生活安定、帰国同胞の便宜を図ろうとするものである」と宣言した。その活動は、「新朝鮮建設に努力する」意志を明らかにしながらも、「日本国民との友誼保全」や「在留同胞の生活安定」、「帰国同胞の便宜を図る」など、大衆的社会団体の性格を強く帯びていた。朝連は大多数の在日朝鮮人から支持されたが、一九四八年の阪神教育闘争（当時、文部省の朝鮮人学校に対する閉鎖

命令に抗議し、大阪府と兵庫県で戦われた在日朝鮮人の民族教育闘争。警官の発砲により金太一少年が射殺されるなどにより、戦後唯一の「非常事態宣言」が発せられた［国際高麗学会日本支部　二〇一〇］）に象徴されることに、徐々に支配当局との対立が目立ち、一九四九年には「団体等規制令」によって強制解散されることになった。朝連時代には日本共産党内に朝鮮人部が設置されていたが、朝連の強制解散後は党内の朝鮮人部を拡大再編し、民族対策部を設置、在日朝鮮人運動を日本共産党が引き続き指導していた。しかし、一九五〇年六月に朝鮮戦争の勃発後、在日朝鮮人社会のなかで民族団体の結成が求められ、一九五一年に在日朝鮮統一民主戦線（以下、民戦）が結成された。その後、一九五五年の在日朝鮮人運動の路線転換がおこなわれるまで、民戦が在日朝鮮人運動を指導していた。朝連と民戦時代の在日朝鮮人運動は、帰国を急ぐ在日朝鮮人の便宜を図りながらも、民族学校の設立と運営、参政権運動など在日朝鮮人の生活や権利と結びつく活動を展開するなど、祖国志向と日本社会変革の思想が併存していた時期であった。この時期にはいわゆる「三反闘争」（反再軍備、反吉田、反米）、「単独講和条約・日米安全保障条約・日米行政協定破棄、日韓会談粉砕、ポツダム宣言の完全実施」や「在日朝鮮民族に対する悪質な宣言暴圧反対、強制送還強制隔離反対」、「在日朝鮮人の生活保障、差別なき職と資材の獲得」、「民族教育と文化のヨーゴ、朝鮮人学校の市立化反対」、「在日朝鮮人の選挙権、被選挙権の獲得」などの運動が展開された。

当時の在日朝鮮人運動において著名な活動家であった金天海《キムチョネ》は、「在日朝鮮人の政治的経済的文化的活動の自由、そして生命財産の安全を保障し且つ根本的にはわが独立朝鮮の脅威になる侵略主義の代表日本天皇制を打倒し、日本に平和的な民主主義人民共和政府を樹立すること、これのみがわが朝鮮の独立を安全ならしめる世界平和を保障する道だと固く信じている」(「對談わが祖國の建設を語る」『民主朝鮮』一九四六年六月号)とし、日本の革命こそが在日朝鮮人や祖国の独立、世界平和につながるものとして認識していた。このような認識は当時の運動においてはごく一般的な認識の一つでもあり、多くの活動家は日本共産党員として日本社会の変革のために連帯し、その先頭に立っていた。

5 「仮住居」としての日本

在日朝鮮人運動の大きな転換点となるのは、一九五五年の在日本朝鮮人総連合会(以下、総連)の結成である。一九五四年八月に北朝鮮の南日《ナムイル》外相は、「日本に居住する朝鮮人民に対する日本政府の不当な迫害に反対し抗議する」という声明を発したが、そこには在日朝鮮人を共和国の在外公民として認めるという内容が含まれていた。これは「日本共産党が在日朝鮮人を日本国内の少数民族と規定し、朝連・民戦の運動を指導してきたことに対する否定につながる」[梁 一九九四]ものでもあった。

一九五五年五月におこなわれた総連の結成大会では、朝連や民戦時期の運動が批判され、合法性の見地、内政不干渉、階級解放運動から民族解放運動への路線転換が図られた。同時に多くの活動家は日本共産党から離党し、祖国志向の路線は強化された。総連の結成後においても朝連、民戦時代同様に民族学校の運営や在日朝鮮人の生活問題とかかわる活動を展開し、一定の支持基盤を確保していたが、徐々に本国(北朝鮮)の政治状況に対応するようになっていった。

戦後在日朝鮮人社会における祖国志向の意識は、単に「総力をつくして新朝鮮の建設に努力」するという意識だけではなく、いずれは祖国に帰るという認識、いわば「仮住居」としての「日本観」がその根底を成していた。このような認識は総連の帰国運動においても現れる。

総連は結成後、北朝鮮への帰国運動を展開し、一九五九年から一九八四年までに九万三三四〇人の在日朝鮮人が集団帰国した。一九六一年までに約七万四〇〇〇人が帰国し、その後、大規模の集団帰国は目立たなくなり、一九六一年の段階で当時の在日朝鮮人人口の一〇%以上が帰国したことになる。戦後、日本に残留することを自ら選択し、また多くの在日朝鮮人が朝鮮半島の南部出身であったにもかかわらず、北朝鮮への帰国を選択した理由は、日本社会における在日朝鮮人に対する根強い就職差別などにより、多くの者が失業や日雇い労働に追い込まれ、自ら生計を立てることさえできなかったからである。これに対して当時、輝く社会主義の国として宣伝されていた北朝鮮への帰国は、在日朝鮮人にとっては厳しい現実からの避難処としても機能していたと考えられる。

一九六五年は、一四年間の日韓会談を経て、日韓条約が結ばれ、両国の国交が正常化した年である。民戦時代から展開されてきた日韓会談反対運動は総連時代にも引き続き展開されていた。日韓会談反対運動における総連運動の主体性は否定できないが、総連運動のもっとも本質的な点は北朝鮮の国家の論理に裏づけられたものであり、必ずしも在日朝鮮人の立場を重視するものではなかったという点である。日韓条約の締結は総連に大きな打撃を与えると考えられ、総連は帰国運動の実現と同時に本格化した祖国自由往来運動の持続的展開や思想教育の強化に力点をおくようになった。こうしたなかで日本政府は、日韓条約において韓国籍をもつ在日朝鮮人のみに、いわゆる協定永住権を与え国民健康保険への加入を認めた。日韓条約における法的地位協定は数多くの問題を含んでいるが、生活至上主義に立つ生活者としての在日朝鮮人にとっては大きなメリットとして受けとめられた。協定永住権申請は一九七一年一月に締め切られたが、申請者は三五万一九五五人にのぼり、(『朝日新聞』一九七一年六月二一日付、朝刊)在日朝鮮人人口の半数を超えたことがそれを示している。

祖国志向の意識が強まれば強まるほどそれは観念化かつ官僚主義化し、在日朝鮮人の生活とは掛け離れたものになっていった。そして、総連の在日朝鮮人社会における影響力は相対的に揺らぎ始める。総連の活動家であった金星化《キムソンファ》の証言はその一面を示している。

俺はしょっちゅう東京本部とやりあったんだよね。例えば当時、在日には国民健康保険がなかった。それでぼくらが、地域で活動して、やっと獲得したんだよね。そしたら、それを「やめろ」というわけ。その理由が、「日本の国民健康保険を取るなんて、共和国公民としての誇りがない」というの。金融にしても、俺たち商工会が東京都と交渉して公的融資をうけられるようになったんだよ。それを「ダメだ」というわけ。

俺は組織に何十年もいたけど、まともに給料もなかった時期だってあった。あってもないような薄給。地域の商工人が気の毒だと援助してくれたぐらいだった。それで活動しているのに、「反民族主義者」だからね。

上の奴らが地域にいる同胞の生活の実情を知らないんだよ。俺たちは地域の活動をしょっちゅう報告していたけど、総連中央本部の奴らは把握できてない。それで自分らの成績だけ上げようとする。徹底した官僚主義者だね。組織も大きくなるとそういう奴らが出てくるんだよ［小熊・姜編　二〇〇八］。

6　「定住」の場としての日本

一世の人たちを中心にして強力に働いていた祖国志向の意識は、前述したようにいずれは祖国に帰るという「仮住居」としての「日本観」と共存するものであった。しかし、一九七〇年代に入ると、祖国志向から日本社会において朝鮮人として生きる道を探る動きが目立ってくる。二世や三世が中心となり、民族差別撤廃運動が展開されたのである。

もっとも象徴的なのは、日立就職差別訴訟である。在日朝鮮人の朴鐘碩《パクチョンソク》は一九七〇年、日立製作所の従業員募集の新聞広告を見てそれに応募した。履歴書の氏名欄には通名を書き、本籍欄に居住地の住所を記入した。朴は日立製作所から採用合格の通知を受けたが、会社側から戸籍謄本が求められた。しかし、在日朝鮮人には戸籍謄本がなく、その旨を伝えると朴の内定は取り消された。その後朴は訴訟を起こし、四年後勝訴して入社した。朴は二〇一一年に定年退職した。朴訴訟には多くの日本人が協力し、「朴君を囲む会」が結成され、支援活動を展開した。その支援活動の一員であった李仁夏《イイナ》の次の証言は、日本社会において朝鮮人として生きることへの目覚めがうかがえる。

……最初は朴君は、「日本人と同じなのに差別はうけているんだ」と主張していた。それがしだいに変わりはじめる。なぜ在日朝鮮人が朝鮮人として生きることを拒否するのか、それがまさしく差別じゃないか。日本人と同じなのに差別はおかしいというのは、同化の発想なんだよね。そうじゃなくて、違いを持って生きる権利を剝奪する国家の制度を告発する運動に変わるんです。彼は法廷での最後の陳述で、まだ判決も出てないのに、「私はこの裁判に勝利した」と宣言した。「わたしはもはや新井鐘司でなく、朴鐘碩だ」、自分が朴鐘碩になることができた、それが勝利だとね［小熊・姜編 二〇〇八］。

このような運動は、国籍条項撤廃運動にもつながっていた。一九七四年、大阪から公営住宅の入居差別、国民年金適用、児童手当の支給要件に設けられた国籍条項の撤廃を求める運動が始まった。日本政府は、一九七九年「国際人権規約」、一九八二年「難民の地位に関する条約」（以下、難民条約）を批准した。長いあいだ展開された国籍条項撤廃運動にも動かなかった日本政府は国際人権規約や難民条約を批准することにより、その内外人平等の原則から国民年金法、児童扶養手当法、特別児童扶養手当法、児童手当法の国籍条項を撤廃せざるをえなかった。一九七六年には司法研修における国籍条項撤廃運動も展開された。司法試験に合格した金敬得《キムギョンドュク》は、司法研修所に入るために日本国籍の取得を求められたが、金は弁護士資格の国籍条項撤廃を求める運動を展開し、翌年の一九九七年それが認められ、初めての外国人弁護士になった。一九八〇年代には、外国人登録証（現、在留カード）の指紋押捺を拒否する「指紋押捺拒否運動」が幅広く展開され、二〇〇〇年になると外国人登録法による指紋押捺制度は廃止となった。

日本で生まれ育った在日朝鮮人の二世、三世にとっては、いずれは祖国に帰るという「仮住居」としての「日本観」はもはや現実味を欠いた認識にすぎなかった。彼らは「定住」の場としての日本を設定することによって、日本国家や社会の「同化」、「抑圧」、「差別」に積極的に対抗しながら、朝鮮人という民族性を保持しつつ日本社会の一構成員として生きていくための諸権利を求める認識をもつようになるのである。

おわりに

戦後在日朝鮮人の「日本観」は、世代や政治的立場、社会的地位などによってさまざまに異なる。しかしながら、本章で述べてきた「日本観」が、在日朝鮮人のさまざまな「日本観」の根底をなすものと言ってよい。

「同化」「抑圧」「差別」という三つのキーワードは、在日朝鮮人社会において戦前／戦後を貫くものであり、それに対抗する在日朝鮮人社会という構図は依然として存在し続けている。戦後在日朝鮮人に「同化」を強いる、または「抑圧」や「差別」の暴力は、日本社会の成熟や時代の変化とともにその強弱はあるものの依然として機能している。敗戦直後は、「恐怖」の対象としての「日本観」も存在したが、まもなく解放民族としての自負心のもと、生活擁護や祖国志向を強めながらも、変革対象としての日本、連帯の対象としての日本人をとらえる意識が生まれた。一九五五年、在日朝鮮人運動の路線転換とともに、変革対象としての「日本観」が徐々に消滅していくにつれて、祖国志向がさらに強まっていった。しかし、それは時には在日朝鮮人の生活とは掛け離れた観念性を導き出し、生活至上主義に立つ生活者としての在日朝鮮人にとっては徐々に無縁のものになっていった。二世や三世が在日朝鮮人社会の多数を占める時期になると、祖国志向よりは「定住」の場としての「日本観」が生まれ、朝鮮人という民族性を保持しつつ日本社会の一構成員として生きていくための諸権利を求める運動が展開されるようになったのである。

文献一覧

小熊英二・姜尚中編『在日一世の記憶』集英社、二〇〇八年
かわさきのハルモニ・ハラボジと結ぶ2000人ネットワーク生活史聞き書き・編集委員会編『在日コリアン女性20人の軌跡――国境を越え、私はこうして生きてきた』明石書店、二〇〇九年
国際高麗学会日本支部『在日コリアン辞典』編集委員会編『在日コリアン辞典』明石書店、二〇一〇年
袖井林二郎編訳『吉田茂＝マッカーサー往復書簡集』法政大学出版局、二〇〇〇年
張錠壽著・聞き書きを編集する会編『在日六〇年・自立と抵抗――在日朝鮮人運動史への証言』社会評論社、一九八九年
趙景達『植民地期朝鮮の知識人と民衆――植民地近代性批判』有志舎、二〇〇八年
外村大『在日朝鮮人社会の歴史学的研究――形成・構造・変容』緑蔭書房、二〇〇四年
樋口雄一『日本の朝鮮・韓国人』同成社、二〇〇二年
百萬人の身世打鈴編集委員会編『百萬人の身世打鈴――朝鮮人強制連行・強制』東方出版、一九九九年
法務研修所編・森田芳夫著『在日朝鮮人処遇の推移と現状』湖北社、一九五五年
梁永厚『戦後・大阪の朝鮮人運動一九四五〜一九六五』未來社、一九九四年

第3章　戦後日本における知識人の朝鮮観

——朝鮮人ＢＣ級戦犯と朝鮮人被爆者問題から見るジャーナリズムの役割

本庄　十喜

はじめに

本章では、戦後日本における知識人の朝鮮観について、反戦平和運動に関心をもち、とりわけジャーナリズムを媒介にしてそれらの運動にコミットしていった人物を対象に検討する。具体的には、一九五〇年代という戦後初期の段階で、ジャーナリズムを反戦平和運動の「場」として活用したＢＣ級戦犯たちの取り組みと、一九六〇年代後半に始まる朝鮮人被爆者の「掘り起こし」を対象に、それらにかかわったジャーナリストの朝鮮観を示すことを通して、その一端を明らかにしたい。

1　BC級戦犯の反戦平和運動と知識人の朝鮮観

戦後、日本の知識人のあいだで「朝鮮」はいったいどのように認識されてきたのだろうか。

この「問い」に対する最初の事例としてまず取り上げたいのは、一九五〇年代前半から取り組まれてきた朝鮮人BC級戦犯の反戦平和運動や戦後補償運動に対する彼らの認識についてである。

一九五二年四月、サンフランシスコ講和条約発効後、スガモプリズンの管理は米軍から日本政府に移管される（「スガモプリズン」から「巣鴨刑務所」に名称変更、移管された戦犯は九二七人）。日本政府は独立後、戦犯を国内の刑にあたる者として扱わない方針をとり、戦犯たちの一括・全面釈放を交渉したが、各裁判国は、BC級戦犯は各自がおこなった「反人道的行為」によって裁かれたのであり、A級戦犯に責任を転嫁することは許されないと考え難色を示した。裁判国にとって戦犯の釈放・仮出所については、国内世論を刺激しかねない問題でもあり、慎重に判断する必要があった。

釈放の権限をもたない日本政府は、赦免、減刑、仮出所の勧告や処遇の改善等、国内的な措置で戦犯の社会的な復権をはかっていった。しかし、独立後はすぐさま釈放されると信じていた戦犯のなかには苛立ち、刑務官の阻止を振り切って強引に外出する者も出てきた。一九五三年二月になると、職業補導という名目で所外作業も許可されている。この頃には、昼間の巣鴨刑務所にいるのはほぼ刑務官だけという状態で、あたかも三食付のホテルのようだった。彼らは、裁判国の決定以前に実質的に「仮出所」していたのである。

他方、世間のBC級戦犯への同情と関心が、朝鮮戦争を背景にした再軍備政策に利用されて高まるなか、新聞や雑誌ではBC級戦犯を対象とする記事がしばしば掲載されるようになる。そのようななか、いわゆる「革新系」の雑誌等では、当時再軍備反対を唱え反戦平和運動を繰り広げていた一部の戦犯たち(「平和グループ」)を取り上げることもあった。

雑誌『平和』に見るBC級戦犯の反戦平和の訴え

そのなかの一つ、雑誌『平和』(一九五四年七月号)では、「わが名は戦犯――こんどは証人として」と題する座談会形式の文章が掲載されている。出席者は、阿部知二(作家・日本文化人会議議長)、中野好夫(評論家・『平和』編集長)と、スガモプリズンに収監中の戦犯として、矢部卓(重労働二〇年)、大森英次郎(重労働三〇年)、坂井良吉(終身刑)、上原仁(重労働三〇年)、今村高一(重労働二〇年)の五人である。戦犯はすべて仮名だが、今村にはただ一人「朝鮮人」という補足がある。今村は、「平和グループ」唯一の朝鮮人で、朝鮮人BC級戦犯の互助組織「同進会」を結成し、現在も戦後補償立法運動を展開する李鶴来《イハンネ》である。そのほかは、それぞれの経歴から察するに、矢部は平和グループのリーダー格で今も健在の飯田進、大森は九州帝大解剖事件で有罪となった湯浅虎夫、坂井は「私は貝になりたい」の原作者として知られる加藤哲太郎であろう。

ここではまず、各人の経歴と戦犯になった概要を紹介しつつ、天皇制国家・軍隊のもとでの「命令」という問題と軍国日本の「いけにえ」としての彼らの存在が強調されている。そして、アメリカの対日政策など、戦犯裁判の基底にあるもの、さらには現在の彼らのおかれている状況と、出所後の経済的不安を述べたうえで、最後は「戦争をやろうとする者があるかぎり真の戦争犯罪人はあるのだし、したがって私は原理的には戦争裁判そのものは肯定するのです。ただし、こんど、もう一回戦争裁判のやり直しをするときには、私は甘んじて被告席に坐ろうと思うし、同時に証人席にも坐り、誰に真の罪があるか証言するつもりです」という矢野の発言が一同の共感を得たとして紹介されている。

以上のような革新系の雑誌において、戦犯の釈放問題やBC級戦犯について座談会や特集記事が組まれているのは、編集者や読者層の一定の関心が存在したことの裏づけと見てよいだろう。事実、『平和』一九五二年一二月号の編集後記には「前号〔国際法学者である――引用者注〕入江啓四郎氏の戦犯問題に関する論文〔「戦犯は釈放すべきか」――引用者注〕は大きな反響をよびおこし多くの感想がよせられた〔中略〕」「わたしたちにかわって罪のつぐないをしてくれている巣鴨のぎせい者諸君のなかに、平和のために献身しようとしている人の少なくないことは、何と心強いことであろう。その人たちが自由に活動しうる日の一日も早くくることを期待する」と記されている。さらに言うならば、同誌編集長の中野好夫は、BC級戦犯の多様な心情が吐露された獄中手記『あれから七年』の帯に「八千万人の問題」と題する推薦文を寄せるなど、BC級戦犯問題に深い関心を寄せていた人物でもあった。

朝鮮人BC級戦犯への視座の欠如

一方、朝鮮人BC級戦犯（台湾人BC級戦犯も同様）問題を対象にした論文・記事は管見の限り見られない。彼らは、一九五〇年代から補償実現のために国会前での抗議行動を幾度となく実施していたが、主要新聞をはじめ、社会党や共産党の機関紙類でもこれらに関する報道はおこなわれていないようだ。このことからも、当時の平和運動の担い手たちの、彼らに対する関心の希薄さがうかがえよう。さらに、日本共産党のパンフレット『人民の手で戦争犯罪人を』（一九四六年三月）では、「戦争犯罪人」として「朝鮮人弾圧のために全力し、また自ら朝鮮人でありながら同胞を裏切り、日本帝国主義に協力した一切の朝鮮人」をあげていることからもわかるように、朝鮮人BC級戦犯は、その範疇として批判の対象になっていたのだ。

このように、朝鮮人BC級戦犯を日本人BC級戦犯と同一のものとしてとらえる知識人の認識を示すものとして、『平和』（一九五四年七月号）の座談会の内容を再度取り上げてみたい。他の出席者が、戦犯裁判では真の責任者が裁かれなかったことの不当性を訴え、さらに「戦犯の自由」を「民族の自由」とひきつけてとらえているのに対し、重労働二〇年の刑を受けて服役中である朝鮮人BC級戦犯「今村高一」（＝李鶴来）は、講和条約発効後、日本国籍を失った彼らが釈放要求裁判を提起したこと、さらに、日本国籍を失ったにもかかわらず、刑の終了までは日本人同様に扱われること、しかも「第三国人」として援護法は適用されないことなどをあげ、援護法体系の不公平性や、日本人戦犯と朝鮮人戦犯との待遇の格差を訴えている。

これらを「先生方にぜひとも知っていただかなければならない問題」だと言う彼に対し、阿部は「本国の韓国政府から何か申し入れはできないのですか」との質問を投げかけるが、今村は「私たちは、それは望んでいないのです。というのは、結果的にみていい悪いは別として、とにかく私たちは当時日本の国のためにやったのであるから、今になって韓国に対して救出してくれということはできないのです。向う側から何かいってきてくれるというのならば、われわれとして受けないこともないけれども、こちらからはあえていいたくもないのです。〔以下略〕」と応じている。この今村の発言に対して阿部、中野の両者は特に応答をすることもないままに話は収束に向かい、彼らにかわって戦犯の坂井（＝加藤哲太郎）が、「今村さんが、李承晩政権に対してたのみたくないといったことについて、意外だと思われた人もあるかも知れませんが、それは広村《ママ》さんの人間としての尊厳という立場から出たことばだと思うのです。〔中略〕広村《ママ》さんは、われわれ日本人が過去においては一応バカにしていた朝鮮人としての尊厳の立場においてものをいっているのであって、一身の損得の問題としていっているのではないのです」と、今村の立場を代弁する。

日本帝国主義における被害者としての「連帯感」

他方、一九五〇年代の『アカハタ』や『平和新聞』には、関東大震災で虐殺された朝鮮人犠牲者や浮島丸の犠牲者、朝鮮人強制連行犠牲者の追悼や慰霊祭の実施にまつわる記事が時折掲載されており、日本共産党や日朝協会などの関係者によって、この時期にはこれらの取り組みがすでになされていたことがわかる。「日本帝国主義」下の被害者であることが明瞭な事例については、彼らはきわめて先駆的な試みをになっていたのである。しかしながら、この場合の日本人の自己認識は、「日本帝国主義における被害者」

であり、「日本帝国主義」にともに立ち向かったいわば同志的存在として、朝鮮人犠牲者の慰霊・追悼をおこなっていた。他方、朝鮮人ＢＣ級戦犯に対する彼らの認識は、彼らの「敵」である「戦争犯罪人」以上のものではなく、朝鮮人ＢＣ級戦犯もまた植民地支配下の「被害者」であるという認識は、当時の平和運動の担い手でもある知識人のあいだには存在しえなかった。『平和』座談会での阿部と中野の今村＝李への対応がそれを端的に示している。さらに言えば、以上のような認識に立って、多くの知識人たちは、戦後自らの戦争責任や植民地責任に向き合うことはないまま、日本平和委員会や日朝協会などの活動に携わり、「朝鮮民族」「朝鮮人」に対する「日本帝国主義支配」の反省、「日本民族」や「日本人」全体の反省を促す発言を繰り返していく。ＢＣ級戦犯たちの反戦平和運動を取り上げるジャーナリズムにおいてさえ、「朝鮮認識」は加害の視点が抜け落ちたきわめていびつなものであった。

2　一九五〇年代の原水爆禁止運動と朝鮮人被爆者

一九五〇年代の原水爆禁止運動

一九五〇年代、占領政策の転換以降の平和運動は、いまだ記憶に鮮明な戦争体験を軸に再軍備の路線と対抗するが、そこでの議論はおおむね「被害者」の枠からは脱していないものであった。この時期の平和運動には、その担い手たち自らの「被害」体験が鮮明であったがゆえに、「被害者」認識以外のものは存在する余地がほとんどなかったと言える。

他方、一九五二年八月、占領下の圧迫から解放された日本人被爆者たちは初の被爆者組織である「原爆被害者の会」を広島で結成し、無料診療を求める国会請願活動や被爆体験記の発刊、平和講演会などをおこなう活動を始めた。そのような状況下、一九五四年三月に米国によるビキニ環礁での水爆実験によって引き起こされた被爆事故は、杉並から広まった署名運動など、日本国内で主婦たちを中心にした原水爆禁止運動をもたらした。これは、戦後初の大衆的平和運動であったと評されるものだが、ここでの運動の論理は「被害者」としてのそれであり、そのなかには、マーシャル群島の被爆者に対する視座を有する議論もほとんど見られなかった。日本人以外の存在、すなわち「他者」のなかにおける被爆者の存在に気づくのは、後述するように平岡敬らによって朝鮮人被爆者の「掘り起こし」がおこなわれてからのことである。そのような原水禁運動は久保山愛吉の死をきっかけにいっそう加速し[1]、広島・長崎の被爆者自身の声を喚起するとともに彼らへの非被爆者の関心をも啓発し、翌五五年八月には広島で「原水爆禁止世界大会」が開催されるまでに至る。

朝鮮人被爆者からの問いかけ

在韓被爆者の運動は、日本国内の運動によって被爆者の情報がもたらされ、さらには日韓条約の締結が迫るなかでいよいよ立ち現れる。そもそも、日本国内でも被爆者問題が関心事となるのは、ビキニ環礁での事故以降のことだった。日本国内の被爆者の全国組織「日本原水爆被害者団体協議会」(被団協)の結成(一九五六年)や、一九五七年「原爆医療法」制定は被爆者運動の成果の一つだが、彼らの補償要求は一九六三年「原爆裁判」の判決後さらに高まった。そのようななか、一九六四年には韓国政府により、翌年には在日韓国居留民団（以下：民団）広島県本部を中心に在韓被爆者の被害実態調査がおこなわれ、一九六七年には援護組織が結成される。以降、彼らは被爆者援護の要請活動を積極的に展開する。

このように朝鮮人被爆者の問題がしだいに注目されるなか、原爆症治療に対する被爆者自身の関心も高まり、当時の韓国国内では原爆症の専門的治療は困難であったことから、やがて治療を目的とした日本への「密入国」問題が浮上してくるのであった。

3　平岡敬と中島竜美の「応答」

そのようななかで「被害者」としての被爆体験から、朝鮮人被爆者の存在を介して「加害者」としての日本人の存在に気づいていく際の牽引役となったのは、大学教員やいわゆる著名な文化人などではなく、当時、地方紙の記者であった平岡敬とフリージャーナリストの中島竜美だった。

平岡敬

平岡敬は、一九二七年広島に生まれ、小学四年生のときに朝鮮半島に渡り、京城帝大予科二年生のとき、勤労動員中に敗戦を迎えた。帰国後、早稲田大学を経て中国新聞社に入社（一九五二年）した彼は、社の名物記者であった金井利博のもとで原爆被害に関する取材を重ね、記者としての経験を積んでいく。しかしながら、彼が在韓被爆者の問題に関心を抱くのは六五年のある出来事以降のことだった。

一九六五年一一月初旬、平岡は国交樹立まもない韓国の実情と在韓被爆者の消息を探るため訪韓した。朝鮮人被爆者を取材するきっかけとなったのは、同年春に中国新聞社宛に韓国から送られてきた一通の手紙である。その手紙には、被爆者の現状と渡日治療を訴える内容が書かれていた。返事を出さぬまま、一か月余りのちに民団広島県本部の被爆者実態調査団の報告を耳にした彼は、すっかり忘れていた手紙の存在を思い出した。平岡は、その当時の「衝撃」について次のように語っている。「被爆朝鮮人の問題が、日本人からではなく朝鮮人から提起されたことは、私には衝撃だった。韓国に被爆者がいることを知っていながら私が何もしなかったことは、彼らの苦悩が自分の苦悩となってはいないことだ。新聞記者として原爆問題にタッチしてきた私ではあったが、私もまた原爆問題の中に朝鮮人の占める場所を持たない日本人の一人ではなかったのか、朝鮮と朝鮮人に対して抱き続けてきた私の関心はしょせん郷愁めいた思いにすぎなかったのか――そんな反省に、私は胸をさいなまれた。私は韓国の被爆者に会いたいと思った。それは私にとっての〝ヒロシマ〟と〝朝鮮〟とのかかわり合いの意味を確認しようとしたからであり、そして二つを重ねて透視することは、自分自身をみつめることになるだろうと予感したからである」［平岡 一九七二：一二四～一二五］。

「被爆朝鮮人の問題が、日本人からではなく朝鮮人から提起されたこと」と、以前に在韓被爆者から手紙を受け取りながら、「何もしなかった」自分自身に「衝撃」を受けた平岡は、民団調査の半年後に在韓被爆者の取材を始める。朝鮮人被爆者の存在に無関心だった自らの無知を恥じながら、韓国原子力院放射線医学研究所と大韓赤十字社が各々一九六四年と六五年に作成した被爆者名簿（二〇三人分、四四九人分）を頼りに、被爆者を訪ねソウル市内や郊外をまわった。聞き取りを続けるなかで、彼らのおかれている悲惨な状況を目の当たりにし、また交流のなかで在韓被爆者の心情を知った彼は、六七年二月の「在韓被爆者援護協会」の結成（同年七月社団法人として認可）にも携わることになった。

そのような過程で、一九六五年七月『中国新聞』は、朝鮮人被爆者を取り上げた記事「韓国にも原爆症の恐怖」を国内で初めて掲載する。

中島竜美

フリージャーナリストだった中島竜美（一九二八年東京生まれ）は、金井利博のもとを訪れる通称「金井学校」の「聴講生」として広島にたびたび足を運び、集う仲間たちから「記者ポッポ」とからかわれながら、早稲田の同期という縁もあって平岡と親交を結んでいった。

一九六〇年代に入ると、韓国では原爆症の認知度も徐々に高まってきたこともあり、朝鮮人被爆者が治療のために「密航」してくる「事件」があいつぐが、中島は彼ら／彼女らへの取材活動を平岡とともに先駆的におこない、朝鮮人被爆者の支援活動にも携わっていく。そのなかでもよく知られているのが、全国で大規模に展開した「孫振斗《ソンジンドゥ》支援運動」だった。

一九七〇年一二月、大阪で生まれた在日朝鮮人二世で一九五一年外国人登録未登録により韓国に強制「送還」されていた孫振斗が、原爆症治療のために佐賀県の港に「密航」して逮捕されるニュースが流れた際、それを知った平岡が中島に「どうしよう」「何ができる?」と相談をもちかけた。当時の「反核団体」は冷たかったというが、二人は広島で「孫さんを救援する市民の会」を立ち上げ、それが自然発生的に全国に広がった。

中島は放送作家としての一面ももち、在韓被爆者問題を扱った二作品『恨!イルボンサラム、在韓被爆者の訴え』(一九八六年)、『イルボンサラムよ!日本人よ、在韓被爆者の四五年』(一九九〇年)をそれぞれ中国放送のドキュメンタリーとして世に送り出している。

彼に『日本原爆論大系』(全七巻、日本図書センター、一九九九年)の第三巻『原爆被害は国境を超える』の編集を依頼した岩垂弘(元朝日新聞編集委員)は、「原爆体験を伝える会」が一九七五年に開催した核セミナーで中島がおこなった報告「今日の朝鮮人被爆者問題——孫振斗問題を中心に」を読み、「日本と日本人が朝鮮人を被爆させたという問題があります。こういう問題がありながら戦後大変長いこと黙殺、無視してきたということが二重、三重に問題を非常にむずかしくしている」という記述に胸をうち、「私たち日本人の原爆被爆の体験というとらえ方のなかに、完全に外国人の問題が欠落してきた」ことを思い知らされたという[在韓被爆者問題市民会議　二〇〇八:一三]。中島は二〇〇八年に亡くなるまで一貫して朝鮮人被爆者問題、さらには外国人被爆者問題を追及し続けた稀有なジャーナリストの一人であった。

4 「広島研究の会」と橋本栄一

「広島研究の会」

他方、徐々に韓国での被爆者運動が整備されていくなか、しだいに自らの「足下」の朝鮮人被爆者問題に関心を抱くようになった平岡は、広島在住の朝鮮人被爆者に対する聞き取り調査を始め、在韓被爆者と同様、被害者同士の精神的連帯の必要性を痛感する。そして、一九六七年六月には原爆非体験世代が「広島の被爆者の体験を生き生きと継承していく」ことを目的に、「広島研究の会」を結成した。彼らは被爆者への聞き取りや、広島市への被爆者実態調査実施要求の署名運動、証言集会等の活動を展開した。「研究の会」のメンバーは平岡のほか、新聞記者、高校生、大学生、牧師、医者等が集う緩やかな会であった。「研究の会」の主眼の一つには朝鮮人被爆者問題があり、平岡らは朝鮮人被爆者に関する学習会や集い等を重ねていった。

当時広島大学医学部の学生だった堀寛は、「研究の会」の活動で、広島市内在住の朝鮮人被爆者一〇〇人の実態調査をおこない、調査に歩くなかで朝鮮人への差別が現在進行形の課題だということを痛感していった。「被爆者団体とのつながりもなく見捨てられている被爆朝鮮人の存在こそ、戦前・戦後を通じての日本人の加害責任を立証するものだ。被爆朝鮮人の救援を困難にしている南北問題も、敗戦時の日本が朝鮮を国際政治の犠牲にすることによって、朝鮮民族に対する責任を回避したことに遠因があるのではないか。いまの日本は再び朝鮮人を底辺に置いて朝鮮半島や東南アジアに進出しようとしている。私たち戦後世代にとっては、現在が〝戦前〟という感じだ」と言い、彼らは被爆朝鮮人の実態を明らかにすることが、自分たちの「被爆体験の継承」であり、被爆者意識から抜け切れないこれまでの原水禁運動を乗り越える道だとして、地道に朝鮮人被爆者のもとを訪れていった［竹中編　一九七〇：四八～四九］。

それまで日本人被爆者団体や援護運動から置き去りにされてきた朝鮮人被爆者は、聞き取りの際、自らの体験を「こんなことを日本人に話すのは初めてだ」と言いながら、とつとつと語り始めた。

橋本栄一と広島女学院高校

さらに、このような広島での取り組みに協力的であった人物として、当時広島女学院高校の教諭であった橋本栄一(一九二六年生、のちに校長)の存在があげられよう。朝鮮で生まれ育ち敗戦を機に広島にやってきた彼は、「私自身意識的に罪を犯した覚えはないが、日本の植民地政策の中で行動して来たことは間違いない。日韓条約によって日本の責任は解消したという考え方が一般的だが、人間としての責任は残っている。贖罪意識のない者には次の歴史を作ってゆく責任感もないだろう。被爆朝鮮人の救援には政治問題がからむので、運動が発展しにくいのは事実だ。しかし、具体的に日本の過去の責任を感じている人が行動すれば、ヒューマンな立場で貫けるのではないか。清鈴園は韓国の被爆者や原爆手帳を持っていない在日被爆朝鮮人にも開かれた施設にしたい」[竹中　一九七〇：四八]として、目下、日本基督教団系列の原爆孤老養護ホーム「清鈴園」(一九七一年、廿日市に設立)の建設に取り組みながら、有志の人たちとともに「被爆朝鮮人に援護の手を差しのべよう」[同前]と訴えた。そのような彼の志を受けて、広島女学院の「高校生一同」は「在韓被爆者援護協会」へ八六ドルの寄付を(一九六八年一月)、「生徒有志」は広島牛田教会婦人会とともに古着二七点を送付したという(一九六八年二月)[竹中　一九七〇：二二二]。

原爆被害者のなかに朝鮮人がいたという事実に初めて正面から向き合ったのが、ジャーナリストであった平岡敬と中島竜美、さらに彼らとともに学んだ「広島研究の会」に集う人びとや、在朝体験から自らの「人間としての責任」に向き合った橋本のような人たちだった。彼ら／彼女らは当事者の生の声や姿に触れることによって、「朝鮮人がなぜ、あの時広島にいたのか」という問題を突き詰めていった。一九六〇年代後半から一九七〇年代にかけての時代状況のもと、そこには多くの若者や他の社会運動の担い手たちとの接点もあった。平岡と中島は、その後一方は政治家・広島市長（二期八年）として、一方は引き続きジャーナリスト・市民運動家として在韓被爆者・在外被爆者問題に献身的に取り組んでいく。

平岡が市長在任中の一九九五年に発表した「広島平和宣言」や「那覇・広島・長崎ピース・トライアングル・サミット」のアピール(2)には、彼の朝鮮認識が垣間見られよう。他方中島は、「日本では応々にして単なるマイノリティ問題と考えられがちな〝朝鮮人被爆〟が、実は今日尚ヒロシマ・ナガサキと深く関わっていて、日本人の歴史認識が問われるような重要な〝鍵〟であることを、少しでも解明できれば」［中島一九九八：二二四］という思いを抱きながら、活動を続けたのである。

結びにかえて

以上見てきたように、一九五〇年代においては、BC級戦犯の反戦平和運動に関心を寄せた知識人でさえ、朝鮮人BC級戦犯に対する「特別な」関心を示すことはなく、したがって彼らを植民地支配の犠牲者とする認識などは皆無であった。一方、関東大震災で虐殺された朝鮮人犠牲者の慰霊祭や浮島丸の犠牲者、朝鮮人強制連行犠牲者は「日本帝国主義」の下でのあくまで「同志」として「被害者」意識を共有していった。

他方、同時期、大衆的平和運動として成立した原水爆禁止運動においては、朝鮮人の被害が取り上げられることはなく、その意味において、これらの運動にかかわった知識人の朝鮮観はきわめて希薄であり、植民地支配という観点から朝鮮が認識されるにはなお時を要した。そのような彼らの朝鮮観にやがて変化が見られてくるのは、一九六〇年代後半以降のことである。そして、そのような認識の転換に寄与したのが、ジャーナリズムの役割であった。昨今、閉塞的なナショナリズムが席巻するなかでジャーナリズムが疲弊し、萎縮する局面を迎えているが、このような時代であるからこそ、彼らの姿勢に学ぶことは少なくないはずであろう。

注

(1) アメリカ政府は、法的責任は認めなかったが、「慰謝料」として久保山愛吉の遺族には六七六万円を、他の被爆船員二二人には各二〇〇万円を支払った。この事実を知った被爆者は、自身に対する補償要求の声を高めたのである[市場　二〇〇〇：三四〜三五]。

(2) アピールには『被爆体験』や『沖縄体験』を考えるとき、忘れてはならないことは、アジアに対する侵略と植民地支配の事実です。過去の過ちを反省し、心から謝罪をします。過去を深く知り、誠実に過去と向き合ってこそ、より遠くまで未来が見通せるのではないでしょうか。アジアの人達と歴史認識を共有し、確認しあう作業が求められています」という一文がある。平和宣言全文を含め詳細は平岡[一九九六：七〇、七四〜七五]を参照されたい。

文献一覧

市場淳子『ヒロシマを持ちかえった人々――「韓国の広島」はなぜ生れたのか』凱風社、二〇〇〇年
内海愛子『スガモプリズン――戦犯たちの平和運動』吉川弘文館、二〇〇四年
在韓被爆者問題市民会議『在韓ヒバクシャ』五〇号、二〇〇八年三月
本庄十喜「スガモの平和運動と塀の外のまなざし」『季刊戦争責任研究』七八号、二〇一二年一二月
本庄十喜「日本社会の戦後補償運動と『加害者認識』の形成過程――広島における朝鮮人被爆者の『掘り起し』活動を中心に」『歴史評論』七六一号、二〇一三年九月
竹中労編『見捨てられた在韓被爆者――日・韓両政府は彼らを見殺しにするのか』日新報道、一九七〇年
中島竜美編著、在韓被爆者問題市民会議編『朝鮮人被爆者孫振斗裁判の記録――被爆者補償の原点』在韓被爆者問題市民会議、一九九八年
平岡敬『偏見と差別――ヒロシマそして被爆朝鮮人』未來社、一九七二年
平岡敬『希望のヒロシマ――市長はうったえる』岩波新書、一九九六年

第4章　現代韓国人の日本観

南　相九

1　娘にとっての日本、私にとっての日本

現代韓国人の日本観を論じるのは、非常に難しい問題である。なぜなら、世代によって、どのような視点から見るかによって、どの時期を語るかによって、さまざまな日本観があるからである。本章では、現代韓国人の一人でもある私自身の体験を交えながら歴史認識の問題を中心に話したい。

二〇一四年ＦＩＦＡワールドカップ・ブラジル大会でのことである。日本とコートジボワールの試合を見ていたとき小学校一年生の娘に、「あなたはどっちを応援する」と聞いた。娘は迷わず「当然日本でしょう」と答えた。娘は二〇一三年日本で約九か月間幼稚園に通っていたので、たぶん日本の友達のことが浮かんだだろう。日本では日韓関係が悪くなると、その原因が韓国人の「反日」にあるかのように報道する傾向がある。このような報道を見ると、韓国人にはまるで「反日ＤＮＡ」があるのではないかなという

気さえする。しかし、娘を見る限り、そのようなＤＮＡはないようである。

二〇〇七年生まれの娘は幼稚園の友達を通して日本と出会ったが、一九六八年生まれの私は歴史の教科書やテレビドラマを通して日本と出会った。私の父は一九二六年生まれ、母は一九三四年生まれだが、両親に植民地時代の話を聞いた記憶はあまりない。子どもの頃、話を聞かないと巡査が来ると脅かされたことはある。独立運動家を弾圧し、拷問する巡査や憲兵の話はテレビのドラマや教室でも聞いた。日本の歴史教科書が初めて国際的な問題となった一九八二年、私は中学校二年であった。韓国では、「朝鮮独立万歳をさけぶ集会・デモがおこなわれ」という記述が「朝鮮の独立を宣言する集会がおこなわれ、デモと暴動が」に変わったことが大きく取り上げられた。三・一独立運動を暴動に変えたのは、韓国を無視することであり、「帝国の亡霊」を正当化するものだという批判が続いた。この事件をきっかけに独立記念館が国民募金で建立された。

なぜ、韓国人は日本の教科書問題に怒り、国民的な運動となったのか。その当時の韓国の歴史教科書（国史）を開いてみた（図1）。今の教科書にはない「国旗への宣誓」や「国民教育憲章」が巻頭に掲載されている。「国旗への宣誓」は、「祖国と民族の無窮なる栄光のために心身を捧げて忠誠を尽くすことを固く誓います」という内容であったが、二〇〇七年からは「祖国と民族」が「自由で正義のある大韓民国」に変わった。今は韓国でも民族（主義）には批判的な声があるが、当時民族というのは韓国人としてのアイデンティティであった。歴史教科書に描かれた日本のイメージは、おおざっぱに言えば、古代から韓国の輝かしい文化の影響を受けて成長したのにもかかわらず、近代化に成功すると、韓国を侵略した国だとい

図1　筆者が中学校で学んだ国史教科書（1981年版）

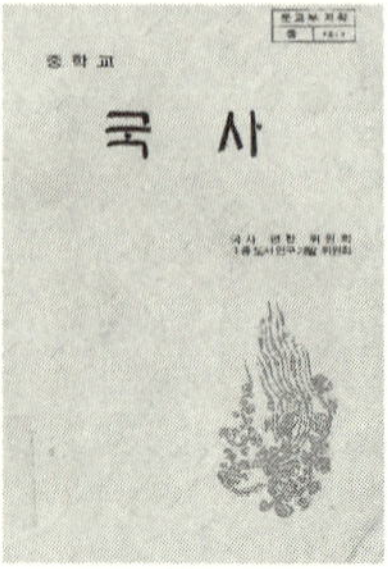

中学校　国史（文教部）

国旗への宣誓

口　絵
狩猟図（高句麗，通溝舞踏家）
金冠（新羅，慶州の皇南大塚）
多鈕細文鏡（青銅器時代）
箱子の形の煉瓦（百濟）
青銅銀人絲蒲柳水禽紋浄瓶（高麗）
田家風俗（朝鮮，金得臣）
華刻匠（朝鮮）

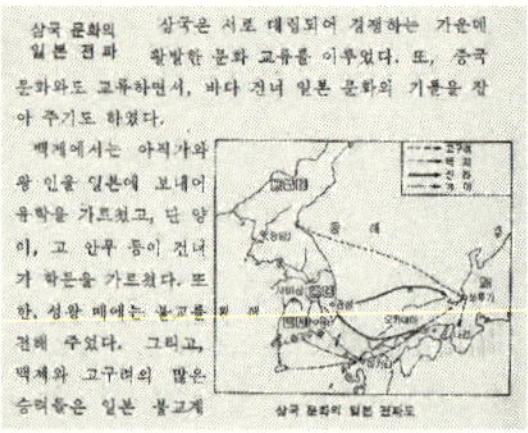

三国の文化の日本への伝播

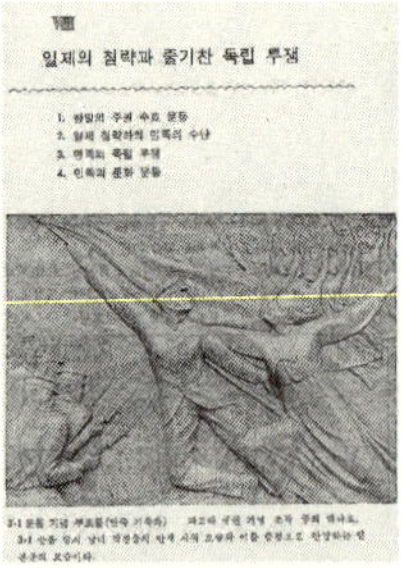

Ⅷ．日帝の侵略と粘り強い独立闘争
　1．韓末の主権守護運動
　2．日帝の侵略下の民族の受難
　3．民族の独立闘争
　4．民族の文化運動
　　（写真）3・1運動記念レリーフ

出所）国史編纂委員会ホームページ（http://contents.history.go.kr/viewer/webBook_jk_031.jsp?startpage=6）

うことである。日本に侵略されたという苦い記憶は、古代から日本に高い文化を伝えてきたという優越感によって増幅された。私の日本に対する認識もこのイメージを超えなかった。

ソウルの世宗路にある政府総合庁舎の一階の壁面には、朴正熙《パクチョンヒ》元大統領が一九六七年書いた「後の世代に今日を生きているわれらが彼らのために何をやったのか、祖国のために何をやったのかと聞かれたとき、迷わず祖国近代化の信仰をもって働き、また働いたと堂々答えられるようにしましょう」という親筆が飾られている。私が生まれる一年前に書かれたものである。少なくとも一九六〇年代から一九八〇年代まで、韓国において近代化はまさに信仰であった。近代化という眼差しから見ると、日本は克服すべき対象ではなく、学ぶべき、憧れの対象でもあった。日本は嫌いだが、ソニーには憧れていた。私は「民族の歴史」と「近代化」という二つの眼差しで日本を見ていたのである。

しかし、娘が日本に住んだとき、日本に憧れていたとは思わない。新しいものやことはあったが、韓国での生活とあまり変わらない普通の風景であった。

2　世論に見る日本

韓国人の日本観をうかがえる世論調査がある。一九八四年から朝日新聞と東亜日報が日韓両国において共同で調査したものである。韓国人に、「日本と言えば、何が思い浮かびますか」(一九八四年、一九八八年、一九九〇年)、「日本についてどんな感じをもっていますか」(一九九五年、一九九七年)と質問したのだが、

表1　韓国人の日本に対するイメージ（%）

1984		1988		1990		1995		1997	
36年間の苦痛	31	36年間の思い出	29	植民地統治・歴史的苦痛	33	経済大国	31	過去への反省が足りない	32
ずるい・下品	10	経済大国	11	経済（技術水準）発展	16	技術水準が高い	25	経済大国	24
36年間の記憶	8	ずる賢い	5	利害打算的	14	経済的に他国を侵略	18	技術水準が高い	17
経済的繁栄	8	エコノミックアニマル	4	敵対感・反日感情	10	過去への補償が足りない	16	経済的に他国を侵略	10
嫌悪感	5	不快・利己的	3	戦争（侵略）	8	韓国との経済協力に消極的	5	軍事大国をめざしている	6

その答えは、表1のとおりである。

一九八四年からこうした調査が実施されたのは、この時期からやっと相手の国民の感情を気にするようになったということであろう。世論調査を見ると、韓国人の日本に対するイメージは、植民地支配による苦痛の記憶という否定的なイメージと、経済大国であり技術先進国という肯定的なイメージが重なっている。ずるい、下品、嫌悪感など日本人に対する悪いイメージも目につく。日本人に対するこのような否定的なイメージがつくられた一つの原因としては、日本の観光客の傲慢な姿勢があげられる。「彼らは、彼らの先祖の罪がまだ消えてないこの地で『キモノ』を着て、『ゲタ』を履き、気遣うことなく市内の中心街を闊歩する傲慢ぶりを披露する度胸をもつ人びとである」（九月一七日付）という一九七三年『京郷新聞』の記事に表れているように、日本人の傲慢な姿が植民地支配の記憶と重なっていたのである。

一九九〇年代に入ると、冷戦と軍事独裁が終わり、抑圧されていた植民地支配の被害者が声をあげられるようになった。一九九一年から日本軍「慰安婦」の問題を含む戦後補償への要求が噴出した。一九九五年からは植民地にされたという記憶より、補償と反省の足りなさという植民地支配をどう記憶し、どう清算すべきかということが重視されるようになってきた。日韓国交正常化五〇周年にあたる二〇一五年、朝日新聞と東亜日報による世論調査を見ると、韓国併合や朝鮮半島の植民地支配に対して、「日本はもう十分に謝罪したと思いますか。まだ不十分だと思いますか」という質問に、「十分に謝罪した」と答えた韓国人は一%、「まだ不十分だ」という答えは九六%であった。「十分に謝罪した」と答えた日本人は六五%であった。植民地支配の被害者に対する補償について、「日本は再検討する必要があると思いますか。その必要はないと思いますか」という質問には、「再検討する必要がある」と答えた韓国人は八九%、「その必要はない」と答えた日本人は六九%であった。植民地支配への補償と反省（謝罪）をめぐる日韓の認識の差は縮まるどころか、大きくなる一方である。なぜ日本人と韓国人の認識の差が生じるのか。盧《ノ》武鉉《ムヒョン》元大統領の「我々はこれ以上、新たな謝罪を要求しません。すでにおこなった謝罪に合った行動を要求するだけです。誤った歴史を美化したり正当化する行為で韓国の主権と国民的自尊心を侮辱する行為を中止しろというものです」（二〇〇六年四月二五日）という発言に象徴的に見られるように、韓国は謝罪を完了形ではなく進行形のものとして見ているからである。日本の歴史問題に対する韓国人の認識は、日本の政治家の歴史認識の裏返しでもある（一九六五年以後の日韓の歴史認識の問題については、南相九［二〇一五］を参考にされたい）。

　また日本は、戦後平和憲法のもとに平和国家としての道を歩んできたという自負をもっている。小泉純一郎総理は、二〇〇五年四月二二日アジア・アフリカ首脳会議で「我が国は、かつて植民地支配と侵略によって、多くの国々、とりわけアジア諸国の人々に対して多大の損害と苦痛を与えました。こうした歴史

図2　自衛隊を旧日本軍に重ねて描いた風刺画

「イラク派兵案」衆議院通過
忠誠!!　行ってまいります
末裔たちも一戦やるのだな
靖国神社

出典）『朝鮮日報』2003年7月5日

「集団的自衛権」推進の背景……
韓・日軍事協定の仮署名
国民を見くびる「親日」政権
先制攻撃可能/自衛隊の韓半島介入
こんな状況なら、われら何でもできる!

出典）『京郷新聞』2012年7月6日

の事実を謙虚に受けとめ、痛切なる反省と心からのお詫びの気持ちを常に心に刻みつつ、我が国は第二次世界大戦後一貫して、経済大国になっても軍事大国にはならず、いかなる問題も、武力に依らず平和的に解決するとの立場を堅持しています」と発言した。しかし、韓国の世論を見ると、進歩と保守を問わず、自衛隊は旧日本軍を思いださせる存在である（図2）。

米韓同盟を安全保障の軸とする韓国人が、なぜ東アジアにおける米国のもう一つの安全保障の軸である日本の集団的自衛権の行使の拡大を憂慮するのか。

金燦奎《キムチャンギュ》大韓国際法学会名誉会長の「今年〔二〇一五〕八月一五日、安倍総理は一九九三年以降総理の式辞で入らなかったことのない侵略に対する反省と不戦の誓いを入れなかった。同日、閣僚と国会議員たちは、A級戦犯一四人が合祀された靖国神社を参拝した。これは、日本政府が侵略の迷妄から目覚めていないという証であり、集団的自衛権を認める本音が『侵略戦争の

図３　韓国人と日本人の相対国に対する好感度（％）

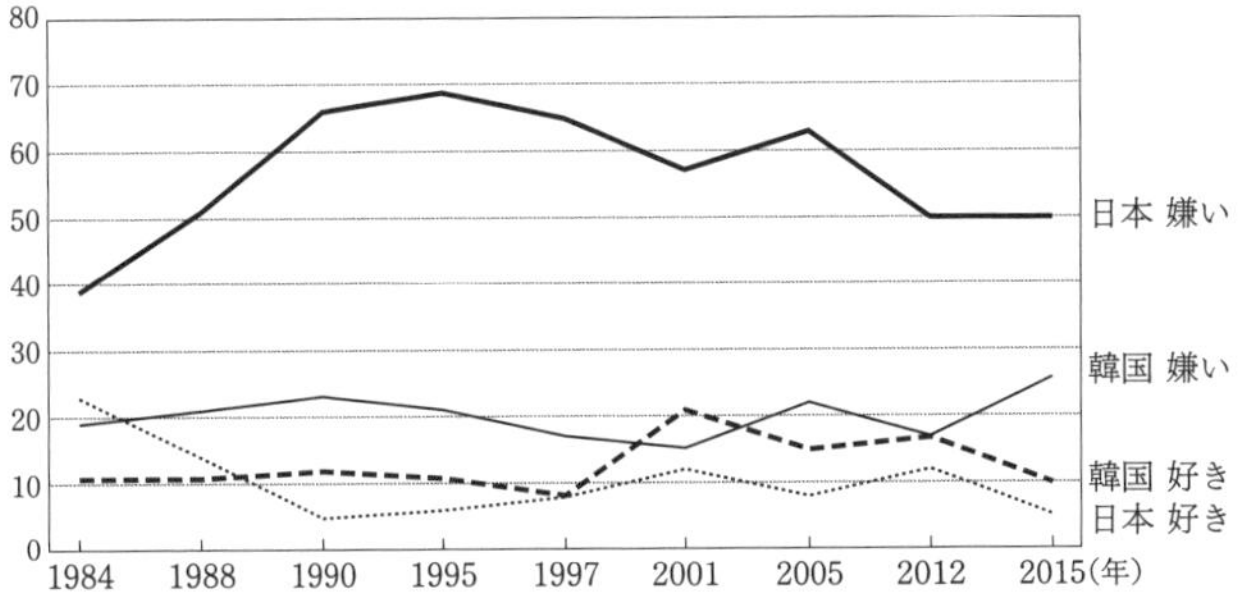

再現』にあることを物語っている」（『国民日報』二〇一五年九月三日付）という主張に象徴的に見られるように、日本政府の歴史認識に対する不信感が根底にある。

このような日本の歴史認識に対する不信が、韓国人の日本に対する好感度にも影響を与えている。図３を見ると、一九八四年が日本に対する好感度が一番高い。二〇〇一年と二〇一二年に日本に対する好感度が少し高くなるのは、二〇〇二年ＦＩＦＡワールドカップ共同開催と二〇一〇年菅直人総理談話など民主党政権の政策の影響があったためだと考えられる。反面、日本軍「慰安婦」問題に対して日本政府が否定的な姿勢であった一九九〇年と、安倍晋三総理による歴史修正主義的な動きが強まった二〇一五年は好感度が下がる。また、図を見ると、韓国人と日本人の相手に対する認識は相関していることがわかる。

3　韓国人において歴史問題とは

韓国人が日本との歴史問題にこだわる現状を理解するためには、韓国の国内における歴史問題への対応を見る必要がある。日本の場合、

表2　法律に基づいて韓国政府が設立した歴史・人権侵害関連の委員会の概要

対象	委員会の名称	期間	所属
東学農民運動（1894）	東学農民革命参加者名誉回復審議委員会	2004-2009	国務総理
植民地期における強制動員被害，親日派問題（1905-1945）	親日反民族行為真相糾明委員会（＊反民族行為特別調査委員会，1948.10-1949.10）	2005-2009	大統領
	日帝強占下強制動員被害真相糾明委員会	2004-2010	国務総理
	太平洋戦争前後国外強制動員犠牲者等支援委員会（＊対日民間請求権補償に関する法律　1974.12，日帝下日本軍慰安婦被害者に対する生活安定支援及び記念事業に関する法律　1997.12）	2008-2010	国務総理
	対日抗争期強制動員被害調査及び国外強制動員被害者等支援委員会	2010-2015	国務総理
	親日反民族行為者財産調査委員会	2006-2012	大統領
朝鮮戦争前後の民間人虐殺（1948-1950）	済州4・3事件害真相究及び犠牲者名誉回復委員会	2000-	国務総理
	居昌事件等関連者名誉回復審議委員会	1998-	国務総理
	老斤里事件犠牲者審査名誉回復委員会	2004-	国務総理
民主化運動（1964-）	光州民主化運動関連者補償支援委員会	1990-	国務総理
	民主化運動関連者名誉回復及び補償委員会	2000-	国務総理
国家機関による人権侵害等（1945-）	真実和解のための過去事整理委員会	2005-2010	独立機構
	疑問死真相究明委員会	2000-2004	大統領
	軍疑問死真相究明委員会	2006-2009	大統領
	三清教育被害者名誉回復及び補償審議委員会	2004-2015	国務総理

戦前治安維持法によって弾圧を受けた人は多くいるが、いまだにその被害者に対する名誉回復や国家賠償はおこなわれていない。治安維持法による有罪判決は今も判決として有効なのである。しかし、韓国の場合、国家保安法などによって有罪判決を受けた事件でも、被害者の再審請求が受け入れられ、最近無罪になった事例がいくつもある。また、二〇〇〇年代には、法律に基づいて政府機関としてさまざまな真相究明（糾明）のための委員会がつくられた（表2）。

各委員会の目的として、「日帝強占下強制動員被害の真相を究明し、歴史の真実を明らかにすること」（日帝強占下強制動員被害真相糾明委員会）、

図４　独立運動関連記念施設の建立の推移（1945-2006）

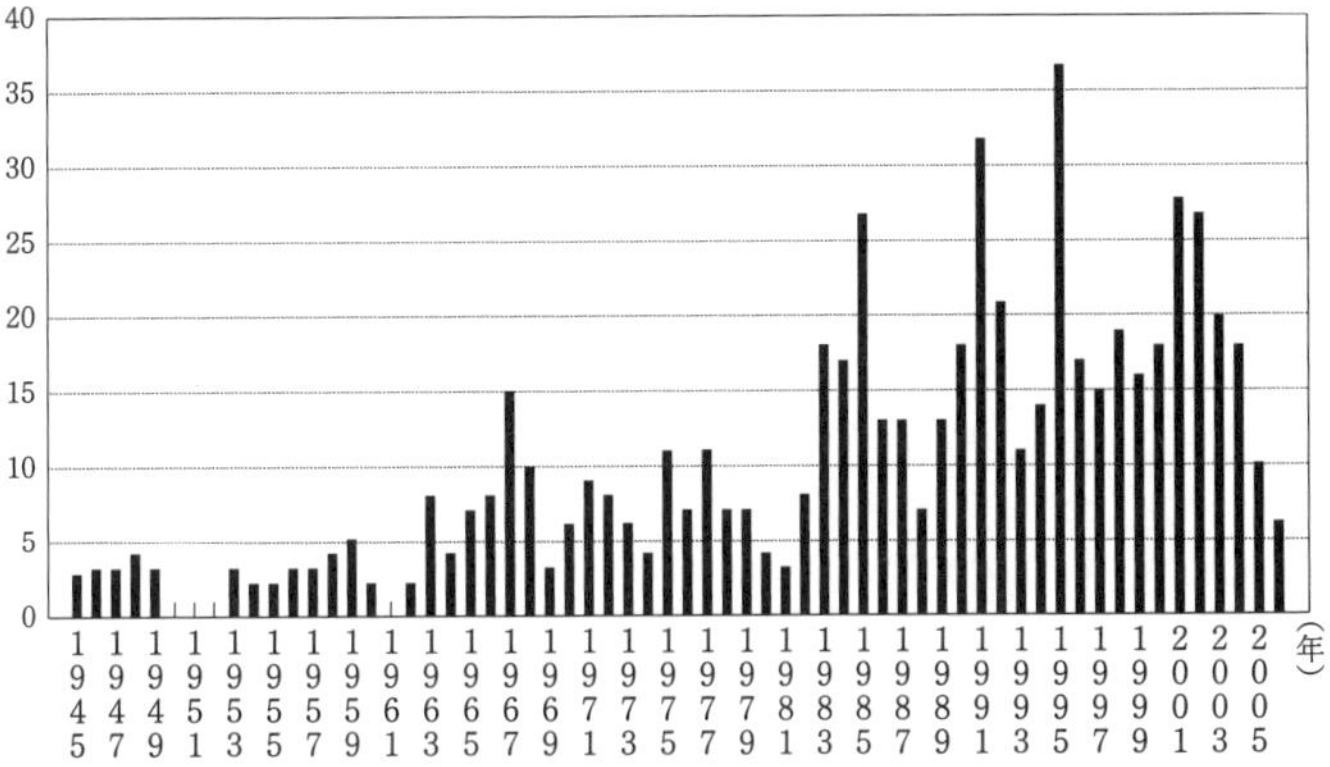

「歴史の真実と民族の正統性を確認し、社会正義の具現に寄与すること」（親日反民族行為真相糾明委員会）、「正義を具現し、民族精気を打ち立て、日本帝国主義に抵抗した三・一運動の憲法理念を実現すること」（親日反民族行為者財産調査委員会）などに見られるように、真相究明と正義の具現を掲げている。親日反民族行為真相糾明委員会の委員長を務めた姜萬吉《カンマンギル》も、二〇〇五年二月一六日開催された韓・日過去の清算と太平洋戦争犠牲者の問題解決に向けた公聴会で「過去の歴史を清算することはまさに、間違った過去の歴史を必ず歴史的な方向に清算することで、前向きで、希望に満ちた未来を切り開くことをめざしている。対内であれ、対外であれ、まだ清算されてない過去をもったままではより前向きな未来を展望することが難しいためだ」と、歴史問題の解決がもつ意味を説明した。つまり、韓国において法律による判決や歴史は固定されたものではなく、正義の名のもとで変えられるものであり、常に正義が求められているのである。少なくとも、理念的にはそうである。日本だけに問題を提起し、歴史への正義や清算を求めているのではない。

また、独立運動関連記念施設の推移を表した図4に見られるように、独立運動の歴史への関心が一九八二年の日本の教科書問題と一九八七年の民主化運動以後に高まったというのは興味深い。一九九三年就任した金泳三《キムヨンサム》大統領が「歴史の立て直し」を掲げて朝鮮総督府の建物を解体したのもこのような動きを背景にしたものである。韓国での歴史問題に対する関心の高まりが、日本の歴史認識に対する関心にもつながったのである。

4　一枚岩の日本からさまざまな日本へ

日韓共同ドキュメンタリー映画「あんにょん・サヨナラ」(二〇〇五年)で、主人公の李熙子《イヒジャ》は、阪神淡路大震災の直後に神戸を訪ねたときの心情を、「冥福を祈る。しかし自業自得だ。他国を侵略し、苦痛を与えたのだから天罰を受けたのだと思った。震災ですべてを失った人びとへの慰労より、(父を奪った)日本に対する怒りがもっと大きかった」と語った。多くの韓国人もそう感じただろう。しかし、靖国訴訟を支援する日本人との交流のなかで彼女の日本に対する認識は変わる。彼女は「真の平和と相互理解を築いていく人びとを見ながら日本に対する憎しみを徐々に捨て、私のなかにあった怒りと恨みを晴らす出口を見つけた」と言う。彼女にとって、日本は「一枚岩」ではなくなったのである。

今の韓国で、現在の日本を戦前の日本と同一視する人はいないだろう。また、「民族の歴史」だけで日本を見る人も少なくなったと思う。二〇一一年三月一一日、東日本大震災に際して、韓国人が見せた行動には、このような変化が表れている。震災直後の三月一六日に開催された日本軍「慰安婦」問題の解決を求める「第九六一回水曜デモ」は、デモを止め、被害者を哀悼する追悼集会に変わった。この追悼集会を提案した「慰安婦」被害者の吉元玉《キルウォンオク》氏は、「多くの人びとが亡くなったというので心が痛んだ。あのように大変なことが起きたのに、日本政府に声を上げ、何かを要求するのは人間としての礼儀ではないと思った」、李容洙《イヨンス》氏は、「罪は憎いが、人は憎くない。今日は心から犠牲者の冥福を祈る」と（『世界日報』二〇一一年三月一六日付）と、その思いを語った。震災被害者のための募金に対する国民の関心は高かった。

その後、独島（日本名竹島）を日本の領土として記述した中学校の教科書検定の結果が発表され、友好的な雰囲気が一気に冷めたのは残念であるが、震災に対する姿勢からは韓国人と日本人が痛みを共有する普通の隣国としてつきあえる可能性が示された。また、歴史認識の問題がこの可能性の壁になっていることも確認された。この壁は、時間がたったからといって低くなるものではなく、人と人が築きあげた信頼の力でしか超えられないものである。韓国が、日本が一枚岩ではなく多様であることを認めることは、決して歴史認識の問題を軽視してもいいということではない。李熙子の例で見られるように、歴史問題の解決のために努力する過程でさまざまな日本が見えてきたのである。韓国人の日本観は、日本人の韓国観や歴史認識に共鳴しているのである。

図５　第961回水曜デモ

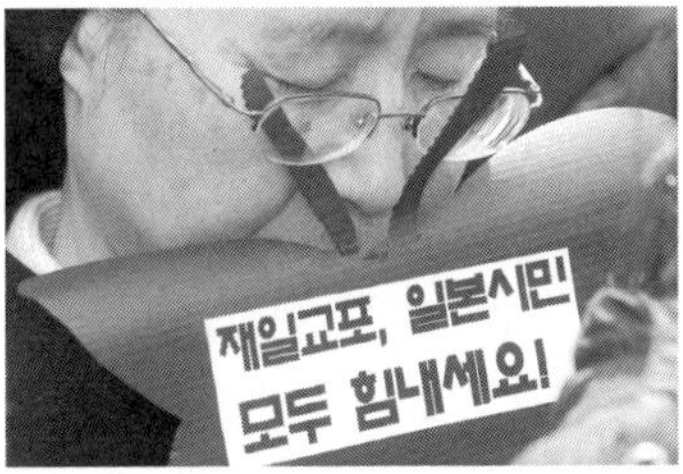

注）「在日僑胞、日本市民　みんな　頑張れ！」と書かれたプラカード

出典）『連合ニュース』2011年3月16日

日韓両国が相手をどう認識するかという問題は、どのような社会と国家を求めていくかという問題でもある。先に「民族の歴史」と「近代化」という眼差しから日本を見てきたと記したが、そうではなかった人もいた。韓国の独立運動家である金《キム》九《グ》は、一九四七年に書いた「私の願い」で、彼が願う国について、「私は我が国が世界でもっとも美しい国になることを願う。もっとも富強な国となることを願っているのではない。私は他の国の侵略に心を痛めたのだから、我が国が他の国を侵略することは願っていない。我らの富力はわれらの生活を豊かにする程度でよい。我らの強力〔軍事力〕は他の国の侵略を防げる程度ならよい。もっぱら限りなくもちたいのは高い文化の力である。文化の力は我ら自身を幸福にし、ひいては他人にも幸福を与えるからである」と述べた。今の韓国と日本の人びとはどのような国と社会をつくろうとしているのだろうか。

文献一覧

南相九「歴史問題と日韓関係」木宮正史・李元徳編『日韓関係史 1965-2015　I 政治』東京大学出版会、二〇一五年

第5章　ドイツから見た日韓相互認識

ユリアン・ビオンティーノ

はじめに

第二次世界大戦後ドイツは、日本と同様に世界大戦に積極的に関与した侵略国として裁かれる立場におかれた。また、韓国と同様に分断国家となり、東西冷戦によってイデオロギー的葛藤を余儀なくされた。日・独・韓の歴史経験を同時に語るに相応しい言葉は見当たらないが、この三国間には「歴史的三角関係」とも称するに値するほどの密接な関係性がある。

しかし戦後、西ドイツは日本や韓国と同じように米国と同盟を結んで経済復興への道を歩みはしたが、国家統一をなしとげて分断を克服したという点において、韓国とは異なる経験をもっている。また、日本とも異なり、第二次世界大戦やそれ以前の歴史について反省し、戦争責任と向き合い和解と賠償のために積極的に取り組んできた国である。しかもドイツは、隣国関係を重視し、ヨーロッパ共同体が形成される際にも指導的な役割を果たした。

それに対して日本は、いまだに歴史認識問題を解決できずにおり、東アジア共同体をつくる構想をもちはしても、その構築はまったく具体化されていない。それほどまでに日・中・韓の摩擦は大きくなっている。

一方韓国は、ドイツの統一過程を研究し、またドイツと日本との比較を通じて、歴史認識問題の解決を日本に迫ろうとしている。韓国と日本との歴史和解は、日本側が望みもしないのに、しばしばドイツの事例と比較される。韓国では、二〇一五年三月にドイツのメルケル首相が日本を訪問した際や、安倍首相が米国を訪問した際、あるいは終戦七〇周年記念行事の際にも、ドイツとの比較の観点から日本の歴史和解に寄せる期待が大きかった。

ここでは、以上のような問題について、「ドイツ側の視点」から迫りながらも、それだけにとどまらず、筆者自身が日韓両国に留学した経験から得た認識もふまえて、日韓の相互認識と歴史和解の可能性について考察してみたい。

1　一般ドイツ人から見た東アジアと日韓関係

ドイツ人は一般にアジアと接触する機会が少ない。日常生活においては皆無と言ってもよい。もちろん、国際政治や国際経済のレベルではドイツは、日本だけでなく中国や韓国との関係も深い。しかし、東アジアはドイツ人にとって一般に非常に遠い存在であり、現在でもエキゾチックで異国情緒あふれる国々として認識されている。ドイツ人が休暇で旅行に出かける際は、ドイツ側のバルト海か、北海や近郊のヨーロッパ各国の海へ行くことが多く、遠くでは、米国が人気の場所となっている。言葉が通じないことから生じる恐れもあって、東アジアや東南アジアは、一般にドイツ人の観光ルートには含まれないのだが、新聞記事などからすると、ドイツ人のあいだにアジア一般に対する偏見があることも見て取れる。

最近、韓国で発生したMERSウィルスに関しても、ドイツのニュース報道やネットのコメント欄などを見る限り、ドイツ人には韓国・北朝鮮についての明確な認識がないことを確認することができる。一般のドイツ人にとって東アジアは地理的に不明確であり、「極東」に位置する国々としてしか認識されておらず、日本、中国、韓国、北朝鮮の区別さえできていない。ただドイツ民主共和国(旧東ドイツ)と朝鮮民主主義人民共和国(北朝鮮)の冷戦下における外交関係は、冷戦後統一ドイツによって引き継がれた。また、中華人民共和国との関係も日本と同じく一九七二年に国交回復した。

もちろん東アジアに対する認識が、グローバル化の進展とともに高まってきたのは事実である。テレビ・ドキュメンタリーが東アジアについての情報を発信するおもな役割を担ってきた。その結果日本は、古き伝統と近代化が融合した国、侍と労働倫理、芸者と科学技術の国などとして認識されている。韓国も一九八八年のソウル・オリンピックの頃から紹介され始め、特に朝鮮戦争の被害と労働倫理などをテーマとする番組が放映されるようになった。そして日本と韓国の関係は、フランスとドイツの隣国関係に似ているという漠然としたイメージが広まるようになった。その一方で、北朝鮮と中国が似ているというイメージも作り出された。また、ハリウッド製の真珠湾攻撃に関する映画や黒澤明の映画、大ヒット作となったベルナルド・ベルトルッチ監督の『ラストエンペラー』などの映画がドイツでも上映され、ドイツ人の東アジアの歴史に対する関心が引き起こされた。

しかし、歴史認識という観点から見れば、曖昧にしか理解されていない。一九八九年に起こった天安門事件は、メディアによって大々的に報道され、ドイツ人は中国に対して専制政府のイメージを強く抱くようになった。九〇年代の中頃からは北朝鮮で起こった洪水とそれによって引き起こされた凶作、飢餓などをテーマにしたドキュメンタリーが多く報道された。そして、二〇〇二年の日韓共同開催のFIFAワールドカップをきっかけに、再び韓国が注目されるようになり、日韓の歴史和解問題についてもある程度深みのある内容の番組が放送された。ところが、二〇〇〇年代中頃からは、もっぱら北朝鮮の軍事、核兵器問題が主なテーマとなっていった。それにつれてドイツ人は、また再び韓国よりも北朝鮮について大きな関心をもつようになった。さらに中国や北朝鮮の人権問題などについても頻繁に報道されるようになった。

二〇一一年三月一日、韓国では、竹島（韓国名独島）を自国の領土だとする日本に対する怒りの報道をおこなっていた。ところが、同月一一日に東日本大震災が起きると、メディアの論調は同情や哀れみの声に一変した。当時韓国にいた筆者も、至るところで救済活動への登録や街頭募金がおこなわれたのを目撃している。当時の韓国のニュースは、まるでハルマゲドンが訪れたかのような報道ぶりであった。三・一独立運動の記念日には対日感情が強まる韓国において、市民が素早く人道的に動き、東日本大震災を神罰であるかように言い放ったあるキリスト教牧師を厳しく批判したことは感動的であった。

一方ドイツのメディアでは、東日本大震災と福島第一原子力発電所の事故について道徳的、倫理的に曖昧な報道をおこなった。日本人の冷静な態度を武士道の精神から来るものと説明したり、あるいは日本滅亡論や終末論的な態度で報道した。日本に関する知識や日本語能力を十分にもたないドイツ人が、インタビュー対象の日本人に不快な感情を起こさせたうえ、その報道を耳にした在日のドイツ人記者がパニックに陥ったりした。

ドイツの報道のあり方については、ドイツの日本学をリードするボン大学のラインハート・ツォルナー(Reinhard Zöllner)教授がドイツ人の福島に対する認識を修正する努力をし、日本とその文化などに関するドイツ人一般の知識が不足していることを指摘した。消費者の観点からドイツ人はおもにテレビゲームと家電によって「Made in Japan」は品質が良く、「Made in China」は品質が悪いというイメージを抱いていたが、最近のスマートフォンブームによってようやくサムスン（三星）が韓国のメーカーであることを認識し始めた。食文化の面では、一九二三年にベルリンで最初の中華レストランが開かれた当初からドイツ人は中華料理を賞賛した。翌年の一九二四年には、やはりベルリンで日本レストランがオープンしたが、当時は鮮魚に対する拒否感があった。しかしそれは、二〇〇〇年代から徐々に薄れ始め、現在では寿司食べ放題の専門店や回転寿司店など、ドイツのあらゆる都市で日本食を食べさせる店が立ち並ぶようになった。韓国料理店も同じように二〇〇〇年代に入ってから徐々に普及し始め、キムチがドイツの伝統食材のザワークラウトによく似ていることから、グルメの間では広く知られるようになった。

ドイツで和食と韓国料理が人気を博した背景として、日韓の文化的影響があげられる。一九九〇年代後半から日本の漫画とアニメがドイツでも普及し始め、それに関連したサブカルチャーも輸入されるようになった。ポケットモンスター旋風が巻き起こり、子どもたちを虜にしたのである。日本の芸能界やテレビドラマなどについてもよく知られるようになった。日本の漫画が出版され始め、数多くの日本のアニメや映画などがDVDでリリースされ、ドラマや最新アニメをネットでも鑑賞できるようになった。

その過程で、ドイツの日本ファンが日本で放送されて大ヒットした韓国ドラマ『冬のソナタ』（二〇〇二年）を知り、いわゆる「韓流」が日本を通じてドイツに伝えられた。ドイツの出版社は韓国の漫画「マンファ」の発行も開始した。韓国ドラマのなかで使用された音楽もファンのあいだで人気を博したが、ラジオで流されることはなかった。しかし、二〇一二年にPSY《サイ》によって伝えられた「カンナムスタイル」の大成功によって、「韓流」はしっかりとドイツに定着した。一般の放送では放映されない日本と韓国のテレビドラマを、熱心なファンはインターネットで鑑賞したり、ネットからDVDを購入するようになったのである。また、若者たちは日本旅行や韓国旅行、さらには交換留学生として日本や韓国に行き、その両親も子どもに会いに訪日または訪韓するようになった。

大衆文化のほかには、ドイツには日独の文化交流と独韓の文化交流のために、現在五三の日独協会（DJG）と五つの支部からなる独韓協会（DKG）がある。それらの会では民間レベルでの交流や茶道体験、太鼓コンサートなど多岐にわたるさまざまな行事がおこなわれており、講演会なども開かれている。

2　日韓相互認識とその背景にある歴史和解過程――ドイツ人学者の視点

二〇一五年初夏、ドイツ語圏の日本学研究者が利用するメーリング・リストでは、二つのディスカッションが学者たちの興味をかき立てた。一つは、最近ドイツの日独協会主催で開かれた在独日本人の講演会と、その日本人が自身のブログで発表した内容に対してボン大学のツェルナー教授が歴史歪曲であると訴えた事件である。日独協会が講演者をサポートしているかのように見えたので、日独協会からの反発もあった。議論のきっかけは、その日本人がいわゆる「慰安婦問題」を否認し、日中戦争を解放戦争として美化したことである。ナチス・ドイツの侵略戦争と類似したものとして日本のアジア侵略の歴史を理解している日本学研究者たちは、その日本人のメッセージが日本好みのドイツ人たちの日本認識を歪めてしまうと憂慮したのである。

それに関連して、二つめに話題となったのは、最近シカゴ大学で発表された「日本の歴史家を支持する声明」である。これは日本の歴史学関係一六団体が出した「慰安婦問題に関する日本の歴史学会・歴史教育者団体の声明」への国際的サポートであり、ドイツ人日本学研究者も数多く署名した。ところが、ほとんどの署名者が「史実を世界に発信する会」という団体から、「史実」ではないという英語による非難のメールを受け取った。ドイツ人研究者のあいだでは、その会が歴史学者の会ではなく、いわゆる南京大虐殺を否定する本などの英語訳をおこなう会だという批判が起こった。特にこの非難メールが「慰安婦問題」について、国際的に見て戦争の際には頻繁に起こりうる民間への暴力という枠組みで検討すべきであるとし、この問題に関する再検討を促している点に対して強い批判がなされた。また、研究者と一般市民の知識の差も問題視され、一般市民への啓蒙活動について議論された。

一般にドイツ人研究者が歴史修正主義に敏感にならざるをえない理由として、ドイツにおける、いわゆる「過去の克服」過程をあげることができる。現在のドイツでは、ナチス支配の美化やホロコーストの否認が、歴史和解という観点から強く批判され、犯罪行為とみなされている。一九四九年、西ドイツ政府が発足するやいなや、政府はナチス支配時の戦争犯罪の摘発に取り組み始めた。過去の過ちについて反省し、歴史とどう向き合うかという議論がなされたのである。冷戦下の緊迫した状況のなかで、西ドイツでは早々に軍隊をもつ権利を復権させることができた。しかし、ナチスとドイツ軍は一体の関係にあり、ドイツ軍がナチス時代に起こした犯罪とドイツ軍の役割については、今もなお議論が繰り返されている［川喜田 二〇〇五］。一九四五年のニュルンベルク裁判では、生き残った戦争犯罪者が裁かれた。この裁判はよく東京裁判と同一視され、勝者が敗者に下した裁きとして批判を受けている。しかし二つの裁判においては、どちらも一般市民の戦争犯罪の責任は問われずに見過ごされたという指摘がある。ニュルンベルク裁判でヒトラーやナチス幹部の罪が裁かれることによって、ドイツ人民衆は加害者というよりむしろ被害者であったという認識がもたれる契機となったのである。それは、日本で原子爆弾投下の被害によって被害者意識が強くなったのとよく似ている。

ホロコーストについて人びとが言及するようになるのは、一九五〇年代末になってからである。当時、ナチスの強制収容所の近くに住んでいても「何も知らなかった」という証言がありはしたが、責任追及は必至であった。米国がナチス思想を根絶させる過程でユダヤ人などの犠牲者に対する賠償が決められ、一九五六年から「連邦国賠償法」(Bundesentschädigungsgesetz) によって賠償をおこなうことを決定した。しかし、その後の「賠償政治」はドイツ内外で厳しく議論され批判された。ナチスの犠牲者の物質的な損害は補償できるとしても、精神的損害は賠償できないからである。一九七〇年にワルシャワ・ゲットーの記念碑の前で、当時首相だったヴィリー・ブラントが跪いて献花したことによって、ポーランドとドイツのあいだでの歴史和解が成立した。そしてその後も、ドイツは過去の出来事を究明して隣国との歴史和解に努めたため、終戦七〇周年を迎えた今日、道徳的にも実力的にもヨーロッパで指導的な役割を担うに至ったのである。

こうした経験もふまえながら、ドイツの日本学研究者は日本について研究をおこなっている。日本は韓国と一九六五年に締結した「日本国と大韓民国との間の基本関係に関する条約」(日韓基本条約) に経済協力金を定めたが、韓国政府への賠償は認めず、以後一貫して賠償の必要性を認めていない。つまり、日本側では日韓基本条約で歴史和解が済まされたと解釈されている。一九七二年に日中間で結ばれた「日本国と中華人民共和国との間の平和友好条約」にも同じ意味合いの事項が含まれているが、台湾にかかわる問題を曖昧にした。その条約は米ソ・中ソ対立という冷戦状況のなかで成立したものであって、完璧な問題解決をもたらすものではなかった。ドイツ人研究者は自国の歴史の反省をおこなうという政治文化を背景にして、日本は条約によって、たとえ政治的な責任から解放されても道徳的な責任は消し去ることができないものだと理解している。そうした理由からメルケル首相はドイツ人研究者と同じく、日本に「過去の克服」を促したのである。

「過去の克服」というドイツ語は、今まで曖昧に日本語に訳されてきた。「過去を克服する」というのは、一九八四年の終戦四〇周年式典の際に西ドイツ大統領リヒャルト・フォン・ヴァイツゼッカー（一九二〇～二〇一五年）がおこなったスピーチの、「後になって過去を変えたり、なかったことにしたりするわけにはいかない。過去に目を瞑る者は結局のところ現在においても盲目になる」に由来するものである。過去を無視したり、歴史となった過去を意図的に「歪曲」したりすることは「克服」にはならない。忘れることも「克服」ではない。歴史と積極的に向かい合い、それに対する責任をもつ力を誇り、謝罪する勇気こそが「克服」となる。現在まで、ドイツではいわゆる「終止線論」(Schlussstrichdebatte) が続いており、「過去の克服」は十分であるとか、これ以上しなくてもよいという発言も多いが、過去の克服が終わりなき作業であり、これからもずっとおこなうべき義務として残る課題だということが国民的合意となっている。

よく言われていることだが、やはり日本の場合は、ドイツとはまったく逆である。二〇一五年が終戦七〇年という節目の年であるにもかかわらず、日本は「過去の克服」に関する努力を十分におこなっていないという印象は、これからもずっと引き続いていくに違いない。メルケル首相が日本を訪問した際に歴史和解の努力を勧めるしかなかった理由である。ドイツとヨーロッパだけではなく、世界全体が大戦終了七〇周年という節目の年に、日本に対する期待の眼差しはかくも大きかったのである［Kilian 2012：235-237, 347-350］。

おわりに

ドイツ人として日本と韓国で暮らすなかで、日本のナショナリズムと歴史に対する関心が韓国のそれよりもはるかに低いことが感じられた。韓国では歴史上に起こった不公平を強く感じ、それを訴える人が多い。ソウルの世界遺産の昌徳宮を見学した際に驚いたのは、韓国併合条約が強要された場所に赴いて初めて、その悲しい歴史を理解する日本人観光客が実に多いことである。しかし、東京に旅立つ韓国人が靖国神社について知らないなど、よほどのことがない限りありえないことである。日本と韓国を比べたら、韓国では歴史教育が日本よりもはるかに重要視されていることがわかる。

その理由の一つとして、韓国で二〇一二年から始まった「東アジア史」の授業をあげることができる。韓国人は日本の支配を受けただけではなく、戦後の南北分断と、朝鮮戦争後から今日まで続く休戦状態という辛い経験を経てきたので、それだけ歴史に対する意識が日本人より強くならざるをえなかったのであろう［유용태　二〇〇八：一二二］。

韓国のナショナリズムは、国内の問題だけではなく、日本との対立によっても強められてきた。日韓問題が話題となるたびに、日本に対する中傷が聞こえてくるが、日本にも歴史和解を重視する人や過去の克服のために活動する人がいるのも事実である。しかし不幸にも、マスコミによって政治家の立場が強調されすぎている。国家レベルで領土問題に代表される外交問題での対立が激しくなりつつある昨今であるが、私は東京やソウルを訪れる観光客や留学生間における日韓交流を目の当たりにしてきた。日本と日本文化について関心をもつ韓国人は多く、日本食のレストランや居酒屋などは韓国でも人気があり、日本の大衆文化を享受している若者は少なくない。日本でも同じように韓国ドラマや韓国料理に人気が集まり、マッコリがスーパーでもよく見かけられる。その一方で一般市民を代表しているはずの政治家やマスコミから発信される内容は、日韓の市民レベルの交流とはかけ離れたものとなっている。東京やソウルの街角で見かける日韓の文化交流のような友好的な関係が、政治レベルでも築ける日が訪れることを願うばかりである。

文献一覧

川喜田敦子『ドイツの歴史教育』白水社、二〇〇五年

Kilian, Susanne, Japan und Deutschland - ZwischenSchuld und Verantwortung. Vergangenheitsbewältigung im Vergleich, Lit Verlag, 2012

유용태「한국의 동아시아사 인식과 구성：동양사연구 60년을 통해 본 동아시아사」、아시아평화와 역사연구소『한중일 동아시아사 교육의 현황과 과제』선인、二〇〇八

第6章　対談　日韓相互認識の今昔

大門正克／趙　景達
司会：山本直美

1　日本史研究と朝鮮

司会：韓国と国交が正常化して、今年（二〇一五年）でちょうど五〇年です。北朝鮮とは相変わらず問題が山積していて正常化していないという状況です。今日は、日本近現代史を専門としながら、最近では朝鮮問題にも言及されている大門正克さんと、朝鮮近現代史を専門としながら、最近では日本史にも言及されている趙景達さんに、日韓の相互認識について議論をしていただきたいと思います。まずは、大門さんのほうから「現代日本の朝鮮観」ということでお話しをいただけますか。

大門：私は現在、日本近現代史の研究にとって、特に戦後のことで言えば在日朝鮮人の歴史を考えることが大事だと思っています。ここでは、そのように考えるに至るまでの、やや個人的な経緯を話すところから議論を始めてみようと思います。

　私はもともと、日本のなかの農村などの地域史を研究していましたので、在日朝鮮人の歴史に直接携わるということは、長いことありませんでした。二〇〇〇年に『民衆の教育経験――農村と都市の子ども』を青木書店から出版いたしました。「教育経験」という、ちょっと耳慣れない言葉を使ったのですけれども、その頃、歴史のなかで「経験」ということを同じように考えようとしていた大阪大学の杉原達さんが、私の本をゼミの合評会で使ってくれるという話を聞きました。一年後に、杉原さんと再会する機会があって、合評会の様子をおずおずとうかがいました。私の本について少し儀礼的に評価をしてくれた後で、合評会の場に参加した院生からこういう言葉が出たと言われました。「俺たちがいない」というのです。それを言ったのは、在日朝鮮人の院生とのことです。グサリと突き刺さりましたが、私としては「農村と都市の子ども」というサブタイトルをつけたように、日本のなかの農村と都市に限定して研究したつもりでした。そこに書いていない人のことを言われて、「何かがない」という批判はいったいどうなのだろうか。正直、違和感も覚えたのですが、この言葉は長いあいだ、私のなかでは首に突きつけられたナイフのような感じで、ずっと残ることになりました。今の話が二〇〇〇年の頃のことで、それ以来、在日朝鮮人の研究について少しずつ考えるようになります。

　その後もう一つ、在日朝鮮人の研究に向かう重要なきっかけがありました。二〇〇六年の旧教育基本法の改正をめぐる問題です。旧教育基本法は結局改正されてしまったわけですが、私も含めていろいろな歴史学者や教育学者が反対の声をあげました。そのなかの一人に有名な教育学者の堀尾輝久さんがいました。

堀尾さんは「教育基本法は日本国憲法とセットで大事なものだ、これがなくなるのは絶対におかしい」と言っていました。私は堀尾さんの意見はよくわかったのですが、堀尾さんの意見では戦時期に日本の内地でおこなわれた皇民化教育や戦後の朝鮮学校などが視野にまったく入っていないことが気になりました。旧教育基本法は非常に優れており、日本国憲法以上に国際主義の面を強くもっています。「個人の尊厳」と同時に「真理と平和を希求する人間の育成」、「普遍的にしてしかも個性豊かな文化の創造をめざす」ことが指摘されており、「個人」「国民」「人類」の三つの視点を組み合わせた前文と第一条には、日本国憲法の前文以上に国際主義の観点が強く流れていました。旧教育基本法には、非常に豊かな可能性があったのです。教育基本法改正問題をきっかけにして、日本の教育問題を考える際には、単に日本のなかの教育だけではなく、皇民化教育や戦後の朝鮮学校の歴史とも関連づけて考える必要があると感じるようになりました。以上のような契機を経るなかで、私はしだいに在日朝鮮人の歴史研究に取り組むようになりました。

二〇〇九年に私は小学館から『全集日本の歴史　十五　戦争と戦後を生きる』という本を出版しました。一九三五年から五五年までを扱う、敗戦をまたぐ日本の通史です。私は東アジアというフィールドを設定して、そのなかの人びとの移動を軸にしながら、先ほど言った皇民化教育から朝鮮学校に至る歴史を、戦後の東京都江東区の枝川の歴史などをたどるかたちで日本の歴史のなかに位置づけようとしました。

その後、まったく久しぶりに杉原達さんから声をかけられ、「集中講義に来ないか」と誘われて、大阪大学に集中講義に行きました。集中講義に熱心に参加してくれたある在日朝鮮人の院生から次のように言われました。「『戦争と戦後を生きる』の日本近現代史には在日朝鮮人の歴史が豊富に位置づけられている。

たしかに日本近現代史のなかに在日朝鮮人の記述がこれだけある本はなかなかないかもしれない。しかし、日本史のなかに在日朝鮮人を位置づけるということは、結局在日朝鮮人の主体性を奪うことになるのではないか。大門さんは日本近現代史に在日朝鮮人を位置づけるというが、それで本当に在日朝鮮人の主体性を描くことになるのか」。彼とは毎日のように議論をしました。日本近現代史に在日朝鮮人をどのように位置づけるのか、これは私の今の大きな課題です。

趙：私も杉原さんからの依頼で、十数年前に大阪大学で日本学の集中講義をやったことがありますが、そのときは在日の学生とは親しく話す機会はありませんでした。私自身は本来朝鮮近代史が専門ですが、朝鮮史をやると、どうしても日本史とのかかわりをやらざるをえないので、最近、日本史への関心がますます強くなってきました。千葉大学では現在、日本史概説や日本史のゼミをもっており、明治大学の大学院ではもう一五年も日本史ゼミを担当しています。

ところが、戦後日本の日本史研究者というのは、どうも朝鮮をやりたがらない傾向がありますね。在日朝鮮人史をやる日本史研究者はいましたが、日本史のなかでは異端者的な見方をされていたように思います。近年では前近代史でも朝鮮や東アジアを射程に入れた研究者が増えてきたのは、喜ばしいことです。大門さんが近年、在日朝鮮人史に関心をもたれるようになった理由も初めて聞き、よく理解できました。しかし、朝鮮への関心はまだまだ、という感じがします。数年前ですが、ある著名な歴史家の日本近代史の概説書を読んで大変驚きました。韓国併合について一言も書かれていないのです。韓国併合に触れずに日本の近代史、それも政治史を説明できるのだろうかと、大変不思議に思いました。

大門：明治維新研究の遠山茂樹さんや芝原拓自さんなどをはじめとして、東アジアの視点というのはずっと言われてはきたと思うんですね。しかし、東アジアの視点が提起されながらも、それを方法として日本近現代史のなかに各研究者が組み込んでいく努力は、かなり乏しかったのではないかと思います。

2　戦後日本と在日朝鮮人

趙：ここで、話を発展させて、私なりに戦後の日本の朝鮮観というのを振り返ってみたいと思います。

まず、ＧＨＱがやってくると在日朝鮮人は、最初は大歓迎したんですね。ところが、日本政府がこれに茶々を入れます。「在日というのはほとんどアカだ」というご注進です。ＧＨＱは基本的に反共なので、そこから在日への敵視が始まります。そして在日朝鮮人は、国籍上はサンフランシスコ講和条約までは日本国籍ですが、外国人として扱われるようになります。そのあたりから第三国人という言葉が出てきます。第三国人とは何か。具体的には、闇市にはびこるいかがわしい連中というイメージです。周知のように闇市は日本経済を支えていたわけで、その圧倒的主体は日本人であったのはもちろんですが、イメージとしては在日朝鮮人と結びついていきます。在日は旧植民地人のかわいそうな人びとというより、面倒な存在の管理対象と見なされるようになっていくわけです。

しかも、在日朝鮮人は職を奪われます。戦前は総力戦体制下で働くところは結構あったのです。ところが戦後になり、復員軍人がどんどん帰ってくると、朝鮮人は追い出され、失業状態になります。ヤミに走らざるをえなくなるわけですが、やがてヤミもできなくなります。その結果、在日の生活は窮乏化し、帰国運動が一九五八年頃から本格化して、翌年には北朝鮮への帰国が始まるということになります。一〇万人近い人びとが帰っていきました。これは、ある意味では赤十字精神に則っておこなわれたということなのですけれども、それは美名であって、一面では日本政府の棄民政策でもありました。

当時、在日にもあった社会保障は生活保護くらいのもので、傷痍軍人さえ日本国籍を取得しない限り補償を受けられなかったのは周知の事実です。国民年金制度や国民健康保険制度が整備されるようになっても、在日は排除され、学生も育英奨学金を受けられませんでした。社会の偏見や就職差別は依然として厳しく、在日は屑鉄業や廃品回収業、焼き肉屋、パチンコ、縫製業など、特化した業種にしか職を求めることができませんでした。

そうした流れが変わってくるのは一九八〇年前後でしょうか。これには、内外大きく三つの理由があろうかと思います。一つには、総連（在日朝鮮人総連合会）や民団（在日韓国居留民団）などをはじめとする朝鮮人自身の権利擁護運動です。祖国志向がありながらも、在日は権利擁護運動も一貫してやってきました。その一方で見過ごせないのは、二つめの理由として世界史的な潮流です。日本は七九年に国際人権規約を批准します。八一年には難民条約にも加盟します。国際人権規約と難民条約というのは、内外人平等を謳っているのです。これに加盟した以上、日本は朝鮮人差別をできなくなるということが生じました。そして最後に、韓国の国際的地位が向上してきたということです。「漢江《ハンガン》の奇跡」ですね。日本人のあいだで、まだまだ肩を並べられないけれども、朝鮮人もだんだんと文明化してきたという思いが広がっていったように思います。

大門：今の話について、日本近現代史とも絡めて少し感想を述べてみますと、日本が一九七九年に国際人権規約と八一年に難民条約に入ったのは、ベトナム戦争終結に伴ってインドシナ半島から難民が日本に押し寄せてくることへの危機感からです。それまで日本は、この二つの国際条約にずっと入らないでいたところが、まさに今のヨーロッパと同じ状況なのですけれども、難民が押し寄せてきて入らざるをえなくなって、この二つの条約に入る。そういうことになったのです。そのことによって、国内にいる外国人にも内外平等でもって同じ生活保障の条件を整えるようになった……ということなのです。言い換えると、在日外国人、在日朝鮮人にとっては、外圧がきてくれたので、生活保障の条件が整ったということであって、日本政府が国内にいる在日外国人や在日朝鮮人の生活条件を向上させるという目的ではなかったということなのです。戦後の世界は、国際人権規約や難民条約がいわばスタンダードになった時代です。日本はようやく八〇年前後に、そのスタンダードに加わるのですが、世界のスタンダードという点からすると、戦後の日本の在日朝鮮人の生活保障の状況は、きわめて長いあいだ無権利状態におかれていたことになります。

趙：おっしゃるとおりだと思います。国際人権規約、特に難民条約に日本が入ったときは、私もよく覚えています。驚きもしましたね。これほど難民だとか、外国人に対して管理が厳しい日本が、なぜこれに入ったのか、と。これはもう潮流ですね。受け入れざるをえない。先進国として恥ずかしい。そういうことがあったかと思います。ただ周知のように、日本は難民条約に入っているにもかかわらず、難民を受け入れる水準というのは先進国で最低水準です。二〇一四年は、難民申請者が五〇〇〇人もいたのに、難民認定したのは一一人にすぎません。

韓国の場合は、前の政権のときからなのですが、移民を受け入れていく方向に舵取りをしております。韓国もいろいろな問題があるけれども、移民を受け入れて先進国化を図っている。ある種、多民族国家化はやむをえないという方向に韓国は舵取りをしたのです。

3　在日朝鮮人と民族学校

司会：都立高校の無償化から朝鮮学校をはずすなどというのは、日本が世界のスタンダードに逆行している典型的な事例ですね。

大門：私はもともと地域史をやってきたので、ローカルなレベルでの在日朝鮮人の人たちと日本人の接点に関心をもっていました。そこで、少し調べたことをかいつまんで二つほど紹介したいと思います。

在日の人たちは戦後、朝鮮学校という学ぶ場を自分たちでつくったのですけれども、それはいろいろなかたちで制約を受けることになりました。その後の妥協的なあり方として、放課後のクラスに民族学級というものをおいて、在日の子どもたちが勉強できる機会を設ける。こういう学校は関西に比較的多かったのです。大阪に中川小学校というのがあって、そこを調べたことがあります。五〇年代の民族学級の教え方と七〇年代の教え方が比較できるのですが、五〇年代はかなり民族意識を高揚させるような教え方なのです。ところが、韓国の地位が上がるとともに、一九七二年には韓国と北朝鮮の共同声明が出され、朝鮮半島の統一の機運が出てくるなかで、中川小学校では、日本人の教師と民族学級にやってくる在日朝鮮人の講師との交流が深まっていきます。そのなかで、民族学級に通う子どもたちを中心にしてサマーキャンプをやることを日本人の校長が決めて、学校の行事として実践をするのです。そうすると、日本人と在日朝鮮人の子どもたちが一緒に学ぶ機会が増えて、お互いの歴史を子どもたちなりに学び合うようなことが七〇年代の民族学級で現れてくる。民族学級は非常に限定された機会なのですが、七〇年代には相互認識が深まる大事な場になりました。

もう一つだけ紹介させていただきたいのですが、大阪で七〇年代に新しくできた天王寺夜間中学校というところがあります。そこの先生をされた岩井好子さんが『オモニの歌』という印象的な本を書いています。そこに玄時玉《ヒョンシオク》さんが登場します。玄時玉さんは、一九二四年に済州島《チェジュ》で生まれ、戦前に日本にやってきましたが、戦前・戦後と日本語を学ぶ機会がなく、七〇年代に天王寺夜間中学校でようやく日本語を学ぶ機会を得ます。岩井さんが日本と朝鮮の歴史を教えながら日本語を勉強する授業をおこなったときに、一九五〇年に朝鮮戦争があったということを書いたら、玄時玉さんが「違うんじゃないか。五〇年のはずじゃない。もうちょっと前だったはずだ」と。「済州島に残っている私の親戚が、確か四九年か四八年頃に大きな戦争があったと言っていた」と。五〇年に朝鮮戦争があったことは確かですよね。そこから岩井先生は一生懸命に朝鮮の歴史を調べるのです。その頃、朝鮮の戦後の歴史を書いてあるものがほとんどないなかで、ようやく見つけたのが四八年に四・三事件、今はもう随分有名になった事件ですが、済州島を中心にした大弾圧の事件があったことを見つけるのです。この経験から、岩井先生は自分が教えるだけではなくて、玄時玉たちから今度は学ぶというかたちで、夜間中学が日本語を学ぶ場だけではなく、相互の歴史を学ぶ場になっていく。逆の言い方をすれば、七〇年代以前の日本のなかでは、相互の認識を照らし合わせるような機会は非常に限られていたのです。在日朝鮮人の歴史にとって、七〇年代は重要な画期ではないかと思います。

趙：朝鮮学校のことが出てきたので、少し応答したいのですけれども、朝鮮学校は九〇年代に入って、徐々に地域に開かれるようになっていったと思います。関西では九五年の阪神大震災のときに交流が深まったという話があるのですが、あのときにまっ先に救援活動に動いたのは、山口組と総連だと言う人がいます。総連は、日本人と朝鮮人とを区別することなく、朝鮮学校を拠点にして東京からもってきた救援物資を配給し、炊き出しなどもやったんですね。このときに朝鮮学校の敷地内に初めて入るという経験をした関西の人たちは、少なくありません。この話はすぐに東京にも伝わりましたが、東京の朝鮮学校はこの頃から地域に開かれた学校をめざすようになります。バザーをやって焼き肉やマッコリを出したり、互いの学校を訪問して生徒交流を深めたりするようになったのです。バザーの収益は、補助金をほとんどもらえない朝鮮学校には、量的にはわずかでもありがたいものです。今は全国的にこうした交流がおこなわれるようになり、朝鮮学校は地域に根ざすようになっています。

しかし、日本政府の姿勢は頑なで、いわゆる教育基本法でいうところの一条項ではないという政府方針は動きません。正規の学校ではないという認識です。したがって、補助金は自治体が任意に独自に出しているにすぎません。それも削減の方向です。日本は依然として単一民族国家であるという認識が強いんですね。多文化的な方向に舵取りができない状況が続いています。

大門：七〇年代と九〇年代に、たぶん二つ画期があるということですね。先ほど話した七〇年代の取り組みがおそらく九〇年代につながる面があって、七〇年前後についてつけ加えれば、戦後日本政府が認めなかった朝鮮学校が認められるようになるきっかけが一九六八年にありました。当時の美濃部亮吉東京都知事が朝鮮大学校を各種学校として認める決定をしました。戦後の日本政府は、一貫して朝鮮大学校、朝鮮学校を各種学校として認めていなかったところを、各種学校の認可の権限は地方自治体の首長にあるところから、美濃部東京都知事が東京都小平市の朝鮮大学校を各種学校として認めたわけです。これが全国的な流れになって、その後、全国の朝鮮学校を各種学校として認める動きが広がり、そのことが先ほど私が紹介したような七〇年代の民族学級などでの交流の動きのベースにもなっている。それがさらに蓄積されて、趙さんが言われた九〇年代の取り組みに通じることになったわけですよね。

高校の無償化問題というのは皆さんも覚えていると思うのですが、民主党政権のときに目玉として出てきたものです。そこでは朝鮮学校以外の各種学校は無償化を受けることができたわけですが、朝鮮学校だけ審査が続けられていた。それが、民主党政権が倒れて、今の安倍政権ができた二日後に、当時の下村博文文科大臣が朝鮮学校は無償化から除外することを明言し、朝鮮学校に不指定処分を通知して、今に至っている。七〇年代から九〇年代に至る世界のスタンダードの広がりを考えると、朝鮮学校だけに無償化を認めないことはありえない。先ほど八〇年前後に日本は、国際人権規約と難民条約に入ることで、ようやくグローバルスタンダードをクリアしたと言いましたが、二一世紀における日本政府の選択は、グローバルスタンダードに反するものであり、日本のなかに分断・亀裂を招くことになってしまったと思います。

4　韓国の日本観

司会：戦後のグローバル社会とのかかわりということまで時代が進んだわけですが、ここで話を逆にして解放後における韓国の日本観について議論を進めたいと思いますが、趙さんいかがですか。

趙：解放後の韓国は、当然ながら日本文化を放り出して主体性を回復するという方向に向かいます。まず日本語文化の追放ですね。韓国語の語彙のなかには日本語がずいぶん入り込んでいるのですが、これを本来の朝鮮語に戻すというやり方です。今でも進行中ですが、近代日本でつくられた和製漢語を韓国語に改めるというのは難しいことで、これはもはや不可能になっていると思います。

一方で、親日派の処罰を徹底的におこなおうとし、一九四九年に反民族行為特別調査委員会というものができました。これで徹底的に親日派を処断しようとしたのですが、これは数か月で頓挫してしまいます。というのは、時の初代大統領李承晩《イスンマン》は、大変な反日家ではありましたが、その政権を支えていたのはほとんどが親日派でした。そのため、政権基盤を壊すわけにはいかないということで、親日派の処断を中止させたのです。その結果、政界や軍人、テクノクラートをはじめ、会社経営者、技術者、大学教授、映画人、音楽家、小説家など、ありとあらゆるところに親日派が君臨してしまったのです。彼らのなかには、総力戦体制期の頃に自発性を強要されて、やむなく戦争協力をした人びとも少なくありませんでした。したがって、彼らも心に深く傷を負った一面があったわけですけれども、国家運営の観点から彼らを許すにせよ、何らかの処断が必要でした。南アフリカでマンデラ大統領は、罪を告白した者は許すという対応をとりましたが、李承晩はそれをしませんでした。その結果、親日派問題は現在に至るまで韓国社会に亡霊のように居座っているのです。

極端な言い方になりますが、ある意味では韓国というのは、実は親日派がつくった国とも言えます。彼らは、自身の過去を隠すために、逆に民族主義を鼓吹する主体になっていきます。今の朴槿恵《パククネ》大統領の父親である朴正熙《パクチョンヒ》大統領は、満州軍官学校を優秀な成績で卒業した親日派ですが、彼は民族主義を鼓吹してもいます。一八九四年の甲午農民戦争は、韓国の民族運動、民主化運動の原点であると言われているのですが、その最初の記念碑は、実は彼によって建てられています。大変皮肉なことです。

ところが彼は、経済成長を一気にもたらした「漢江の奇跡」をなした人間ということで今でも人気があり、その娘が大統領になれたというわけです。彼が暗殺されたのちに全斗煥《チョンドゥファン》政権ができますが、この人も軍人ですけれども、彼のときに「もう、これからは反日ではなくて、むしろ日本に学んでいいんだ。日本に学びながら日本を追いこそう」という、いわゆる「克日思想」ができます。八〇年代になってからのことです。そのあたりから、学問的には「植民地近代化論」というのが徐々に出てきます。植民地において、日本が朝鮮の資本主義化、近代化のために尽くしたことを認めてもよいという議論です。かつて中国の鄧小平が、「白猫だろうが黒猫だろうが、鼠を捕る猫はよい」と言ったのは有名ですが、それと同じです。誰であろうと、韓国を資本主義化した者はえらい。くやしいけれど、それは認めよう。だけれども、韓国はいずれ日本を追い抜いてあげるという精神がこのあたりから出てきます。非常に屈折した民族主義です。

ところが、盧武鉉《ノムヒョン》大統領のときに歴史の見直しが始まります。この人は自殺した大統領ですが、貧乏な生活を送った人で、高卒で弁護士になって大統領にまでのぼりつめ、既得権益者を許さないという方向性を打ち出しました。そして、既得権益者の淵源とも言うべき親日派をあぶり出そうとしました。二〇〇四年に制定された日帝強占下反民族行為真相究明特別法がそのための法令です。その結果、親日派の人名が公表されましたが、そのなかには朴正熙大統領も含まれていました。

この一連の措置は、ある意味では日本の戦犯裁判と比較して論じることができます。日本は自らの手で戦犯を裁くことができず、今もってそれをしようともしていませんが、韓国は親日派問題にけりをつけ、国家の正統性を回復しようとしたのだと言えようかと思います。親日派問題を清算できない限り、韓国の民族主義はゆがんだままです。

ところが、国論は分裂しました。そして現在に至るまで、日本軍「慰安婦」問題、強制連行問題、独島(竹島)問題などがひしめいています。これらの問題を解決するには、日本との政治的な交渉を推し進めていくしかありません。ところが、日本では折から非常に右傾化が進行していきました。歴史認識問題をめぐって歴史修正主義的な動きが出てきたのです。歴史認識問題については韓国にも問題があり、現在は国定教科書をつくるなどという前時代的な姿勢が見られますが、しかし政府的には努力してきたことも一面事実で、高校には「東アジア史」の授業も設けられています。

大門：今の話を聞いて、二つぐらいポイントがあるかなと思いました。一つは、戦後の韓国の歴史が日本でどの程度知られているのかということです。戦後の韓国の歴史は日本で決して共通認識にはなっていない。皆がごく普通に知っているわけではなくて、知らない事柄が多いのだと思います。この講座は「隣国の肖像」ということですが、戦後の韓国＝隣国がどういう肖像をしているのかについて、残念ながら十分に知る機会がない。このように考えると、私はこの「隣国の肖像」という講座は、研究者だけがやるのではなくて、こういう地域レベルで開かれることに大きな意義があると思っています。

もう一つは、盧武鉉時代、二〇〇〇年代に入ってから、韓国の歴史が明らかにされてきたことについてです。歴史というものは、時間の流れで整理することができるのですが、その歴史はどこかの時期に何かが隠されたりすることがあって、それをもう一度ある時点で振り返ることがあります。韓国で言うと、それがちょうど二〇〇〇年代だということですよね。台湾も九〇年代ぐらいから台湾の戦後の歴史を掘り起こしていくのですけれども、台湾での掘り起こしと韓国での掘り起こしが、日本の戦後の、あるいは戦時中の歴史の掘り起こしと連動するようにして日本にも大きな影響を与えました。皆さんご存じのように、日本軍「慰安婦」については、以前から知られてはいたのですが、一九九一年の韓国における金学順《キムハクスン》さんの告白が大きな衝撃を与え、韓国・台湾・日本の二〇世紀の歴史をどうやって振り返るのかが大きな課題として浮上しました。台湾も含めた三国の歴史の見直しは、東アジアの将来にとって非常に重要なテーマですね。

趙：そうですね。ここで台湾の話が出てきたので、歴史認識の問題を台湾と関連づけてもう少し話してみたいと思います。台湾は朝鮮半島よりも長い日本の植民地であったという経験がありながら親日的である、とよく言われますね。それなのに、どうして韓国は反日的なのか、それは気質の違いで、韓国人は執念深いのではないか、というわけです。

これは、冷静になって考えてもらいたい問題です。台湾の場合は、解放勢力として、外国ではなく、蔣介石たち国民党がやってきた。その国民党が一九四七年にいわゆる二・二八虐殺事件を起こすわけです。これは、現在に至るまで台湾人の大変なトラウマになっています。しかも国民党は、その後四九年から八七年まで戒厳令をしくわけです。台湾人は息苦しい生活を強いられます。本省人（第二次大戦終了以前から台湾に居住する台湾人）と外省人（第二次大戦以後に台湾に居住するようになった台湾人）の対立という深刻な事態をずっと引きずっておりました。その結果、国民党よりはかつての日本のほうがましだったのではないか、という記憶の改ざんが起きた可能性が十分にあります。

それともう一つ、台湾には原住民の人口を圧倒する多数の漢民族がいたけれども、一つの王朝を形成してはいなかったという事実です。朝鮮半島というのは長い王朝の歴史がありました。李氏朝鮮も一三九二年に成立したわけで、五〇〇年の歴史をもっていました。一つの王朝が一つの国家、しかも隣国に滅ぼされた。この事実は、台湾との大きな違いです。戦前においては、朝鮮総督府と台湾総督府の違いもはっきりしており、日本政府の監督下にあった台湾総督は、天皇に直隷して総理大臣とも同格視さえされた朝鮮総督より、その地位が格下に位置づけられていました。

大門：今のことにちょっと付け加えると、先ほど済州島で一九四八年に四・三事件が起きたと言いましたよね。今、趙さんが二・二八事件と言いましたが、これは台湾で起きるのですけれども、四・三事件は四八年で、二・二八事件は四七年なのです。四七年、四八年というのは、日本がアメリカを中心にした連合国に占領されている時期ですけれども、いずれも日本が植民地にしていた地域において、占領期になると、軍事独裁的な、暴力的な大弾圧がおこなわれて、台湾はその後、今言われたように戒厳令が七〇年代までしかれている。韓国では、軍事独裁政権が長いこと続く。敗戦後の旧植民地国の非常に不安定な政情のもとにアメリカが入ってきたりするわけですが、日本の周囲の東アジアでは七〇年代ぐらいまで、実はそのような問題があって、そのことは植民地化と戦争の終わり方と決して無縁ではなく、大きくかかわる出来事だったわけです。戦後の韓国と台湾の政治状況を対岸の火事と見るのか、それとも日本の植民地化や戦争の終わり方とかかわらせて考えるのか……というのでまた、ずいぶんと違う戦後史のとらえ方になるのです。そういう点で言うと、戦後の日本と韓国、台湾をどう考えるかという課題の前に、当然のことながら、戦前・戦時の時代とのかかわりをどう考えるのかということがあるように思います。

5　グローバリゼーション下の日本と韓国

司会：最後に現代の問題としてグローバリゼーションの問題があろうかと思いますが、「グローバリゼーション下の日本と韓国」ということで、それぞれからお話ししていただければと思います。

趙：二〇〇〇年以降は韓流の問題を語らなければいけないと思うのですが、韓流現象が起きたときはびっくりしました。韓流は、金大中《キムデジュン》大統領によって、文化を売るという国策として進められたものです。韓国はもともと文治主義の国だったので、文化を発信するという発想が起きやすかったのだろうと思います。したがって、韓流は日本だけではなく、中国・東南アジア・ヨーロッパ・アメリカにも広がっております。

韓流は「冬のソナタ」で一挙に日本を席捲しましたが、主人公のペ・ヨンジュンは、日本にはあんな優しい男はいないということで、女性たちの絶大な人気を博しました。個人的には私はああいう男は見たことがありませんが（笑）、どうも日本人は勝手に韓国をデフォルメしてしまったようです。当時は、韓国ドラマは古き良き日本を思い出させてくれるという感想も多々ありました。そこには実は、進んではきたが、韓国はまだ遅れているという認識が潜んでいたように思います。

そして重要なことは、朝鮮半島に対するさしたる歴史知識も持ち合わせずに韓流ファンになっていく人びとが多かったことです。日本が朝鮮半島を植民地化し、その後朝鮮半島がどのような苦難を強いられたのかをよく知らずに、日本に近づいてきた韓国を評価する、というのはその人の人間性を知らずに勝手に好きになるというのと同じです。非常に皮相な恋愛感情でしかありません。

そこにはやはり、日本における戦後の歴史教育の問題があろうかと思います。実は私は、朝鮮史の講義をすると大変疲れます。日本史の講義のほうが楽にでき、ストレスも感じません。というのは、学生に朝鮮に対する基礎知識がほとんどないからです。きわめて基礎的な事実についても、いちいち説明しなくてはならず、毎年これを繰り返さなければならないのです。したがって、学部では専門的な歴史教育がほとんどできません。毎年、概説で終わるのです。飽きました（笑）。

高校までの歴史の授業で朝鮮についてほとんど教えないというのは、隣国の歴史に対する冒瀆にすらなります。ヨーロッパでは隣国のことをもっと学びますよ。どうして日本史研究者が朝鮮に関心を示さないのかということを最初に言ったわけですが、実はそれは、戦後日本の歴史教育が朝鮮を十分に教えず、歴史研究者自身もそのゆがみを背負ってしまった結果なのではないでしょうか。

話は韓流に戻りますが、二〇一〇年代に入ると、逆の現象が起きてきました。嫌韓流です。「もう、韓国は御免だ」「どこがいいんだ」という声がいろいろなところから出てきました。どうしてこういうことが起きてきたのでしょうか。どうもそれは、日本に余裕がなくなってきたことの表れなのではないでしょうか。現在、日本の世界的プレゼンスというのはずいぶん低下しています。日本が中国にGDPで抜かれたのが二〇一〇年です。今や、あっという間に中国のGDPは日本の倍以上になりました。韓国は今、GDPが世界一三位です。日本では韓国経済はもうダメだという声が強くなっており、事実韓国経済は深刻化していますが、でも崩壊するというわけではありません。人口は日本の五分の二ですが、外貨準備高でも韓国は八位です。そして外国人旅行者数では、実は韓国のほうが日本をわずかですが上回っています。日本では、韓国にもひょっとして追いつかれ抜かれるのではないかという脅威があるのではないでしょうか。日本経済の行方も、相当に暗くなってきました。まあ、ノーベル賞を平和賞以外とっていない韓国に日本が追い抜かれるというのは、ちょっと考えにくいのですが、日本人の一部には潜在的な不安があるように思います。

その不安は、旧宗主国意識とも関係があるというのが私の見立てです。先ほど、植民地期に日本が資本主義を教えたという「植民地近代化論」という議論があると言いましたが、この議論を日本がする場合には、優越意識が前提にされます。「韓国の資本主義は我々が教えたんじゃないか。それなのに韓国は恩を仇で返して、日本を追い抜こうとしている。冗談じゃない。まだ日本のほうが上だし、韓国は傲慢だ」というような心性が嫌韓流には働いているように思います。言ってみれば、それはジェラシーですね。優等生が劣等生を教えて多少劣等生の成績が上がる分には、優等生のプライドも保てていいが、劣等生が優等生を追い抜いたら、優等生のプライドは傷つきます。在特会やヘイトスピーチをやる人びとには、こうした心性が多分に働いているのではないでしょうか。

こうした問題は、まさにグローバリゼーションによって引き起こされたものだと見ていいでしょう。グローバリゼーションの背景には、新自由主義・国家主義・保守主義の三つの基本思想があります。グローバリゼーション下においては、新自由主義政策のもと、競争が激化して中間層が細り、社会が消えていきます。そうすると、人びとはばらばらになって原子化されますが、それは国家にとって都合が悪いので、人びとを再統合しようとします。そこで、時代遅れの保守主義と国家主義が再動員されるのです。排外主義が鼓吹されるゆえんです。

グローバリゼーションの問題は韓国でも同様に引き起こされています。しかし私の見るところ、韓国では実は、社会レベルでは反日感情はそれほど強いものではありません。最近の日本人は、「韓国人は日本を嫌っている」と思い込んでいるようですが、そんなことはありません。日本では嫌韓流の本が本屋に氾濫していますが、韓国ではかつてはともかく、反日の本はそんなに多くないというのが私の観察です。むしろ韓国は、日本文化を金大中大統領のときから徐々に解禁して、今は相当開放されています。映画も音楽も自由に見て聞いています。日本のアニメは、韓国でも大変な人気です。日本食もとても人気がありります。居酒屋なんかもすごく流行っています。国家的なぎくしゃくした関係とは別に、企業や民間レベルの交流は、もはや切っても切れないほどに深まっているのが現状です。それを阻害しているのは、政府間の問題です。一二年ほど前に、ある仕事で、あえて飛行機を使わないで、船と列車だけで釜山と北九州を一〇日間で旅をするという贅沢をしたことがあるのですが、そのときに出会った人びとは、韓国人であれ日本人であれ、互いを必要としていました。北九州では、韓国人が来ないとホテルや観光業が成り立たないという声をたくさん聞きました。昔に戻れない関係を今後どうするのか、どうして発展させていくのか。今、その真価が問われているわけですが、そのためにも歴史認識の問題は、避けて通れないのではないかと思います。

大門：今の一〇日間の旅をしたという話は、先ほど私が言った七〇年代のローカルなレベルでの日本人と在日朝鮮人の関係がどうであったのかという話とたぶん通じるところがあって、日本と朝鮮半島の歴史を考えるときに、いくつか位相があると思います。国家レベルの位相もあるし、アメリカとの関係もあるのですが、ローカルなレベルでの関係がどのように阻害され、どのように醸成されてきたのか。その視点を加えて考えることが大事だと思います。

グローバリゼーション、グローバル化の話が趙さんから出ました。趙さんのグローバリゼーションのとらえ方に、私も基本的に賛成です。そのうえで、話されたポイントとは少し違うかたちで、もう一つのグローバル化の話を二つほどしておきたいと思います。

日本にいると、今の韓国と日本の関係はすごく行き詰まった感というか、北朝鮮や中国も含めて、東アジアの現在は対立がこり固まっているように見えます。でも、グローバル化が進むもとで世界的には近隣各国との関係を改善する……。ナショナルを超えた地域間の関係をリージョナルと呼ぶわけですけれども、リージョナルな関係をいい方向につくっていく努力が九〇年代以降、むしろ世界各地の趨勢になっている。日本にいるととても見えにくい歴史です。たとえば、九〇年代以前からそうなのですけれども、世界のリージョナルな地域では、非核条約、核をもたない・つかわない、この条約を結ぶ地域がたくさんできています。南半球はその条約で地図を塗ると、南極を含めて全部、非核条約ができています。アフリカで非核条約をつくるとき、南アフリカだけは核をもっていたのです。でも南アフリカは核を放棄して、アフリカ全体の非核条約をつくることに参加しました。つまり、隣の国と戦争をしないための努力を、隣国の肖像を見ながら世界各国がやっているのです。

東南アジアにASEAN（アセアン・東南アジア諸国連合）という連合がありますよね。いろいろな評価があります。でも、ここは六〇年代以来、何重にも何重にもいろいろな連合をつくって、要するに何をつくっているかというと、戦争しない関係をつくっているのです。東南アジアは北東アジア以上に、宗教、文化、民族が多様ですし、ベトナムのような社会主義国もある。北東アジア以上に難しいかもしれないところを、半世紀の時間をかけて、戦争をしないための地域間の関係をつくってきているのです。東南アジアでの取り組みに学ぶとすれば、今からでも北東アジアでいろいろなレベルで努力していく必要がある。先ほどの北九州の人も話もそうですし、たとえば日本だったら共通教材をつくる。それから何よりもこういう場ですよね。こういう場で勉強をしあう。リージョナルな関係をつくる努力には時間がかかりますから、やはり努力を始めなくてはいけない。これが一点目です。グローバル化のなかだからこそ、リージョナルな努力が必要なのです。

二点目は、グローバル化が進むと、歴史の見直しの気運もまた現れることについてです。盧武鉉は二〇〇〇年代ですね。グローバル化の時代と決して無関係ではありません。二〇〇一年に国連主催でダーバン会議というのが開かれました。画期的な会議でした。日本ではあまり知られていないのですが、今までの歴史を全部さかのぼり、奴隷／奴隷制、差別の歴史をもう一度見直すことがダーバン会議でおこなわれました。ローマ時代から始まった奴隷／奴隷制の問題をもう一度全部掘り起こす。グローバル化が進行するもとだからこそ、歴史をもう一度見直さなければならないという機運が世界各地で起きているのです。先ほど、一九九一年に金学順さんが韓国で告白をしたという話をしました。金さんの告白が日本とのあいだではいろいろなことにつながったことについては、皆さんもある程度ご存じだと思いますが、金学順さんの告白は世界にも別の飛び火をしたのです。どういうことかというと、南アフリカでネルソン・マンデラ氏が大統領になった九六年に、南アフリカに真実和解委員会というものがつくられました。歴史を見直すとともに和解をめざす委員会です。この委員会設置のきっかけが金学順さんの告白なのです。そこからもう一度、自分の国の歴史を見直そう、と。これがアパルトヘイトの撤廃につながりました。真実和解委員会は、現在、世界の一五か国に設置されています。

　グローバル化のもとでの以上のような事態をふまえますと、二〇一五年の戦争法案も含めて、日本には日米同盟の道しかないと選択を迫るやり方は、幻想にすぎないことがよくわかります。世界にはもっと多元的な動きがあります。日米関係をキープしながらも、近隣の国との努力を本当に一生懸命やっているのです。日本は近隣の国との努力をしないで、日米関係だけをやっているわけです。安定するわけがないですよね。日米関係のみで突っ走るのがグローバル化かと言うと、世界の潮流はまったくそんなことはない。世界の動きを広く見るなかから、日本と朝鮮半島の歴史、関係を見直すポイントが見えてくるのではないかと思います。

司会：ありがとうございます。最後に大きなかたちでまとめていただきました。私たちもかれこれ一〇年ほど、この市民講座をやってきており、今日で二四回になります。今回は、隣国を見つめると同時に、私自身も「ああ、やっぱりアメリカしか見ていないな」とつくづく感じてしまいました。私たちがその見方をどう組み直すか。まさにそれは市民一人ひとりに問われているのではないかな、ということを実感したところです。本日はどうもありがとうございました。

あとがき

本書は、日本の敗戦から七〇年、一九六五年六月二二日の日韓基本条約締結から五〇年にあたる二〇一五年、ヘイトスピーチの高まるなか、あらためて歴史的に隣国とのかかわりを考えようと企画した市民講座の成果である。(財)歴史科学協議会の後援を得て、「杉並歴史を語り合う会」主催で「隣国の肖像」として、年間四回の連続市民講座としておこなった内容が基本となっている。本書の吉野誠氏、金鉉洙氏、宮本正明氏、愼蒼宇氏、北原スマ子氏、伊藤俊介氏、青木然氏、加藤圭木氏の諸論考および大門正克氏と趙景達氏の対談がそれにあたる。これに同年九月(財)歴史科学協議会主催の市民講座「集団的自衛権問題と隣国へのまなざし」で報告された千葉功氏の論考が加わっている。

「杉並歴史を語り合う会」は、「新しい歴史教科書をつくる会」(以下「つくる会」)の中学校教科書(扶桑社版)が、杉並区で全国最初に採択されそうになる動きのなか、二〇〇二年四月に、杉並区の区民、研究者、教員らが中心になりスタートさせたささやかな市民団体である。「語り合う会」と名づけたのは、専門家を招き講演を聴くだけではなく、参加者一同が語り合いつつ、歴史認識を鍛えていこうとの趣旨であった。二〇〇二年六月からの第一期講座では、「日本・韓国・朝鮮」をテーマに趙景達氏に三回、南相九氏には「朝鮮は今」をテーマに話していただいた。スタートからまさに隣国関係を視野に入れていたのである。

二〇〇三年五月からの第三期では「戦後の日本と世界を考える」として、中村平治氏「戦後の日本と世界を考える」、栗田禎子氏「中東世界と日本」、中村政則氏「アメリカと日本の現代史を学ぶ」、ゲプハルト・ヒールシャー・小澤弘明両氏の「異色対談　戦後におけるヨーロッパと日本」、とグローバルなテーマで語り合っていた。

その後も、おおよそ年四回程度、単発で、あるいは連続講座として、そのつど直面する問題への歴史的な検討のためにテーマを決め、市民講座を開催してきた。杉並区教育委員会の後援も受け、広報で区民への参加を呼びかけてきた。さほど厳しい会則もなく、忘年会か新年会席上で、集まった仲間たちと一献傾けつつ次年度の計画を話し合う、緩やかな市民団体である。しかし、広報や葉書での案内、最近ではフェイスブック等も駆使する宣伝で、杉並区内だけではなく、埼玉県や千葉県、神奈川県からも参加者が増えている。さらに、参加者から評価していただくのは、講演と同じ時間を費やす質疑応答である。時には厳しい質問や批判、正反対の意見、嫌韓の方のプチ演説など、意表をつくさまざまな意見が出されるが、多様な意見に耳を傾ける努力を重ねてきた。本書の執筆者はみな、この市民講座で講演と議論にお付き合いいただいた方々である。

二〇〇五年八月、杉並区で「つくる会教科書」(扶桑社版)が、一部の都立学校、栃木県大田原市、私立学校とともに採択されてしまった。全国区の扶桑社版採択率は〇・四%のなか、杉並区はこの教科書の全国シェアの四〇%を占めることになった。この状況に、私たち語り合う会メンバーが母体となって、「ひらかれた歴史教育の会」を立ち上げ、扶桑社版歴史教科書を使用せざるをえない中学校教員への援護も意図して、二〇〇七年三月には『『新しい歴史教科書』の〈正しい〉読み方』(青木書店)を刊行した。この本は、全国の研究者・教員の方々の無償の援助のもとに刊行された、まさに、歴史運動の輝かしい成果だと自負している。玉稿をお寄せいただいた方々にあらためて感謝の意を表したい。その後、語る会では、この本を元に若い研究者を講師に招き学習会も頻繁に開催した。

私たちは杉並区の多くの市民団体と連帯して、「つくる会」教科書採択反対運動を粘り強く推し進めた。二〇〇六年には「つくる会」は分裂し(二〇〇七年以後日本教育再生機構・教科書改善の会=「育鵬社」版、「つくる会」=「自由社」版)、二〇一〇年、参議院選出馬を理由に「つくる会」教科書の採択を推し進めてきた山田宏杉並区長は退任した。翌年八月の教科書採択で「つくる会」系教科書不採択を勝ちとることができた。まさに市民レベルの運動の成果である。

しかし、全国的に見れば「つくる会」系教科書「自由社」版はごくわずかな採択率(私立中、歴史公民とも〇・〇四%)であるが、二〇一五年度採択では「育鵬社」版は公立・私立合わせて全国採択率は歴史六・五%、公民五・八%と微増傾向にある。これら教科書の登場は、他社版の「南京大虐殺」「従軍慰安婦」などの歴史記述の後退をもたらしている。このことは、二〇一六年三月の教科書検定結果の公表を見ればより明らかになると思われる。

しだいに戦前回帰とさえ思われる社会情勢が強まるなか、毎年の市民講座での学習を通して、市民一人ひとりが歴史認識を鍛え合えるような活動を広げていくことが今こそ必要だと思う。語り合う会は、自主的な市民団体で年齢層も老若男女さまざまだが、議論を重ねてそれぞれに歴史認識を深め合う活動を続けてきた。その一つのかたちが今回の『隣国の肖像』の出版である。先述のように、講師の提言をもとに、さまざまに語り合ってきた成果の一端が本書である。そこに見えてくる「肖像」はどのように私たちに語りかけ、また何を映し出してくれるだろうか。

今回、たまたま語り合う会の代表と、(財)歴史科学協議会代表理事が重なっていたことも幸いして、共編とすることができた。(財)歴史科学協議会の役員理事、会員のみなさんの協力を得て、市民の目線から歴史を語り合い、隣国を、時代を、考え合える機会が得られたことに深く感謝したい。快く講演と執筆をお引き受けいただいた執筆者の方々、出版事情が厳しい今、ささやかな市民講座の成果を刊行していただいた大月書店と、編集にご尽力いただいた角田三佳氏に厚くお礼を申し上げたい。

本書が、多くの読者を得て、隣国との相互理解のささやかな架け橋になることを祈念し、私たち語り合う会も、今後とも語り合っていく所存である。四月には、「戦中から戦後へ～戦争体験を語る」の四回シリーズが始まる。ぜひ一緒に語り合いましょう。

二〇一六年三月

杉並歴史を語り合う会事務局

2015年

宮本正明（みやもと　まさあき）　第Ⅱ部第６章

立教大学立教学院史資料センター・学術調査員　1970年生まれ

主要著作：「朝鮮人の『内地進学』をめぐる戦時下の対応」『立教学院史研究』11号，2014年

「金達寿」趙景達ほか編『講座　東アジアの知識人５　さまざまな戦後』有志舎，2014年

「日本敗戦直後における朝鮮奨学会の改編と活動」『立教学院史研究』12号，2015年

山本直美（やまもと　なおみ）　第Ⅲ部第６章

成蹊中学高等学校非常勤講師，歴史教育者協議会常任委員　1958年生まれ

主要著作：『『新しい歴史教科書』の〈正しい〉読み方』青木書店，2007年（共著）

「近現代史学習の中で『桃太郎』をスパイスに」『歴史地理教育』753号，2009年

「歴史教育の立場から『韓国併合』100年を問う」『「韓国併合」100年を問う』岩波書店，2011年

ユリアン・ビオンティーノ（Juljan Biontino）　第Ⅲ部第５章

千葉大学国際教養学部助教　1983年生まれ

主要著作："Die Entstehung und Entwicklung der modernen Geschichtswissenschaft in Korea," in: Zeitschrift für Geschichtswissenschaft, 2015

「윤치호의, 죽음 '과 장례문화 인식」민족문학연구, Vol. 66, 2015

吉野　誠（よしの　まこと）　第Ⅰ部第２章

東海大学文学部教授　1948年生まれ

主要著作：『明治維新と征韓論――吉田松陰から西郷隆盛へ』明石書店，2002年

『東アジア史のなかの日本と朝鮮』明石書店，2004年

宋　連玉（ソン　ヨノク）　第Ⅱ部第５章
青山学院大学名誉教授　1947年生生まれ
主要著作：『脱帝国のフェミニズムを求めて――朝鮮女性と植民地主義』有志舎，2009年
『軍隊と性暴力――20世紀の朝鮮半島』現代史料出版，2010年
「植民地主義から再考する羅蕙錫のフェミニズム」『朝鮮の女性（1392−1945）――身体，言語，心性』CUON，2016年

千葉　功（ちば　いさお）　第Ⅰ部第４章
学習院大学文学部教授　1969年生まれ
主要著作：『旧外交の形成――日本外交1900〜1919』勁草書房，2008年
『桂太郎――外に帝国主義，内に立憲主義』中央公論新社，2012年
『日記に読む近代日本　２明治後期』吉川弘文館，2012年

趙　景達（チョ　キョンダル）　第Ⅰ部第６章・第Ⅲ部第６章
千葉大学文学部教授　1954年生まれ
主要著作：『近代朝鮮と日本』岩波新書，2012年
『植民地朝鮮と日本』岩波新書，2013年
『東アジア近現代通史　上・下』岩波書店，2014年（共著）

南　相九（ナム　サング）　第Ⅲ部第４章
東北アジア歴史財団研究員　1968年生まれ
主要著作：「戦後日本における国家による戦没者追悼――『無名戦没者の墓』の建設をめぐる議論を中心に」『歴史評論』662号，2005年
『岩波講座　東アジア近現代通史７　アジア諸戦争の時代1945−1960年』岩波書店，2011年（共著）
『日韓関係史1965−2015　Ⅰ政治』東京大学出版会，2015年（共著）

服藤早苗（ふくとう　さなえ）　序
埼玉学園大学名誉教授　1947年生まれ
主要著作：『平安王朝の子どもたち――王権と家・童』吉川弘文館，2004年
『古代・中世の芸能と買売春――遊行女婦から傾城へ』明石書店，2012年
『平安王朝の五節舞姫・童女――天皇と大嘗祭・新嘗祭』塙書房，2015年

本庄十喜（ほんじょう　とき）　第Ⅲ部第３章
北海道教育大学札幌校講師　1980年生まれ
主要著書：「日本社会の戦後補償運動と『加害者認識』の形成過程――広島における朝鮮人被爆者の『掘り起し』活動を中心に」『歴史評論』761号，2013年
「日本における『過去の克服』に向けて――その課題と展望」『歴史地理教育』829号，2015年
「大学生の歴史認識と教育の課題――地域の事例から」『人間と教育』87号，

『一橋社会科学』5巻，2013年

北原スマ子（きたはら　すまこ）　第Ⅱ部第1章
日本女子大学文学部客員教授　1949年生まれ
主要著作：「朝鮮の対西洋開国決定とロシア認識」『朝鮮史研究会論文集』33集，1995年
「第三次修信使の派遣と『日朝通商章程』の改定・課税交渉」『朝鮮学報』192輯，2004年
「大院君政権の攘夷政策と日本」趙景達編『近代日朝関係史』有志舎，2012年

君島和彦（きみじま　かずひこ）　第Ⅲ部第1章
東京学芸大学名誉教授　1945年生まれ
主要著作：『教科書の思想——日本と韓国の近現代史』すずさわ書店，1996年
『日韓歴史共通教材　日韓交流の歴史——先史から現代まで』（共著）明石書店，2007年
『日韓歴史教科書の軌跡——歴史の共通認識を求めて』すずさわ書店，2009年

金　鉉洙（キム　ヒョンス）　第Ⅲ部第2章
明治大学等非常勤講師　1973年生まれ
主要著作：「韓日会談における韓国政府の在日朝鮮人認識」『韓日民族問題研究』19号，韓日民族問題学会，2010年
「日本における日韓会談反対運動の展開——日本人の反対運動を中心に」『人民の歴史学』194号，2012年
「東アジアの冷戦と日韓会談反対運動——1950年代を中心に」『在日朝鮮人史研究』45号，2015年

愼　蒼宇（シン　チャウンウ）　第Ⅱ部第3章
法政大学社会学部教員　1970年生まれ
主要著作：『植民地朝鮮の警察と民衆世界——「近代」と「伝統」をめぐる政治文化』有志舎，2008年
「朝鮮半島の『内戦』と日本の植民地支配——韓国軍事体制の系譜」『歴史学研究』885号，2011年10月増刊号
「日清・日露戦争と苗代川『朝鮮人』」久留島浩・須田努・趙景達編『薩摩・朝鮮陶工村の四百年』岩波書店，2014年

須田　努（すだ　つとむ）　第Ⅰ部第1章
明治大学情報コミュニケーション学部教授　1959年生まれ
主要著作：『「悪党」の一九世紀——民衆運動の変質と〝近代移行期〟』青木書店，2002年
『イコンの崩壊まで——「戦後歴史学」と運動史研究』青木書店，2008年
『現代を生きる日本史』岩波書店，2014年（共著）

執筆者一覧

青木　然（あおき　ぜん）　第Ⅰ部第5章

たばこと塩の博物館・学芸員　1984年生まれ

主要著作：「日清戦争期における娯楽の状況――民衆の世界観への一考察」『アジア民衆史研究』15集，2010年

「日本民衆の西洋文明受容と朝鮮・中国認識――娯楽に託された自己像から読み解く」『史学雑誌』123巻11号，2014年

「神戸の港湾労働者と清国人労働者非雑居運動」アジア民衆史研究会・歴史問題研究所編『日韓民衆史研究の最前線――新しい民衆史を求めて』有志舎，2015年

伊藤俊介（いとう　しゅんすけ）　第Ⅱ部第2章

福島大学経済経営学類准教授　1975年生まれ

主要著作：「甲午改革と王権構想」『歴史学研究』864号，2010年

「甲午改革期の警察と民衆」『千葉史学』61号，2012年

「戦争芝居と川上音二郎――『壮絶快絶日清戦争』の分析をもとに」『日本歴史』805号，2015年

大門正克（おおかど　まさかつ）　第Ⅲ部第6章

横浜国立大学大学院国際社会科学研究院教授　1953年生まれ

主要著作：『歴史への問い／現在への問い』校倉書房，2008年

『全集日本の歴史15　戦争と戦後を生きる』小学館，2009年

『Jr. 日本の歴史7　国際社会と日本』小学館，2011年

小川原宏幸（おがわら　ひろゆき）　第Ⅰ部第3章

同志社大学グローバル地域文化学部准教授　1971年生まれ

主要著作：『伊藤博文の韓国併合構想と朝鮮社会――王権論の相克』岩波書店，2010年

「安重根と伊藤博文」趙景達ほか編『講座　東アジアの知識人1　文明と伝統社会』有志舎，2013年

「韓国併合と植民地官僚制の形成」『岩波講座 日本歴史17　近現代3』岩波書店，2014年

加藤圭木（かとう　けいき）　第Ⅱ部第4章

一橋大学大学院社会学研究科専任講師　1983年生まれ

主要著作：「朝鮮東北部・雄基港における交易の変容――一九世紀後半から一九二〇年代まで」君島和彦編『近代の日本と朝鮮――「された側」からの視座』東京堂出版，2014年

「朝鮮植民地支配と公害――戦時期の黄海道鳳山郡を中心に」『史海』61号，2014年

「日露戦争以降の朝鮮における軍事基地建設と地域――永興湾を対象として」

編者

杉並歴史を語り合う会

「新しい歴史教科書をつくる会」による中学校教科書が杉並区で採択される事態に抗して，杉並区民が2002年に結成した市民団体。年4回程度の市民講座を開催。

歴史科学協議会

1967年に，全国各地の自主的な歴史諸団体が結集して結成された学会。『歴史評論』を毎月刊行。

DTP　岡田グラフ

装幀　臼井 弘志

隣国の肖像──日朝相互認識の歴史

2016年6月20日　第1刷発行

定価はカバーに表示してあります

編　者　杉並歴史を語り合う会
歴史科学協議会

発行者　中川　進

〒113-0033　東京都文京区本郷2-11-9

発行所　株式会社　大月書店

印刷　三晃印刷
製本　中永製本

電話(代表)03-3813-4651　FAX03-3813-4656／振替 00130-7-16387
http://www.otsukishoten.co.jp/

ISBN978-4-272-52108-1　C0021　Printed in Japan